江西省“十四五”期间一流学科——红色基因传承学科群专项经费（9167-28160014）资助

农业转移人口市民化的文化认同机制

孙步忠　曾咏梅　著

中国出版集团　東方出版中心

图书在版编目（CIP）数据

农业转移人口市民化的文化认同机制 / 孙步忠，曾咏梅著. -- 上海：东方出版中心，2024. 12. -- ISBN 978-7-5473-2620-6

I. C924.24

中国国家版本馆CIP数据核字第2024A5T028号

农业转移人口市民化的文化认同机制

著　　者　孙步忠　曾咏梅
策划编辑　潘灵剑
责任编辑　刘玉伟
封面设计　钟　颖　余佳佳

出 版 人　陈义望
出版发行　东方出版中心
地　　址　上海市仙霞路345号
邮政编码　200336
电　　话　021-62417400
印 刷 者　山东韵杰文化科技有限公司

开　　本　890mm×1240mm 1/32
印　　张　9.375
字　　数　230 千字
版　　次　2024年12月第1版
印　　次　2024年12月第1次印刷
定　　价　68.00 元

目　　录

导　言

党的二十大报告及"十四五"规划和2035年远景目标建议均强调：推进以人为核心的新型城镇化，加快农业转移人口市民化。在《2022年新型城镇化和城乡融合发展重点任务》中，我国将坚持把推进农业转移人口市民化作为新型城镇化的首要任务，提高农业转移人口融入城市水平。新型城镇化是以人为核心的城镇化，首要任务是农业转移人口市民化。

目前，学术界从经济、社会视角研究有关农业转移人口市民化问题的比较多，但从文化认同视角进行农业转移人口市民化研究的比较少。农业转移人口市民化是现代化意义上的"文化移民"的过程。在此过程中，个体不仅仅在空间上从农村移居到城市，更完成了从农村人向城市人的转变，涉及生活方式、价值观念和社会心理等多个方面。城市文化体现为一种"城市性"的心理状态和生活方式。在农业转移人口市民化的过程中，城市文化的影响和渗透起着关键性的作用。

本书立足于农业转移人口市民化过程中文化人格的嬗变与重塑，将农业转移人口作为研究对象，凸显农业转移人口参与、融入城市社区的积极—消极程度；将城市视为足够开放和现代的场域，弱化其排斥性；将农业转移人口社区融入的过程，看作一个城市人际互动网络中农业转移人口方与城市方之间的合作博弈。农业转移人口市民化本质上是城市文化对农业转移人口的接纳，以及农业转移人口对城市文化的认同的问题。

本书运用社会心理学及人格心理学相关理论和方法，分析农业转移人口文化人格的嬗变及重塑；运用文化人类学及伦理学方法分析农业转移人口融入城市社区过程中职业道德所起到的作用；将农业转移人口文化人格嬗变过程中的观念和行为模式的选择与其文化人格的嬗变相关联，分析其融入城市社区的适应性特征；运用合作博弈论、博弈学习理论分析农业转移人口方与城市方的观念和行为模式的选择；运用复杂系统理论分析农业转移人口融入城市社区的自主性与自适应性。

农业转移人口的出现，引发了城乡关系、社会制度、社会结构、人的观念和行为模式等层面上的一系列问题。由于城乡社会文化背景的不同，农业转移人口融入城市社区首先要面对的是淡化其观念和行为上的社会文化印记。农业转移人口自身观念和行为与城市的不兼容，加之城市社会的“不友好”态度和“妖魔化”贬损，更有城乡的制度性阻隔，等等，在理论和实践两方面，为农业转移人口融入城市社区带来了极富挑战性的难题。与社会排斥视角下的农业转移人口研究不同的是，本研究着眼于农业转移人口融入城市社区的积极社会态度，运用人类学田野调查的方法，通过比较深入的案例访谈，把问题的焦点集中于个案，通过对相似度较大的个案的梳理研究，发现农业转移人口群体内部也存在明显的分层。持积极社会态度的农业转移人口层表现出趋（亲）城市的观念和行为特征。

本书的主要创新点有：1. 认为在现代化和城市化进程中，农业转移人口方与城市方的交往表现出了典型的人格化特征，特别是人格化信任。这是传统与习俗在现代化和城市化进程中产生的文化影响的结果。2. 农业转移人口为适应城市化和现代化的选择，立足于文化人格的嬗变与重塑，以积极的“自发社交性”，不断调整、改善其“为人处世”“待人接物”的观念和行为模式，以开放的心理状态和积极的行为取向加速了其城市社区融入的进程。与人为善、行事诚信的农业转移人口，经过长时间的与城市方的交往磨合，能够赢得城市方的信任，可以较为顺利地扫除由城乡二元体系长期以来造成的市民与农业转移人口的隔膜。3. 农业转移人口融入城市社区的决定性因素是：农业转移人口通过塑造积极的文化人格，培养一种适应城市性和现代性的自主性。4. 农业转移人口文化人格的嬗变与重塑及融入城市社区，要通过自下而上的自组织与自上而下的政策力的共同作用来完成。前者指的是农业转移人口方与城市方通过合作博弈，经利益整合、目标整合、权益整合生成的一种自下而上的自发秩序；后者指的是政府通过相关的体制、机制改革，对农业转移人口融入城市社区提供的应有的政策支持。5. 社会主义核心价值观的实践养成，最终将体现于农业转移人口日常工作、生活中生活叙事的行为写照，建立在个体的主体意识、生命价值和生活体验之上，是一个理论认知、行动体验、双向互动、情感认同、习德养成的融入工作、生活当中的过程。社会主义核心价值观的实践养成，要重视情感与理智的统一。理论认知既承接行动体验得来的认识，又通过情理交融的方式，优化人们的认识，保证养习成德建基于情感和理智之上。主体一旦经过自觉思考，认识到社会主义核心价值观是“好”的价值观，对社会主义核心价值观的实践养成就会实现由自发向自觉的跃升。

本书的主要内容有：

第一章主要分析具有中国特色的城市化和人口城市化道路。首先，肯定了新时代我国实施新型城镇化发展战略所取得的伟大成就，即完成了具有中国特色和中国智慧的现代城市化发展的主要任务。其次，探索了我国实现城市化的路径，即借鉴国外城市化的理论和实践，用以抉择具有中国特色的城市化发展路径。当前学术研究与政策实施对于“支持大城市发展”和“鼓励小城镇发展”仍然存在分歧，需要留给实践去检验和解决。最后，分析了人口城市化引致的问题。城乡二元结构、户籍制度是我国人口城市化的主要障碍。针对我国人口城市化的难点,研究认为,我国走出了一条“促进了经济高速增长和不断转型”与“创造具有中国特色的城市化健康发展道路”双管齐下的新型城镇化发展道路,破解了14亿多人口大国的人口城市化难题。在中国式现代化新征程中,“以人为核心”的新型城镇化要坚持以习近平新时代中国特色社会主义思想为指导,探索新型的城乡关系与城市人口管理路径和方法。

第二章主要梳理了国内外农业人口转移的历程和农业人口转移理论的进展状况。首先,为达到工业化和城市化的目的,国外农业人口转移是通过剥夺农民的土地,将农村人口驱逐到城市,使之成为城市工厂中的工人而实现的。中国式现代化、城市化进程中,没有出现西方初期工业化那种将农村居民置于生存的临界极限的现象。虽然我国的城镇化进程中,由于结构和制度因素的影响,出现了非正式迁移人口问题,但从流动型向融入型演变是中国式现代化、城市化的主要特征。我国的农业人口转移理论超越了西方国家劳动力迁移理论和人口转型理论所涉及的范畴。随着结构和制度制约的弱化,择业、居住、迁移的自由成为大势所趋,我国走出了一条具有中国特色的工业化、城市化、现代化道路。

第三章主要讨论了我国农业转移人口市民化的两个阶段、三大难题。两个阶段:一是从农民到农业转移人口身份的转变,二是具备条件的农业转移人口向城市居民的转变。三大难题:一是农民与土地的关系问题,二是城市的承受能力限制问题,三是城市就业容量限制问题。“两个阶段”“三大难题”成为我国农业转移人口市民化的研究热点。首先,梳理了国内外有关市民、市民社会与市民化的理论,特别指出了市民化是人的社会阶层结构变动和现代化转型的发展进程,反映了社会结构的开放性和多元包容性。其次,农业转移人口进城作为我国转型期建设社会主义市场经济背景下城市化过程中的一种现象,以劳动力流动与脱贫致富为表现形式。“进城农民工”成为一个时代难忘的印记。最后，立足于中国转型期城乡二元经济社会结构、传统户籍制度与市场经济发展及中国城市化进程相冲突的时代背景，描述了我国实现城市化现代化进程中，破解农业转移人口市民化难题的历程。

第四章主要分析了农业转移人口对城市文化的认同问题。首先，从文化社会学关于文化的概念内涵中“作为人类的社会关系和生活方式”部分切入，分析文化作为构建手段塑造人的行为，通过身份和价值观认同完成文化认同的目的。文化认同机制是通过群体传递和灌输的知识、信念、价值观、态度、传统和生活方式，经由理性确认、情感皈依、实践维护达到文化融入，进而产生文化认同的一种建构体系。其次，在社会文化视域下可以发现，农业转移人口市民化是跨越社会文化边界的阶层整合和社会融入问题。最后，分析得出，农业转移人口融入城市社区是一个演化过程与自主适应性过程。农业转移人口对城市文化的认同，围绕城乡关系、社会制度、社会结构、人的观念和行为模式等展开。农业转移人口城市融入的实质是在思想观念上对城市价值体系、生产方式、交往方式、思维方式、历史地理等文化要素的融合和接纳，应通过农业转移人口的文化人格的嬗变与重塑来增强农业转移人口融入城市社区的优势，构建城乡社会文化融通的社会文化机制。

第五章主要对农业转移人口市民化进行合作博弈分析。首先，讨论了人际互动网络中农业转移人口的文化人格嬗变与重塑及社区融入。在城市社会人际互动过程中，以信任为纽带，农业转移人口通过与市民间的合作博弈，为适应城市化和现代化的选择，不断调整、改善其“为人处世”“待人接物”的行为模式。农业转移人口通过内化城市文化，形成其稳定的思维方式和行为模式，最终实现城市社会融入。其次，通过对进城务工农民访谈案例的分析得出，文化人格是个体或群体在适应特定聚落环境的过程中，接受特定文化熏陶，通过对特定文化的内化及其自身的社会化所形成的稳定的思维方式和行为模式。农业转移人口市民化的正式制度，必须先得到农业转移人口文化人格嬗变与重塑的非正式制度的支撑才能形成。农业转移人口文化人格的嬗变与重塑是影响城市化进程以及城市发展的先决条件。最后，对农业转移人口文化人格嬗变与重塑的文化机制作用进行了合作博弈分析。结果表明，农业转移人口在参与、融入城市社区的过程中，通过人际传播表现出来的文化冲突主要来源于个人化不信任，经过多人、多次的积淀，从而产生一般化不信任；经过一个长期的磨合，在城市文化机制与农村文化机制的共同作用下，个人化信任经过多人、多次的积淀，从而产生一般化信任，最终实现农业转移人口融入城市社区。

第六章主要分析了农业转移人口融入城市社区的复杂适应性。首先，基于复杂适应性系统（CAS）理论与城市复杂适应性系统，立足于合作理念和趋社会性（包括现代性及城市化），认为农业转移人口文化人格嬗变与重塑及融入城市社区，要通过自下而上的自组织与自上而下的政策力的共同作用来完成。前者指的是农业转移人口方与城市方通过合作博弈，经利益整合、目标整合、权益整合生成的一种自下而上的自发秩序；后者指的是政府通过相关的体制、机制改革，对农业转移人口融入城市社区提供的应有的政策支持。农业转移人口融入城市社区是一个动态的、渐进式的、多维度的和互动的过程，是一个复杂适应性系统。其次，运用CAS理论，分析农业转移人口文化人格嬗变与重塑及融入城市社区的动力机制和复杂适应性。

第七章通过个案分析，主要探讨农业转移人口对城市文化的认同问题。首先，借助社会心理学的人格理论，着重提供了一个农业转移人口融入城市社区过程中人格嬗变的分析框架。农业转移人口个体在社会化过程中形成了具有特色的心身组织，特别是在适应城市环境时，在能力、情绪、需要、动机、价值观、气质、性格等方面表现出了一系列综合行为。农业转移人口的文化人格总体上存在一个从受农村聚落文化向受城市聚落文化影响逐步嬗变的过程,而其人格特质表现出比较稳定的传统文化和风俗的规定性内涵。农业转移人口融入城市社区也表现出自主适应性特征。其次,深入分析了农业转移人口融入城市的职业伦理与社会主义核心价值观的践行问题。职业伦理是指个人在服务他人、服务社会,满足自己生活需要的工作中体现出的人与人、人与社会的关系及其理由。职业伦理从服务他人的角度言,其内涵是诚心诚意;从服务社会的角度言,其内涵是尽责合法;从自身权利言,其内涵则是有理有节。通过对一系列访谈案例的深入分析,农业转移人口作为向"新产业工人"或"新商人"转型的群体,有必要通过对于职业伦理的自觉认识,明确其"满足自己生活需要"的权利与"服务他人、服务社会"的义务,逐渐增进其职业道德,并通过职业道德塑造其文化人格。只有树立起农业转移人口的文化人格标识,培育起农业转移人口的道德市场,才能消除城市方对农业转移人口的偏见与歧视,进而有利于农业转移人口融入城市社区。

城市社区是市民日常生活最终归属的场域。社会主义核心价值观的践行离不开城市社区居民的生活和工作。其中立足于公民个人层面的要求——爱国、敬业、诚信、友善就体现在城市社区居民生活和工作中的点点滴滴,成为社会主义核心价值观培育的重要场域。社会主义核心价值观在社会层面倡导"自由、平等、公正、法治"的价值要求和价值规范。要实现个体对社会主义核心价值观的认同,关键是社会主义核心价值观要能满足个体的现实需要,从解决人的生存和发展的角度来契合其认同逻辑。

第八章主要探讨了农业转移人口市民化的文化认同机制构建。首先,分析了农业转移人口市民化的信任机制。在基础社会秩序建设中,中国人的人际交往主要依托于传统与社会风俗中积极的、正面的文化因素所主导的社会价值系统,通过社会认同机制判断行为主体的性格特点和交往行为，形成文化人格信任，进而有助于行为主体的社区融入。典型访谈案例着重探讨了传统与社会风俗对农业转移人口文化人格的塑造，通过构建典型的文化人格信任，能够促使农业转移人口有效地融入城市社区。其次，分析了农业转移人口市民化的学习机制。农业转移人口在融入城市社区的过程中，其观念及行为模式的有关特征，表现出了与强化学习较吻合的倾向。“做得好”的行为的强化，不仅使农业转移人口找到了进城的渠道，而且通过“做得好”的内涵的强化，使农业转移人口能够较好地融入城市社区。本章还运用博弈学习理论的信念学习模型，分析得出农业转移人口在其观念和行为模式上随城市的“习俗”和“制度”而嬗变与重塑。农业转移人口对融入城市社区的信念学习表现在通过特定的途径改变其身份认同。故信念学习影响农业转移人口融入城市社区的观念和行为模式的选择。农业转移人口在融入城市社区的过程中，既有对“做得好”的行为的强化，也有从既往的观念和行为模式中汲取的一些信念。经验权重魅力值学习模型（EWA）既考虑成功策略的影响，也考虑策略信念的影响，对农业转移人口融入城市社区的过程中文化人格重塑所产生的影响解释得更加完备。

第一章　中国特色的城市化和人口城市化道路

改革开放走过了46年,我国走出了一条“促进了经济高速增长和不断转型升级”与“创造具有中国特色的城市化健康发展道路”双管齐下的新型城镇化发展道路,破解了14亿多人口大国的人口城市化难题。在中国式现代化新征程中,“以人为核心”的新型城镇化需要探索新型的城乡关系,在城市治理问题上需要探索新型的城市人口管理路径和方法。

第一节　新时代我国新型城镇化的伟大成就

十八大以来,在以习近平同志为核心的党中央坚强领导下,我国新型城镇化建设取得重大成就,城市发展迈上新的历史性台阶。

我国城市规模结构得到了极大改善。据统计,2021年末,全国城市数量达691个,比2012年末增加34个。其中,地级以上城市297个,增加8个;县级市394个,增加26个。建制镇21 322个,比2012年末增加1 441个。城市人口规模不断扩大,按2020年末户籍人口规模划分,100万至200万、200万至400万、400万以上人口的地级以上城市分别有96个、46个和22个,分别比2012年末增加14个、15个和8个;50万以下、50万至100万人口的城市分别有 47 个和 86 个,分别减少 7 个和 22 个。

我国城镇化空间布局得到了极大的优化提升,全面落实城市化发展战略规划,大中小城市和小城镇协调发展,城市群一体化发展水平明显提高,直辖市、省会城市、计划单列市和重要节点城市等中心城市辐射功能得到极大增强。应进一步发挥北京、上海、广州、深圳等龙头城市作用,不断带动区域中小城市发展壮大,扎实推进县城发展过程中的“强弱项、补短板”工作,较快较好、落实落地政策性“1+N+X”文件体系,稳步开展全国 120 个县城建设示范工作。

我国城镇化发展的极化效应明显。京津冀协同发展、粤港澳大湾区建设、长三角一体化发展取得重大进展。城镇化发展的扩散效应呈现。成渝地区发展驶入“快车道”,长江中游、北部湾、关中平原等城市群集聚能力稳步增强。城镇化发展的带动效应显著。长三角以上海为核心,带动南京、杭州、合肥、苏锡常、宁波五大都市圈共同发展。粤港澳大湾区以香港、澳门、广州、深圳四大中心城市为引擎,辐射周边区域。京津冀以北京、天津为核心城市,带动河北省及周边省区邻市,成为我国北方经济规模最大、最具有活力的经济圈。城镇化发展的协同效应显露。成渝、长江中游、关中平原等城市群省际协商合作机制不断建立健全,一体化发展水平持续提高。

产业和人口向优势区域集中是客观经济规律,但城市单体规模不能无限扩张。目前,我国超大城市(城区常住人口 1 000 万人以上)和特大城市(城区常住人口 500 万人以上)人口密度总体偏高,北京、上海主城区密度都在每平方公里 2 万人以上,东京和纽约只有 1.3 万人左右。长期来看,全国城市都要根据实际合理控制人口密度,大城市人口平均密度要有控制标准。要建设一批产城融合、职住平衡、生态宜居、交通便利的郊区新城,推动多中心、郊区化发展,有序推动数字城市建设,提高智能管理能力,逐步解决中心城区人口和功能过密问题。

东部等人口密集地区，要优化城市群内部空间结构，合理控制大城市规模，不能盲目“摊大饼”。要推动城市组团式发展，形成多中心、多层级、多节点的网络型城市群结构。城市之间既要加强互联互通，也要有必要的生态和安全屏障。中西部有条件的省区，要有意识地培育多个中心城市，避免“一市独大”的弊端。我国现有1 881个县市，农民到县城买房子、向县城集聚的现象很普遍，要选择一批条件好的县城重点发展，加强政策引导，使之成为扩大内需的重要支撑点。

我国基本建立了农业转移人口市民化制度，农业转移人口市民化质量稳步提高。一度成为农业转移人口市民化制约因素的户籍制度，其改革亦取得了前所未有的历史性突破；大幅降低了城市落户门槛，城区常住人口300万以下的城市落户限制基本取消，城区常住人口300万以上的城市落户条件有序放宽。自2014年至今，全国有1.3亿农业转移人口成为城镇居民。截至2021年末，我国常住人口城镇化率达64.7%，比2012年末提高了11.6个点，年均提高1.3个点。

我国城镇基本公共服务覆盖范围得到了显著扩大。农业转移人口参加城镇职工基本医疗和养老保险的比例明显提高，随迁子女在常住地接受义务教育得到了相关方面的重视，落实情况良好。截至2021年底，90.9%的义务教育阶段随迁子女在流入地公办学校就读，享受到了政府购买的相应就学学位服务。

自2019年，中共中央、国务院印发实施《关于建立健全城乡融合发展体制机制和政策体系的意见》以来，逐步建立了城乡一体的基本公共服务提供机制，建立的11个国家城乡融合发展试验区实施方案全部制定下发实施，配套的各项改革试验任务得到加快推进。我国城乡居民收入差距改善明显。据统计，城镇居民人均可支配收入从2012年的24 127元增加到2021年的47 412元，年均实际增长 5.7%。2021 年农村居民人均可支配收入 18 931 元,同比实际增长 9.7%,快于城镇居民实际收入增速 2.6 个点,农村居民收入增速连续 12 年快于城镇居民。城乡居民人均可支配收入比值为 2.50,比 2012 年降低 0.38 个点。2021 年末,全国文明城市(区、县城)已有 305 个,比 2012 年末增加 252 个。文化事业和文化产业繁荣发展,不断满足人民群众多样化、多层次、多方面的精神文化需求。

我国城市道路基础设施建设发展飞速,且发展质量超前。截至 2020 年末,地市级以上城市境内等级公路里程(全市)437 万公里,比 2012 年增长 24.6%;境内高速公路里程(全市)14 万公里,比 2012 年增长 60.5%;实有城市道路面积 72 亿平方米,比 2012 年增长 54.6%。我国多层次轨道交通网络建成快速高质,在 20 万以上人口城市的铁路网覆盖率由 2012 年的 94% 扩大到 2021 年的 99%;在 50 万人口以上城市高铁网的覆盖率由 2012 年的 28% 扩大到 2021 年的 90%。城市轨道交通覆盖范围持续快速扩大,截至 2021 年末,共有 51 个城市开通运营城市轨道交通,总计 275 条线路,运营总里程达 8 736 公里。在我国自主知识产权高科技发展的加持下,交通运输服务智慧化水平得到显著提高。5G、大数据、人工智能等新兴技术与交通运输服务融合高质快速。网约车覆盖多达 300 多个城市,共享单车在 360 余个城市大量投放,运营顺畅高效,居民出行享受到了多样化、个性化、便捷化的服务。

我国城镇化高质量发展进入新阶段。2013 年,中央城镇化工作会议强调指出,城镇化是现代化的必由之路。城市发展通过前阶段大规模增量建设,现阶段逐步转为存量提质改造和增量结构调整并重的现代化城市新模式。党的十九届五中全会明确提出实施城市更新行动,城市人居环境质量、人民生活质量不断提升,现代化城市竞争力位居世界前列。各地区城市更新政策法规陆续出台,完善现代化城市发展制度机制,探索多种现代化城市发展实施模式。大中小城市环境更舒适宜居,现代化城市公共服务更完善,现代化城市社区关系更和谐、美好。

中央城镇化工作会议进一步强调,推进城镇化是解决我国农业、农村、农民"三农"问题的重要途径,是推动我国区域协调发展的有力支撑,是扩大内需和促进产业升级的重要抓手,对全面建成小康社会、加快推进社会主义现代化具有重大现实意义和深远历史意义。在我国这样一个拥有14亿多人口的发展中大国实现现代城镇化,人类发展史上没有先例可供模仿、参照。我国现代城镇化目标正确、方向明晰,有利于释放内需巨大潜力,有利于提高劳动生产率,有利于破解城乡二元结构,有利于促进社会公平和共同富裕,而且世界经济和生态环境也将从中受益。走中国特色、科学发展的新型城镇化道路,核心是以人为本,关键是提升质量,与工业化、信息化、农业现代化同步推进。这是一条具有中国特色和中国智慧的现代城市化发展新路。

中国特色和中国智慧的现代城市化发展重在提高城镇化发展质量,亟须稳步提高人口城镇化水平。实现以人为本,推进以人为核心的城镇化,亟须提高城镇人口素质和居民生活质量,把促进有能力在城镇稳定就业和生活的常住人口有序实现市民化作为首要任务。

中国特色和中国智慧的现代城市化发展的主要任务,在于推进农业转移人口市民化,解决已经转移到城镇就业的农业转移人口的落户问题,努力提高农业转移人口融入城镇的素质和能力。目前的政策规定:全面放开建制镇和小城市落户限制,有序放开中等城市落户限制,合理确定大城市落户条件,严格控制特大城市人口规模。新型城镇化要找准着力点,有序推进农业转移人口市民化。

城镇化是长期的历史进程,要科学有序、积极稳妥地向前推进。对于农业转移人口市民化要坚持自愿、分类、有序的原则,充分尊重农民意愿,因地制宜制定具体办法,优先解决存量,有序引导增量。

中国特色新型城镇化是新时代、新征程,实现中国式现代化的必由之路。2016年,习近平总书记对深入推进新型城镇化建设作出重要指示,强调城镇化是现代化的必由之路。要坚持以创新、协调、绿色、开放、共享的发展理念为引领,以人的城镇化为核心,更加注重提高户籍人口城镇化率,更加注重城乡基本公共服务均等化,更加注重环境宜居和历史文脉传承,更加注重提升人民群众获得感和幸福感。要遵循科学规律,加强顶层设计,统筹推进相关配套改革,鼓励各地因地制宜、突出特色、大胆创新,积极引导社会资本参与,促进中国特色新型城镇化持续健康发展。

以人为核心的中国特色新型城镇化是新时代、新征程,实现中国式现代化的基础目标。2020年4月10日,习近平总书记在中央财经委员会第七次会议上的讲话中指出:我国城市化道路怎么走?这是个重大问题,关键是要把人民生命安全和身体健康作为城市发展的基础目标。目前,我国常住人口城镇化率已经达到60.6%,今后一个时期还会上升。要更好推进以人为核心的城镇化,使城市更健康、更安全、更宜居,成为人民群众高品质生活的空间。《"十四五"规划和2035年远景目标建议》进一步指出,今后五年经济社会发展要努力实现以下主要目标:城乡区域发展协调性明显增强,深化户籍制度改革,完善财政转移支付和城镇新增建设用地规模与农业转移人口市民化挂钩政策,推进以人为核心的新型城镇化,加快农业转移人口市民化。《2022年新型城镇化和城乡融合发展重点任务》提出,坚持把推进农业转移人口市民化作为新型城镇化的首要任务,重点针对存量未落户人口深化户籍制度改革,健全常住地提供基本公共服务制度,提高农业转移人口融入城市水平。

二十大报告强调指出,深入实施新型城镇化战略,推进以人为核心的新型城镇化,加快农业转移人口市民化。以城市群、都市圈为依托构建大中小城市协调发展格局,推进以县城为重要载体的城镇化建设。坚持人民城市人民建、人民城市为人民,提高城市规划、建设、治理水平,加快转变超大特大城市发展方式,实施城市更新行动,加强城市基础设施建设,打造宜居、韧性、智慧城市。把社会主义核心价值观融入社会发展、融入日常生活。实施公民道德建设工程,弘扬中华传统美德,推动明大德、守公德、严私德,提高人民道德水准和文明素养。统筹推动文明培育、文明实践、文明创建,推进城乡精神文明建设融合发展,在全社会弘扬劳动精神、奋斗精神、奉献精神、创造精神、勤俭节约精神,培育时代新风新貌。弘扬诚信文化,健全诚信建设长效机制。

新时代、新征程,我们应坚持以习近平新时代中国特色社会主义思想为指导,继续深入推进以人为核心的新型城镇化,不断增进民生福祉,踔厉奋发、勇毅前行,为全面建设社会主义现代化国家、全面推进中华民族伟大复兴而团结奋斗。

第二节　我国城市化路径探索

一、城市化理论的进展

城市是什么?它是如何产生的,又经历了哪些过程?它有什么功能,起到哪些作用,达到哪些目的?它的表现形式非常之多,很难用一种定义来概括。[①] 布罗代尔认为,城市是经济发展的动力,又是发展的产物。[②] 城市是在人类历史上形成的,在一个特定的地

---

① 刘易斯·芒福德. 城市发展史——起源、演变和前景[M]. 宋俊岭,倪文彦,译. 北京:中国建筑工业出版社,2004:1.

② 费尔南·布罗代尔. 15至18世纪的物质文明、经济和资本主义[M]. 顾良,施康强,译. 北京:生活·读书·新知三联书店,2002.

域空间范围内，以第二、第三产业人口为主要组成部分，产业高度聚集，并具有复杂的劳动分工和依赖关系的人类社会组织形态。[①]现代城市本质上是工业革命之后兴起的以工商经济为特征的人类聚落形式。[②]城市在本质上是方便人和人见面的地方。[③]

城市化的英文是“urbanization”。现代城市化主要指20世纪60年代开始的英国工业革命中出现的工业化所带动的城市化。

20世纪下半叶到21世纪，世界城市化率快速提升的主要原因是发展中国家城市化的起步，以及发展中国家城市人口占全球城市人口比例的不断攀升。1950年发展中国家城市人口占世界城市总人口的比例仅为39%，1960年增至45%，1970年上升到近50%，1990年达到61%。进入21世纪，发展中国家城市人口增长率和绝对量已远大于发达国家。2015年至2050年，发展中国家新增城市人口23亿，而发达国家仅为1.3亿，前者约为后者的18倍。

根据《世界城市化展望（2018年修订版）》的数据，目前城市化率最高的地区是北美，达到82%；拉丁美洲和加勒比地区为81%；欧洲为74%；大洋洲为68%；非洲为43%；亚洲较低，仅为50%左右。但亚洲城市居民人数最多，占了全球城市人口的54%。预计到2050年，全球新增城市人口将达到25亿，90%以上集中在亚洲和非洲，其中又以印度、中国和尼日利亚为主，印度约为4.16亿，中国约为2.55亿，尼日利亚约为1.89亿。非洲将成为城市化最为迅速的地区。预测到2050年，非洲人口将超越欧洲、南美洲和北美洲总和，城市人口占全球城市人口的比例将从2010年的11.3%上升到2050年的20.2%；到2035年城市化水平将达到50%，2050年达到56%至58%。届时世界城市化率将上升

---

① 何念如，吴煜．中国当代城市化理论研究［M］．上海：上海人民出版社，2007：30.
② 黄郁成．城市化与乡村振兴［M］．上海：上海人民出版社，2019：176.
③ 陆铭．向心城市：迈向未来的活力、宜居与和谐［M］．上海：上海人民出版社，2022.

至68%。

西方学者将城市化概括为农村特性向城市特性转变的过程。一般地，城市化是指人口、地域、社会经济关系、生活方式由农村型向城市型转化的自然历史过程。王维锋（1989）将国外城市化理论总结为三种观点：其一，城市化是人们由农业部门向非农业部门运动的过程。这种经济学观点，主要强调经济部门结构的转变。其二，城市化是人们在时间上所经历的生活方式转变的过程。这种社会学观点，主要强调生活方式的转变。其三，城市化是人口向城市集中的过程。这种地理学观点，主要强调人口的空间集中。[①]

何念如、吴煜（2007）介绍了西方四种有代表性的观点：其一，《日本百科全书》认为，城市化是一个社会城市人口与农村人口相比数量绝对增大的过程。其二，《大英百科全书》认为，城市化是人口向城镇或城市地带集中的过程。这个集中化的过程表现为两种形式，一是城镇数目的增多，二是各个城市内人口规模的不断扩充。其三，《苏联百科全书》认为，城市化是指城市在社会发展中作用日益增大的历史过程。城市化影响人口的社会结构、就业结构、统计结构，人们的文化和生活方式、生产力的分配及居住模式。其四，弗里德曼（Friedmann）认为，城市化作为国家或区域空间系统中的一种复杂社会过程，它包括人口和非农业活动在规模不同的城市环境中的地域集中过程、非城市型景观逐步转化为城市景观的地域推进过程，还包括城市文化、城市生活方式和价值观念向农村的地域扩张过程，前者被称为城市化过程，后者被称为城市化进程。[②]顾朝林、吴莉娅（2008）又列举了两种西方具有代表性的观点：其一，日本学者森川洋认为：城市化主要指农村居民向城市生活方式的转化过程，反映在城市人口增加、城市建成区扩展、景观

---

① 王维锋．国外城市化理论简介［J］．城市问题，1989（01）：21-24.

② 何念如，吴煜．中国当代城市化理论研究［M］．上海：上海人民出版社，2007.

和社会以及生活方式的城市环境形成等方面。其二,英国学者帕乔内(Pacione,2003)认为,城市化是城市人口占总人口比例的增加,城市(镇)人口数量的增加,城市生活的社会和行为特征在整个社会的扩展。[①]

学术界总结认为,世界人口城市化经历了三次浪潮:第一次是1750年之后的近200年,英国及欧洲的城市化。第二次是美国的城市化。1890年美国城市化率超过了30%,至1960年城市化完成时期,城市化率达到70%。美国城市化速度比英国高出1倍,仅用了100年左右的时间。第三次是中国等发展中国家的城市化。[②]

马克思肯定城市化是资本主义的伟大历史贡献。城市和乡村的分离是物质劳动和精神劳动的最大的一次分工。城乡之间的对立是随着野蛮向文明的过渡、部落制度向国家的过渡、地方局限性向民族的过渡而开始的,它贯串着全部文明的历史并一直延续到现在。城市发展史就是城乡分离和对立的历史。城市作为农村封建经济的对立物,自然地产生了资本和雇佣劳动者,建立起手工业及行会制度,形成了一个有组织的市民社会,从而孕育出早期的资本主义。资本主义生产的发展,又必然导致工业化和城市化。[③]

我国城市化发展面临的实际问题和具体特征与西方国家以及西方城市化理论存在显著差异。我国经历了从计划经济体制向市场经济体制转型的过程,相应地,也经历了国家控制的城市化逐步向"市场主导"的城市化转化的过程。我国城市化理论研究最早见于吴友仁于1979年发表的《关于我国社会主义城市化问题》一文。[④]此后的四十年间,国内学者从不同角度对"城市化"作出了

① 顾朝林,吴莉娅.中国城市化问题研究综述(Ⅰ)[J].城市与区域规划研究,2008(02):104-147.

② 刘建芳.美国城市化进程中人口流动的特点及影响[J].新疆师范大学学报(哲学社会科学版),2004(03):124-127.

③ 龚唯平.马克思城市化理论探微[J].经济前沿,2001(07):32-35.

④ 吴友仁.关于我国社会主义城市化问题[J].城市规划,1979(05):13-25.

定义。谢文蕙（1996）认为，城市化是社会生产力变革所引起的人类生产方式、生活方式和居住方式改变的过程。[①] 吴楚材（1996）认为，城市化是指居住在城镇地区的人口占总人口比例增长的过程，即农业人口向非农业人口转变并在城市集中的过程。[②] 王春光（1997）认为，城市化是一个综合的、系统的社会变迁过程，它包括人口城乡之间的流动和变迁、生活方式的改变、经济布局和生产经营方式的变化，还包括整个社会结构、组织、文化的变迁。[③] 陈颐（1998）认为，城市化是指人口向城市或城市地带集中的现象或过程，它既表现为非农产业和人口向原城市集聚，城市规模扩大；又表现为在非农产业和人口集聚的基础上形成新的城市，城市数量增加。[④] 宁越敏（1998）认为，城市化是人口向城市集中的过程。[⑤] 胡欣（1999）认为，城市化是指农村人口向城市人口转移和聚集的现象，包括城市人口和城市数量的增加及城市经济社会化、现代化和集约化程度的提高。[⑥]

仲小敏（2000）认为，城市化内涵既指变农村人口为城市人口、变农村地域为城市地域的过程，即城市化的数量过程；也指城市文化、城市生活方式和价值观等城市文明扩散过程，即城市化的质量过程。[⑦]

王振亮（2000）认为，城市化是由工业化发展引起的，伴随着现代化过程而产生的在空间社区上人口、社会、经济、文化、政治、

---

① 谢文蕙．城市经济学［M］．北京：清华大学出版社，1996.

② 吴楚材．城市与乡村：中国城乡矛盾与协调发展研究［M］．北京：科学出版社，1996.

③ 王春光，孙晖．中国城市化之路［M］．昆明：云南人民出版社，1997.

④ 陈颐．中国城市化和城市现代化［M］．南京：南京出版社，1998.

⑤ 宁越敏．新城市化进程——90 年代中国城市化动力机制和特点探讨［J］．地理学报，1998，23（05）：470-477.

⑥ 胡欣．城市经济学［M］．北京：经济科学出版社，1999.

⑦ 仲小敏．世纪之交中国城市化道路问题的讨论［J］．科学·经济·社会，2000（01）：38-42.

思想等领域变迁演化的一段承前启后的历史分化过程。[①] 秦润新（2000）认为，城市化是一种产业结构由以第一产业为主逐步转变为以第二产业和第三产业为主的过程；是一个以农业为主的就业人口逐步转向非农业人口为主的过程；是由一种自然、原始、封闭、落后的农业文明，转变为一种以现代工业和服务经济为主的并以先进的现代化的城市基础设施和公共服务设施为标志的现代城市文明过程；是对居民从思维方式、生活方式、行为方式、价值观念、文化素养全面改善和提高的过程。[②] 王桂新（2012）认为，从城市化的本义或目的而言，城市化的发展，应该以人为本，体现城乡共生发展，体现城乡居民社会福祉共同提高，体现人类社会的整体进步。[③] 狭义的城市化指人口的城市化，也就是农村人口迁移到城市转变为城市人口或农村地区转变为城市地区使农村人口转变为城市人口，由此使城市人口规模增大、比重提高的过程。其中，农村人口迁移到城市转变为城市人口的人口城市化称为迁移城市化，农村地区转变为城市地区使农村人口转变为城市人口的人口城市化称为就地城市化。一般情况下，农村人口迁移到城市转变为城市人口的迁移城市化为人口城市化的主流，农村地区转变为城市地区使农村人口转变为城市人口的就地城市化通常是人口城市化发展到一定阶段因城区扩大或新设城市带来的人口城市化现象。[④]

汤伟（2019）认为，城市化指人口由农村向城市区域流入并在城市中从事非农经济活动，伴随这一流入，价值观、生活态度和行为方式等也随之改变，居住形态也从分散、独居转变为集中、多层。城市化具有物质景观和社会文化双重意义上的改变。[⑤]

---

① 王振亮．城市空间融合论［M］．上海：复旦大学出版社，2000.
② 秦润新．农村城市化的理论与实践［M］．北京：中国经济出版社，2000.
③ 王桂新．我国城市化发展的几点思考［J］．人口研究，2012（02）：37-44.
④ 王桂新．城市化基本理论与中国城市化的问题及对策［J］．人口研究，2013（06）：43-51.
⑤ 汤伟．城市与世界秩序的演化［M］．上海：上海社会科学院出版社，2019.

城市化作为经济增长发动机的地位,在学术界已经毫无争议。国内对于城市化问题的研究,可以概括总结为五种观点:其一,城市化是指变农村人口为城镇人口的过程,或是指变农业人口为非农业人口的过程。其二,城市化是指农业人口转化为工业及其他非农业人口,分散的农业人口向城市集中和不断产生新的城市,从而使城市人口增长,城市数量增加,城市体系形成和完善;城市经济在国民经济中占主导地位,并成为社会前进的主要基地;城市的经济关系广泛渗透到农村,并使农村生活方式城市化。其三,城市化是指一定地域(居民点)的人口规模、产业结构、经济成分、运营机制、管理手段、服务设施、环境条件以及人们的生活水平和生活方式等要素由小到大、由粗到精、由低到高、由分散到集中、由单一到复合的一种转换或重新组合的复杂的动态进程。其四,应放弃"城市化"的称谓,改用适合我国国情的"农村城市化"提法。所谓农村城市化,是指一定国家或地区的农村,其资源配置(含人力资源)、社会模式及其运作和发展达到当时世界城市先进水平的一种社会状态。其五,城市化是一个变传统落后的乡村社会为现代的城市社会的自然历史过程。① 特别值得注意的是城市化的质量过程,即城市文化、城市生活方式和价值观等城市文明扩散过程。

二、城市化路径选择

城市化主要是一种地理学术语,它强调农村社区、地域景观等向城市的靠拢,即农村地区变得越来越像城市,或者已经转变成合法的城市。②

学术界关于城市化与城镇化之争,主要体现在大城市和小城镇孰者应优先发展的问题上。"鼓励小城镇发展"和"支持大城市

① 关键.观点综述:中国城市化问题[J].城市开发,1997(11):6-9.
② 郑杭生.农民市民化:当代中国社会学的重要研究主题[J].甘肃社会科学,2005(04):4-8.

发展”一直存在着分歧，争论至今仍在持续之中。实际上，两者之争既有理论立场之不同，又有解决问题指向之各异。这一分歧确实对我国城市化发展的走向具有较大影响。

由于我国具体特殊的国情，“镇”在城市化进程中起着重要作用。20 世纪 80 年代的小城镇建设一度掀起了热潮，因此社会各界经常使用“城镇化”一词。[①]

1980 年 10 月，原国家建委在北京召开了全国城市规划工作会议，明确提出了“控制大城市规模，合理发展中等城市，积极发展小城市”的城市发展总方针。1984 年国务院放宽了建镇标准。这一阶段相关的城市制度在不断完善（如城市建制、城市体系），虽然控制大城市规模依然是官方的发展战略之一，但事实是大量的投资集中在了大城市。

1989 年颁布的《中华人民共和国城市规划法》，正式确立了国家的城市化发展方针，明确规定：“国家实行严格控制大城市规模、合理发展中等城市和小城市的方针，促进生产力和人口的合理布局。”“大城市是指市区和近郊区非农业人口 50 万以上的城市。中等市是指市区和近郊区非农业人口 20 万以上，不满 50 万的城市。小城市是指市区和近郊区非农业人口不满 20 万的城市。”“控制大城市规模、合理发展中等城市和小城市”上升到了国家法律层面。

1994 年国家六部委发布了《关于加强小城镇建设的若干意见》。1995 年 11 部委发布了《小城镇综合改革试点指导意见》等。1998 年党的十五届三中全会提出：“坚持大中小城市和小城镇协调发展，提高城镇综合承载力，按照循序渐进、节约土地、集约发展、合理布局的原则，积极稳妥地推进城镇化。”

---

① 张立，赵民．改革开放后中国社会的城市化转型［M］．上海：同济大学出版社，2020.

2000年6月13日中共中央、国务院文件《关于促进小城镇健康发展的若干意见》指出："发展小城镇，是实现我国农村现代化的必由之路。"

2001年"十五"规划纲要明确指出，实施城镇化战略，要走符合我国国情、大中小城市和小城镇协调发展的多样化城镇化道路。有重点地发展小城镇，积极发展中小城市，完善区域性中心城市功能，发挥大城市的辐射带动作用，引导城镇密集区有序发展。防止盲目扩大城市规模。发展小城镇是推进我国城镇化的重要途径。要把发展重点放到县城和部分基础条件好、发展潜力大的建制镇。城市化政策发生转变，将"积极发展小城镇"的战略，转变为"有重点地发展小城镇，积极发展中小城市"，提出了大中小城市和小城镇协调发展的科学思路。城镇化战略首次上升为国家战略。

2006年"十一五"规划在延续"大中小城市和小城镇协调发展"的战略思路基础上，提出了"城镇化健康发展"的指导思路，并第一次提出鼓励农村人口迁移，不仅仅是鼓励迁移到小城镇，也鼓励迁移到中小城市。同时，一贯的严格控制大城市人口增长的政策表述也转变为"通过调整产业结构……控制人口过快增长"。

十六大报告提出走中国特色城镇化道路之后，十七大报告中将"中国特色的城镇化道路"与"自主创新道路""新型工业化道路""农业现代化道路""政治发展道路"并列为"中国特色社会主义道路"的基本内容。

2013年，中共中央政治局会议提到"积极推动以人为核心的新型城镇化"，并专门召开了城镇化会议，讨论"以人为核心"促进农业人口转移来推进城镇化的相关问题和战略。

费孝通先生于1983年在江苏省小城镇研究讨论会上作了题为"小城镇，大问题"的发言，详细考察了小城镇作为农村服务中心、文化中心和教育中心的作用。[①] 温铁军(2000)认为,发展小城镇的目的是解决农业、农村、农民这"三农问题"。小镇建设是农村城市化的主要手段。[②] 有关权威决策部门认为,发展小城镇是中国城市化发展的必由之路,是具有中国特色的城市化道路的战略性选择;小城镇发展对20世纪中国经济的影响,不仅是一个城市化问题,而且还有更深远的意义,它在实现我国的两个根本转变中,将起到至关重要的影响作用;发展小城镇的最深远的意义在于,它触及了农村最深层次的、最困难的问题,对解决我国农业、农村、农民这一中国现代化建设的根本问题,从根本加强农业基础地位,促进农村经济发展,不断增加农民收入有着不可估量的重要意义。

关于城市化,特别是大城市化,国际上一直充斥着一种悲观论调,发达国家如英国,对于发展中国家过快的城市化速度和越来越大的城市人口密度,普遍认为城市没有能力提供有效的管理和足够的基础设施,不合理的规划和对环境的破坏将导致环境灾难。他们倾向于认为发展中国家过快的城市增长是又一次"公共地悲剧"[③]。

与此相反,一部分学者认为,城市化是经济发展的自然结果,能够更有效率地使用经济资源,城市化是提高发展中国家人民生活水平的重要方式,于是旗帜鲜明地"支持大城市发展"。张正河(1998)直截了当地指出,小城镇难当中国城市化主角。小城镇城市化在中国城市化进程中的弊端要大于益处,特别是从长远和全局来看更是如此。虽然小城镇在中国农村脱贫和致富路上出尽了风头,却不能把大力发展小城镇确定为中国城市化唯一正确的道路。[④] 史育龙(2008)认为对农村经济而言,小城镇是大战略,但在

---

① 费孝通.论小城镇及其他[M].天津:天津人民出版社,1986:17-18.
② 温铁军.历史本相与小城镇建设的真正目标[J].小城镇建设,2000(05):31-35.
③ 蔡昉.中国流动人口问题[M].郑州:河南人民出版社,2000:86.
④ 张正河,谭向勇.小城镇难当城市化主角[J].中国软科学,1998(08):14-19.

全国城镇体系发展的大系统中，小城镇只是我国城市化战略中的一个方面。[①]

小城镇发展确实对我国城市化起到了很大的促进作用，但仅仅依靠发展小城镇，是无法实现我国城市化战略目标的，而且也是不科学和不合理的。我国亟须改变目前主要依靠发展小城镇促进农村城市化的战略，将发展小城镇与发展大中小城市结合起来，并将以大中小城市的发展带动小城镇的发展作为我国城市化的发展战略。[②]

学界之所以不赞同继续执行以发展小城镇为主的城市化发展战略，是因为一方面小城镇的发展程度较低，另一方面小城镇本身存在的许多问题对我国城市化和社会经济的发展有着消极的影响。小城镇虽然扮演了城乡之间的中介角色，但是它们更主要还是属于农村社会，其社会和文化发展程度还是相当低的；它们的社会关系、生活方式、价值观念更接近于农村社会，一些不适应或阻碍发展和进步的旧社会关系、生活方式和价值观念因素依旧存在。[③]

樊纲（2017）等有着更系统深入的分析，他指出，“城镇化”的发展思路存在一系列问题。首先，人为限制特大城市的发展，总想改变规律而不是顺应规律，设定城市人口调控目标，致使每次制定的城市规划都是“小而又小”，今天定了规划，明天就被现实所突破的事例比比皆是。各种“城市病”在很大程度上其实是由“逆反规律”造成的。一方面，特大城市建设用地规模长期过度受限，住房用地供给不足，导致房价高企；另一方面，人口流入规模远超规划预期，城市的基础设施建设和公共服务配置滞后，导致交通拥堵，

① 史育龙．中国特色城镇化道路的内涵和发展模式［J］．贵州社会科学，2008（10）：67-73.
② 王春光，孙晖．中国城市化之路［M］．昆明：云南人民出版社，1997：106.
③ 王春光，孙晖．中国城市化之路［M］．昆明：云南人民出版社，1997：107.

医疗、教育等公共服务短缺，外来人口更难以享受一些基本的公共服务。其次，优先发展中小城市和小城镇不仅不能改变其人口流失的现实情况，反而带来了一系列的新问题。一个基本的原因就是我们总是设想可以到中小城市、小城镇发展产业、创造就业，但由于条件所限，产业发展不起来，无法提供足够的就业岗位，人们不得不到大城市找工作，中小城市和小城镇的人口仍然在不断流失。①

樊纲指出，"城镇化"与"城市化"的真正差别主要体现在指导思想和政策落脚点上。按照"城镇化"的指导思想，我国一直严格控制大城市规模，限制人口向大城市集中，优先发展中小城市和小城镇，鼓励就地城镇化，以此来防止所谓"大城市病"的发生。但是，这种指导思想却与城市化的基本逻辑和现实进程有所背离。城市化进程的本质是人的迁移，是人口在空间上的集聚，其基本效果是获得产业聚集和人口聚集所带来的规模效益。而人们在选择如何迁移、向何处迁移时，会进行趋利避害的理性选择，他们所考虑的主要因素包括就业机会、收入水平、生活条件、公共服务等。而在这些方面，大城市具有明显的优势。大城市可以以更为集中的方式提供各类公共基础设施，从而可以集聚大量的产业和企业，形成更专业化的分工，具有显著的集聚效应和规模效应，能够提供更多的就业机会和更高的收入水平。大城市是创新资源最集中、创新人才最密集、创新活动最活跃、创新最易于成功的区域，是创新创业的高地，能为经济增长提供不竭的动力。大城市还能集聚优质的教育、医疗等公共资源，拥有完善的基础设施配套体系，能够提供良好的生活条件和公共服务。大城市具备更加公平的市场竞争环境和通畅的上升通道，能为年轻人提供更多实现梦想的机

---

① 樊纲，郭万达．中国城市化和特大城市问题思考［M］．北京：中国经济出版社，2017：3–4.

会。大城市因为人口的集聚,更有利于服务业和文化时尚产业的发展,这成为大城市吸引年轻人的重要因素。无数年轻人都向往到大城市工作和生活,即使蜗居也要留在北京、上海、广州、深圳等一线城市。这些正是我国城市化加速阶段的特征性表现。①

"城市病"问题的根本原因并不是城市人口数量过多,而是公共服务供给严重不足。一方面,人口向能提供更多就业岗位、更具优势与吸引力的大城市流动,这是"理性人"的自然选择;特大城市由于其规模效应从而能吸引要素的集聚,这也符合经济学的根本规律。任何用行政手段进行干预的行为都是违背经济发展规律的行为,会干扰经济增长的速度。并且,与世界其他发达国家相比,我国目前大城市的数量不多,反而过少。另一方面,由于我国城市化进程速度过快,用短短 30 年就完成了发达国家用 100 年才完成的事情,使得政府提供公共资源、管理现代化城市的思路与方法尚不及调整,公共资源供给增长的速度远远跟不上人口增长的速度,城市的交通、环保等规划不够合理,这必然会导致我们现在看到的交通拥堵、环境污染、公共资源需求紧张等现象。要解决"城市病"问题,政府应从"供给端"发动改革,提高城市治理的科学化水平,增加公共资源供给。②

历史已经告诉我们,并不是每个城市都有能力聚集相当规模的人口,一个特大城市的形成与发展,必然是人自由选择的客观结果。诸如大力发展西部城市、投资建设中小城镇、严格控制大城市人口规模等干扰人口流动趋势的行政手段,都会破坏这一客观规律,从而阻碍城市化的推进、阻碍经济的增长。中国正处在人口向中心城市聚集的阶段,限制大城市而鼓励发展小城镇不符合当前

---

① 樊纲,郭万达.中国城市化和特大城市问题思考[M].北京:中国经济出版社,2017:1-2.

② 樊纲,郭万达.中国城市化和特大城市问题思考[M].北京:中国经济出版社,2017:10-11.

的自然规律。在工业化阶段,人们最大的诉求是找到工作,这会使得人群向沿海地区和中心城市聚集,而城市化最重要的效果是形成集约效应,由人口集聚产生的市场反过来又创造更多的就业机会,所以大家离开农村,离开小城市,涌向中心城市,这是一个基本的经济规律。[①]

从中国特大城市人口增长来看,2020 年至 2025 年间,100 万至 500 万人口的城市人口增长率最快;到 2030 年,虽然 500 万以上人口的特大城市人口增长率再一次超过其他规模的城市,但优势并不十分明显。在 2030 年以后,中国也将出现特大城市优先增长现象的终结。[②]

城市化是一个系统的长期工程,既要遵循城市结构变迁的客观规律,顺应城市人口集聚的正外部性,驱动城市保持创新活力和消费潜力,也要采取更加灵活的公共管理方式,为城市发展创造和谐、宜居的环境。未来"向心城市"的发展趋势主要表现为:人从农村集聚到城市,从小城市集聚到大城市,从城市的外围集聚到中心城区。因为,当服务业占比越来越高的时候,人口的空间分布会发生什么变化呢?答案是人口会越来越向城市集中,向大城市集中,向大城市的中心城区集中。这就是"向心城市"的意思。[③]

2021 年政府工作报告中提出,发展壮大城市群和都市圈,推进以县城为重要载体的城镇化建设;2022 年政府工作报告中提出,加强县城基础设施建设,并首次提出"严控撤县建市设区";2023 年政府工作报告中的相关表述为,"完善城市特别是县城功能,增强综合承载能力"。

---

① 樊纲,郭万达.中国城市化和特大城市问题思考[M].北京:中国经济出版社,2017:11.

② 樊纲,郭万达.中国城市化和特大城市问题思考[M].北京:中国经济出版社,2017:70.

③ 陆铭.向心城市:迈向未来的活力、宜居与和谐[M].上海:上海人民出版社,2022.

目前,由于分析问题和解决问题的着眼点不同,学术研究与政策实施对于“支持大城市发展”和“鼓励小城镇发展”仍然存在分歧,这些问题需要留给实践去检验和解决。

第三节　人口城市化引致的问题

非农集聚是中国城市发展的关键支撑。[①] 人口城市化既是一个经济学议题,又是一个社会学议题。工业化和城市化,本身就是现代化历史进程中的不可缺少的重要组成部分。在城市化过程中,最重要的事实莫过于发生在全球范围内的人口迁移。[②] 虽然城市化不单指人口由农村向城市集中的过程,但人口向城市集中、城市人口规模的不断扩大,是社会经济关系和生活方式由农村型向城市型转化的基础和前提。所以,城市化本质上是人口的集聚,是人口城市化。

一、实现人口城市化的探索

改革开放的46年,也是城镇化进程中农业人口向城市大规模流动的46年。改革开放初期,中国城市发展处于羸弱期,农民工的大量涌入带来的是公共财政的压力和各种各样的社会问题。因此,政府集中力量进行城市建设,对农民工群体采用以管控为主的方针,限制人员流动。直至1993年《劳动部关于建立社会主义市场经济体制时期劳动体制改革总体设想》的公布,改变了农民工的打工处境,政府开始将农民工视为人力资本而非剩余劳动力转移

---

① 中国社会科学院城市与竞争力研究中心课题组,倪鹏飞. 以高质量城市化推动中国式现代化——中国城市崛起的样本分析[J]. 新型城镇化,2023(03):29-32.

② 刘易斯·芒福德. 城市发展史——起源、演变和前景[M]. 宋俊岭,倪文彦,译. 北京:中国建筑工业出版社,2004.

的麻烦；1993年至2006年，中国城市建设处于发展期，政府开始将农民工作为城市的常见现象群体，针对性出台公共政策和服务；2006年，国务院发布《关于解决农民工问题的若干意见》，其中涉及“户籍管理制度改革”；2006年至今是中国城市的加速发展期，户籍的改革让农民工有了入住城市的机会。由于认识偏差导致的制度障碍，中国的城市化水平滞后于经济发展水平，在城市化政策方面需要根据经济发展的要求逐渐加速放松对人口城乡流动的限制。[①]

有一种观点认为，应发挥市场机制的作用，采取农民转化为市民的人口城镇化，打破地方利益分割的体制机制障碍和沿海与内地、城市与乡村的双重二元结构，让人口居住在哪里就能把财政公共服务带到哪里。将以财政供养人口计算地方财力的传统做法，改为按国际惯例实行常住人口均衡分配，通过生产力最活跃的因素——人的流动来解决收入差距大、生态环境差和公平效率低等问题，预期仅消费一项每年就可增加约30万亿元，整个改革带来的巨大红利将不亚于再造一个中国的沿海。若沿袭户籍制度改革的传统手段来搞行政推动型城镇化，由于地方财政的利益刚性则很难实现人口有序流动迁徙的预期，也难以达到释放改革红利、推进城镇化规律性成长的理想效果。[②]

大城市吸引了大量劳动力的流入，但由于现有城市管理模式对特大城市人口进行严格限制和管理，在这些城市中存在大量的非户籍人口，在提供产业发展生力军的同时，也要求城市为其提供合理的基本公共服务。直面人户分离现实，理清流动人口中常住人口的比重，为常住人口提供社会医疗、养老保险，配置教育、

① 施建刚，王哲．中国城市化与经济发展水平关系研究[J]．中国人口科学，2012(02)：36-46+111.

② 孙红玲．推进新型城镇化需改按常住人口分配地方财力[J]．财政研究，2013(03)：56-58.

交通、医疗等基础设施，保证社会的公平，来增强政府公共服务的弹性。[①]

“支持大城市发展”和“鼓励小城镇发展”的分歧，也含有对城市化实现路径的关注。人口城市化分为就地城市化和异地城市化两种形式。就地城市化是人口的生活空间由乡村向城市的转变。人口的空间特征和生活方式发生转变，但人口不发生空间上的位移。异地城市化是通过人口迁移来实现的，乡村人口从农村地区迁移到城市居住和生活，其特点是除了人口生活方式发生转变外，也发生了空间的位移。就地城市化和异地城市化实际体现的是城市化的量的快速积累与城市化的质的高效成熟。

“支持大城市发展”和“鼓励小城镇发展”的分歧，更含有对城市化度量的关注。我国城市化水平的评价存在两个途径：常住人口城镇化和户籍人口城镇化。常住人口城镇化率是指一个地区城镇常住人口占该地区常住总人口的比例，指在城市居住时间达半年或以上的人口占总人口的比例（城市化率 = 城镇人口 / 总人口 ×100%）。户籍人口城镇化率是即按户籍人口计算的城镇化率，指在我国户籍制度管理下非农户籍人口占总人口的比例（城市化率 = 城镇非农人口 / 总人口 ×100%）。

由于城镇常住人口占比容易计算和预测，所以一般就用城镇常住人口占比即人口城市化率来评估城市化发展水平。一般认为：当城市化率≤30%时，城市化发展处在起步或初步兴起阶段；30%≤城市化率≤50%，为城市化从加速向基本实现过渡的阶段；50%≤城市化率≤70%，为城市化从基本实现向完成迈进的阶段；此后，当城市化率≥70%，则为城市化发达与自我完善阶段。2017年，美国城市化率是82.06%；英国城市化率是83.14%；

① 樊纲，郭万达．中国城市化和特大城市问题思考[M]．北京：中国经济出版社，2017：254.

法国城市化率为 80.18%；德国城市化率是 77.26%；日本城市化率是 91.54%。根据美国中央情报局《世界概况》2020 年统计数据，日本城市化率是 91.8%，美国城市化率是 82.7%，韩国城市化率是 81.4%，中国城市化率是 61.4%。中国城市化率会向发达国家所达到的 80%，甚至 90% 的水平逐渐靠近。[①] 据 2014 年至 2023 年政府工作报告，我国常住人口城镇化率从 2013 年的 53.7% 提高到 2022 年的 65.2%（见图 1-1）。2023 年报告中关于“持续推进以人为核心的新型城镇化”首先提到的就是“完善城市特别是县城功能，增强综合承载能力”。

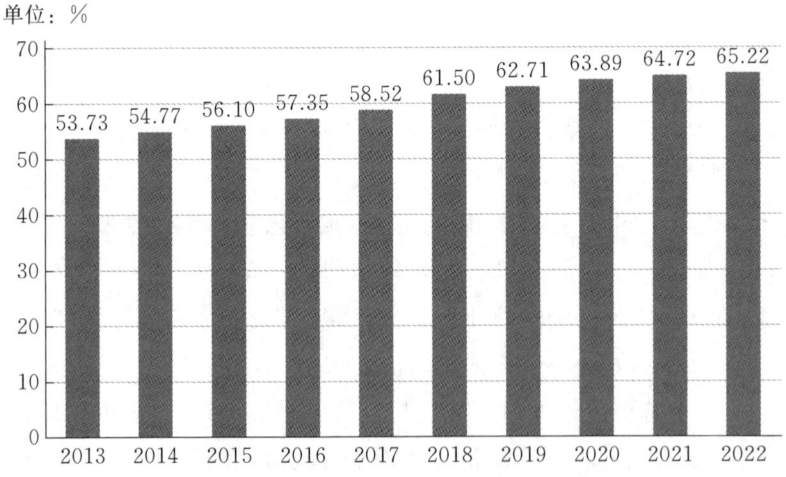

图 1-1　2013 年至 2022 年我国城镇化率
（数据来源：2013 年至 2022 年国家统计公报）

中国城市规划设计研究院研究认为，按照业界对 2035 年至 2050 年中国城镇化水平达到 75% 至 80% 之间的预估来测算，未来还有 1.5 亿至 2 亿左右人口进城，人口将进一步向大城市和小城市两端聚集，县级单元成为城镇化的重要层级。

---

① 陆铭．向心城市：迈向未来的活力、宜居与和谐[M]．上海：上海人民出版社，2022.

2021年政府工作报告中,曾首次提到“新市民”一词,明确要“尽最大努力帮助新市民、青年人等缓解住房困难”。2023年报告再次提及“新市民”,伴随的则是教育、医疗公平等领域在数据上的明显变化,“新市民”的待遇已经明显得到提升。虽然从户籍管理上看,300万以下人口的城市已经基本放开,300万到500万人口的城市没有完全放开,500万以上的城市亦有所限制;但在享受城市的福利待遇上,和户籍人口的差距已经大大缩小,子女能否入托、接受义务教育,基本不以户籍作为门槛,社保也与工作单位挂钩。

2022年末,中国的城镇常住人口超过9.2亿人,城镇化率接近65.22%,但与发达国家城市化率普遍达到80%至90%的水平相比,还存在较大提升空间。如何更好地推进中国式城市化是未来我国经济社会发展的一个重要课题。

试总结以上人口城市化进程中存在的问题,正如《中国新型城市化报告2012》研究认为,中国城市化发展存在五大战略性弊端:一是非匹配,在世界格局中,中国的城市化明显滞后于工业化;二是非规整,中国的城市化进程中,明显地表达出土地城市化快于人口城市化;三是非公平,中国的城市化亟须克服“城市和农村、户籍人口与常住人口”的差别;四是非集约,中国的城市化偏重城市发展的数量和规模,忽略资源和环境的代价,呈现出粗放式的生产;五是非成熟,中国的城市化必须解决如何进入现代管理制度、消除城市病等问题。[①] 这五大战略性弊端切中肯綮,指出了我国城市化的问题所在。其中“亟须克服‘城市和农村、户籍人口与常住人口’的差别”又是人口城市化的重点和难点。

辜胜阻(1991)注意到了城市市民与农村农民的分割问题,认为城乡分割的户籍制度对城镇化进程有着人为的、主观的延缓作

---

① 牛文元.中国新型城市化报告2012[M].北京:科学出版社,2012.

用。二元的户口类型及以此为基础的分配制度，导致了二元社会结构的不平衡和社会群体的不平等。[①] 他的“二元城镇化”战略构想，即实行城市化和农村城镇化同时并进的城镇化发展战略，经过长期发展的实践检验，实际上是较为符合中国城镇化发展实际的。

任远（2014）认为，在东部沿海的一些城市和城镇，非户籍的流动人口数量达到了本地户籍人口的十余倍甚至几十倍。城市中大量非户籍人口就业和居住所带来的后果是，在城镇化过程中，城乡二元结构转移进入城市内部，形成城市内部的二元结构。在户籍制度和与户籍制度相依托的社会福利体制和城乡管理体制的影响下，城市化过程中出现了本地人口和流动人口的不平等对待和发展壁垒，城市化进程受阻，我国的城镇化形成了“浅的城镇化”和“未完成的城镇化”，并不断积累和激化着城镇化过程中的土客矛盾，这成为当前城镇化过程中需要加以应对和解决的突出发展难题。[②]

秦晖更加尖锐而不无偏颇地指出，现在对人的歧视已经越来越变成对外地人、穷人的歧视。户籍制度改革仅仅把暂住证变成居住证，把农业户口与非农业户口的户籍类别取消，其实已经没有多大意义，关键在于，原来的户籍制度背后的权利和资产是不是有本质上的变化。[③]

综上所述，城乡二元结构、户籍制度被视作人口城市化的主要障碍。

二、人口城市化的难点与突破

城乡二元结构是计划经济条件下劳动力资源配置制度造成

---

① 辜胜阻．非农化与城镇化研究［M］．杭州：浙江人民出版社，1991.

② 任远等．人口迁移流动与城镇化发展［M］．上海：上海人民出版社，2014：5.

③ 秦晖．户改应实现人与财产的自由流动［C］// 网易财经中心．城镇化未来——中国城市发展的挑战与契机．北京：中国言实出版社，2016：105.

的。在资本稀缺的经济中，在重工业优先发展战略的指导下，必须通过计划分配的机制配置资源，劳动力这样的生产要素就不可能根据价格信号自由流动，只能按照地域、产业、所有制等人为地进行计划安排。户籍制度、城市劳动就业制度、城市社会保障制度、基本消费品供应制度、城市福利制度等，成为把城乡劳动力分割开的重要的制度安排。

1953 年 7 月，政务院发布《关于制止农民盲目流入城市的紧急通知》，开始对农民进城进行限制。1958 年 1 月 9 日，我国颁布了第一部户籍制度《中华人民共和国户口登记条例》，将户籍制度与住房制度、劳动制度、福利制度捆绑在一起，城市和农村之间便产生了一道利益屏障，从根本上限制了农民向城市流动，产生了城乡二元结构。

城乡二元结构导致了市民和农民间收入和消费水平存在较大的差距，见表 1-1：

表 1-1　2000 年至 2022 年我国城乡收入比

年份	城镇居民人均可支配收入（元）	农村居民人均纯收入（元）	城乡收入比
2000	6 280	2 253	2.79
2001	6 860	2 366	2.90
2002	7 703	2 476	3.11
2003	8 472	2 622	3.23
2004	9 422	2 936	3.21
2005	10 493	3 255	3.22
2006	11 759	3 587	3.28
2007	13 786	4 140	3.33
2008	15 781	4 761	3.31

续 表

年份	城镇居民人均可支配收入（元）	农村居民人均纯收入（元）	城乡收入比
2009	17 175	5 153	3.33
2010	19 109	5 919	3.23
2011	21 810	6 977	3.13
2012	24 565	7 917	3.10
2013	26 955	8 896	3.03
2014	28 844	9 892	2.92
2015	31 195	10 772	2.90
2016	33 616	12 363	2.72
2017	36 396	13 432	2.71
2018	39 251	14 617	2.69
2019	42 359	16 021	2.64
2020	43 834	17 131	2.56
2021	47 412	18 931	2.5
2022	49 283	20 133	2.45

人口的迁移与流动是人类社会进步的重要动力。人口的迁移与流动与城市的产生、发展、繁荣与衰落紧密相关。城市化的演进过程就是农村人口向城市转移的过程。以人为中心的城市化，人口由乡村迁往城市是城市化的关键和核心。人口的自由流动可以使得一个国家内部地区间、城市间和城乡间的收入差距缩小，生活质量的差距也不会特别巨大。如果没有制度障碍的话，人口的自由流动可以使不同的城市之间和城乡之间实现人均收入的均等化，或者生活质量的均等化。而当你去设置一个劳动力流动障碍的时候，“均等化”的状态就实现不了了，它就会转化为地区之间、

城市之间和城乡之间的收入差距。[①]

户籍制度对“非农业户口”和“农业户口”的区分，产生了城乡二元结构，有时与粮食、住房、医疗、教育机会及其他经济社会利益挂钩，便不可避免地产生了社会差别，导致了身份地位和基本权利的不同，最终出现了社会待遇的不同。新中国成立以后，我国的户籍制度逐渐形成普遍、系统、有效的城乡管理制度，除了户口登记的重要功能外，实行户口的居住、迁徙以及福利、资源等权利分配，也是一项重要的管理功能，成为国家进行社会管理的首选工具。新中国成立后的相当长一段时间，由于我国的经济条件较为薄弱，不得不按照地缘和身份来分配极其有限的资源和利益。1958年的《中华人民共和国户口登记条例》规定：“公民由农村迁往城市，必须持有城市劳动部门的录用证明、学校的录取证明或者城市的户口登记机关准予迁入的证明，向常住地户口登记机关申请办理迁移手续。”加上与之相关联的粮油供应、工作就业等政策，户籍制度成为影响人们经济生活权利的地位系统和角色系统，客观上强化了地缘意识和身份意识。城乡之间，不同地域、不同身份之间出现了认同的分离，出现了城乡分割化、地缘分割化、身份分层化。

非正式迁移人口在城镇就业的渠道是非正式的、自发的，表现为一种“自下而上”的就业模式。他们或通过熟人介绍，或通过非正式的劳动中介机构谋求职业；或通过个人投资自行就业，如自由市场的个体商贩，小型的修理或居民服务等，通过正式机构组织和招收就业的比重很小。相比之下，城镇劳动力的就业则主要是安置、分配型的，或通过正规中介机构获得职位。这种“自上而下”的就业模式在安置下岗职工上表现得很明显：为了安置下岗职工，

① 陆铭．向心城市：迈向未来的活力、宜居与和谐［M］．上海：上海人民出版社，2022．

政府部门推出了“再就业工程”,通过政府力量保证城镇劳动力的就业。①

在城乡社会治理体系下,户籍制度是城乡社会福利体系的载体性制度。因此,当人口迁移流动进入城市,由于其不能得到城市的户籍,所以在教育、医疗、保障性住房等方面,都难以得到必要的公共服务,或者显著落后于户籍人口,从而扩大了城市内部公共服务的不平等。这样的情况也越来越不能很好地适应流动人口长期居住城市、家庭型迁移和稳定性居住所带来的日益增长的社会需求。在这个过程中,大量迁移流动人口进入城市,本地人口和外来人口的竞争性日益扩大,福利的差别性日益扩大,本地人口和外来人口的利益冲突也更加凸显,加剧了城市内部的分化,扩大了城市内部的社会冲突。同时,户籍制度的限制,也使得城乡劳动力市场自由转移受到限制,限制了东部城市提供稳定的劳动力供给,这在一定程度上也是近年来东部城市出现“民工荒”的部分原因。对流动人口的差别对待性和排斥性不仅表现在公共服务和福利待遇上,更表现在发展机遇上。由于户籍制度改革滞后和市民化不足,使流动人口对自身未来的发展缺乏稳定的预期,无论劳动者本人还是雇佣企业都缺乏足够的动力对劳动力提供人力资本培训,从而限制了现代产业工人群体的形成,限制了城市产业结构的长远发展和不断提升。因此,一方面大量迁移流动人口进入城市,另一方面城市户籍改革和有关制度改革滞后于人口迁移流动发展的态势,这种尖锐的矛盾构成了当前我国城镇化过程中人口迁移流动和城镇化发展的基本矛盾。

教育、医疗卫生、养老服务和保障体制不适应人口迁移流动的具体需求,相当大的原因在于城乡社会管理体制是和户籍制度紧

---

① 杨云彦.改革开放以来中国人口“非正式迁移”的状况——基于普查资料的分析[J].中国社会科学,1996(06):59-73.

密相联的,户籍制度构成了公共服务和社会福利体系的载体性制度,因此户籍制度的城乡分割和地区分割,限制了统一的劳动力市场和一体化的社会管理体制的形成。

学术界认为,户籍制度对城市化进程的阻碍主要集中在六个方面:1. 直接导致了城乡隔离;2. 造成了城乡差异和人的等级差异;3. 产生了社会阶层的不平等;4. 制约了劳动力的自由流动;5. 导致了资源的错配;6. 不利于市场经济的发展。对于户籍制度,学术界已经很清楚地认识到了其本质,即它在很大程度上是围绕利益分配而设计的。①

人口城市化主要是一种人口学术语,它强调农民迁居城市后,在身份上发生了根本变化,户口类型已经改变。②

数以万计的农村人口从农村进入城市无疑是中国现代化高质量发展的巨大挑战。据国家统计局调查显示,2021 年全国农民工总量达 2.93 亿人,但其中户籍人口却占不足一半。这意味着,城乡二元结构将逐渐成为城镇化发展的阻碍,成为国家实现现代化的阻力,成为提高社会综合治理能力的负担。③

农民权益问题关涉到我国现代化发展的全局,涉及政治问题、经济问题、社会问题。就目前我国的实际情况而言,农民权益主要体现在农民土地承包权、宅基地使用权、集体收益分配权,政策具体的实施领域和学术研究界将其统称为“三权”。④

我们应“探索市场城镇化,保障新型城镇化”,积极探索户籍、土地、住房和融资制度的改革创新。一方面,要让市场在城镇化中

---

① 陆益龙 . 户籍制度:控制与社会差别[M]. 北京:商务印书馆,2003:27.

② 郑杭生 . 农民市民化:当代中国社会学的重要研究主题[J]. 甘肃社会科学,2005(04):4-8.

③ 陆铭 . 从分散到集聚:农村城镇化的理论、误区与改革[J]. 农业经济问题,2021(09):27-35.

④ 孔祥智 . 改革开放以来国家与农民关系的变化:基于权益视角[J]. 中国人民大学学报,2018(03):21-30.

发挥决定性作用,促进劳动力、土地、住房、金融等要素和资产在城乡之间自由流动和转移;另一方面,要围绕以人为核心的新型城镇化,使农业转移人口与城镇居民享有同等的城镇基本公共服务和住房保障。这样,既能创造具有中国特色的城市化健康发展道路,也能促进经济高速增长和不断转型。①

我国的农民工群体是社会发展进程中形成的一支特殊群体,其市民化的转型是我国二元经济体制结构下的一种必然趋势。随着城乡二元结构问题逐步得到解决,传统的户籍管理制度必将进一步弱化。在中国式现代化新征程中,"以人为中心"的新型城镇化需要探索新型的城乡关系,在城市治理问题上需要探索新型的人口城市管理新路径和新方法。中国人口城市化在未来二三十年还将持续快速发展。②

小　　结

当前,我国人口城市化的主要障碍——城乡二元结构、户籍制度正在弱化。学术研究与政策实施对于"支持大城市发展"和"鼓励小城镇发展"仍然存在分歧,需要留给实践去检验和解决。新时代,我国实施新型城镇化发展战略取得了伟大成就,实现了中国特色和中国智慧的现代城市化发展的主要任务。我国走出了一条——"促进经济高速增长和不断转型"与"创造具有中国特色的城市化健康发展道路"双管齐下的——中国特色的新型城镇化发展道路,破解了14亿多人口大国的人口城市化难

① 中国社会科学院城市与竞争力研究中心课题组,倪鹏飞.以高质量城市化推动中国式现代化——中国城市崛起的样本分析[J].新型城镇化,2023(03):29-32.

② 王桂新,胡健.中国东部三大城市群人口城市化对产业结构转型影响的研究[J].社会发展研究,2019(01):33-48+242-243.

题。在中国式现代化新征程中，"以人为核心"的新型城镇化需要探索新型的城乡关系，在城市治理问题上需要探索城市人口管理新路径和新方法。新时代、新征程，应坚持以习近平新时代中国特色社会主义思想为指导，继续深入推进以人为核心的新型城镇化。

第二章 农业人口转移与农业人口转移理论

城市最大的特征就是集中和聚集。但是中国式现代化不同于西方现代化,中国式城市化也有别于西方城市化,中国的城市市民的概念内涵也不同于西方的市民特质。中国式城市化进程中,农业转移人口市民化自有其特殊性。人口流动本质上是一个发展问题,一个城乡问题。我国作为一个发展中大国,农村人口占大多数,人口流动主要是农村向城市流动,从农村流向城市的人口主要为劳动力。流动的主要目的是就业和增加收入,农业转移人口流动主要表现为农业劳动力向非农产业流动。

第一节 国外农业人口转移与农业人口转移理论

一、西方国家的农业人口转移与农业人口转移理论

西方国家工业化和城市化过程中,为了保证大工业扩张时期的劳动力供给和再生产,农民转化为城市市民常常是通过剥夺农民的土地、将农村人口驱逐到城市、逼迫他们成为城市工厂中的工人而实现的。英国从16世纪初开始的圈地运动,以暴力的方式强制性地使生产资料与劳动者分离。这种被剥夺了农业生产资料的

人，由于惩治流浪者的血腥法律的实施，终于在鞭子、烙铁等刑具之下，被迫适应了雇佣劳动制度所必需的纪律，成为“现代无产阶级的祖先”。

英国农村劳动力向城市流动规模最大的时期是在18世纪下半叶，制造业、采矿业、建筑业等快速发展需要大量的劳动力。1750年，伦敦人口达67.5万；1840年，新型工业城市伯明翰、曼彻斯特、利兹和谢菲尔德等，总人口达70万；19世纪中叶，英国的城市人口占总人口的75%。

法国农村劳动力转移具有长期性和渐进性的特点。19世纪的100年对农村人口外流的吸引力都比较弱。20世纪20年代法国工业化进入快速发展期，才大量吸引农村剩余劳动力。1931年城市人口占总人口的51.2%。

法国在第二次世界大战后仍然存在大量小农户。法国政府认为小农经济不利于提高国家农业竞争力，对于提高农民的收入和生活水平也帮助不大。于是政府出资补贴小农进城。政府出资消除空心村，实现大农场作业，农业增产实现规模化。到1975年，法国的城市人口已经占68.4%。

欧洲移民和农村人口迁移推动了美国早期城市化。1917年美国国会通过了文化检验法，减少了文化程度不高的移民进入美国的可能性。1920年美国人口突破1亿，其中一半成为城市居民，美国因此成为一个城市化国家。1921年通过移民限额法，限制了接纳外国移民的数额。

“一战”期间，美国中断了国外移民，出现了历史上著名的“第一次黑人大迁徙”，黑人以空前的规模跨地区流动，向东部大西洋沿岸和中部的工业城市集聚。芝加哥的黑人人口从1.5万人上升到5万人。美国国内黑人大规模流动，主要由于南方落后的经济、压抑的政治生活和严重的种族歧视，加上资本主义的发展，农业使用了机械，产生了富余劳动力。东北部和中西部经济持续高涨，就业机会很多。战时经济膨胀,劳动力供不应求,又实施了移民限额法,黑人恰好填补了空缺。1910年至1940年,共有200多万黑人从美国南部移居北部以及西部城市,尤其是纽约、芝加哥、洛杉矶和底特律等大城市。"二战"以后,1940年至1970年,每10年大约有150万黑人北迁。

1940年至1993年,西部人口的比重由10.8%跃至21.7%,南部由31%增至35%,东北部和中西部呈下降态势,西部和南部成为美国人口最多的地区。进入20世纪80年代以后,这一势头更趋加快。到1990年,西部和南部的人口已占全国总人口的55.6%;到2000年,西部和南部的人口约占全国总人口的64%。根据1990年人口规模重新划定的美国十大城市为:纽约、洛杉矶、芝加哥、休斯顿、费城、圣迭戈、底特律、达拉斯、费尼克斯、圣安东尼奥,其中有6个位于西部和南部。百万人口以上的大城市由1950年的13个增加到1990年的39个,在全国人口中的比重由27.9%跃至50.2%。[①]

美国通过工业化、城市化的发展,用了几十年时间赶上并超过了英、法等欧洲强国,成为世界第一的发达国家。西方国家的城市化道路表明:一个国家的农业人口越少,城市化率就越高,社会也就越发达。

20世纪50年代,东京、名古屋、大阪、福冈等地成了重工业区。日本经济出现高速增长,离不开农村人口向都市的大量移动。从1957年到1970年,因工业发展需要劳动力,吸引了大批农村剩余人口进城,东京圈、名古屋圈和大阪圈三大都市圈新增加定居人口820万。

20世纪60年代,韩国政府大力推动工业产业政策。汉城(今

---

① 刘建芳.美国城市化进程中人口流动的特点及影响[J].新疆师范大学学报(哲学社会科学版),2004(03):124-127.

首尔)、釜山、大邱、大田等大城市和蔚山、浦项等新兴工业城市吸引了大批来自农村的劳动力。在工业化的进程中,韩国也出现了大量农民离开农村向都市迁移的浪潮,吸引了大量农业转移人口进入城市,成为产业工人。韩国的城市化进程是以首都为核心的城市化。2015年,"首都圈"(首尔、仁川、京畿道)人口约2 500万,占全国总人口一半。

国外的研究焦点多集中于农业剩余劳动力迁移问题,产生了二元经济结构下的劳动力迁移理论。刘易斯(1954)认为农业剩余劳动力可以通过工业部门的扩张顺利实现转移。他在一个一般均衡静态框架下,构建了包含农业与非农经济部门的两部门的模型。研究指出,经济中存在着二元结构,即传统农业部门与现代工业部门,经济发展的过程就是剩余劳动力被不断增加的资本吸收的过程。正是通过投资的不断扩大和劳动力的重新配置,现代部门不断扩大,国民收入不断增长,经济结构的二元特征将随着传统部门剩余劳动力被吸收完而消失。①

刘易斯(1954)和拉尼斯(1961)认为农村劳动力人口向城市迁移的核心驱动力源于城乡之间的工资收入差距。在城市获取较高的经济收入水平是农民工愿意留在城市的根本原因。②

乔根森(1967)认为,消费结构升级导致了劳动力出现农业向非农部门的转移。在消费升级过程中,农业产品的相对供给饱和与工业品的相对稀缺,导致了稀缺性溢价的出现,导致了工业品的利润上升与工资的增加,加大了农业与非农部门的工资差异,引致

---

① Lewis A. W. *Economic Development with Unlimited Supplies of Labour*[J]. *Manchester School of Economics and Social Studies*, 1954(22): 139-156.

② Lewis A. W. *Economic Development with Unlimited Supplies of Labour*[J]. *Manchester School of Economics and Social Studies*, 1954(22): 139-191. Ranis G., John C. H. F. *A Theory of Economic Development*[J]. *The American Economic Review*, 1961(04): 533-565.

了劳动力向非农部门的集中与迁移。[①]

托达罗（1969）的劳动力迁移理论结合20世纪六七十年代发展中国家的实际问题，建立在农村劳动力的迁移基于收入差异（主要体现在当期的农业部门收入与迁移后非农产业就业的预期收入间的差异）这一焦点上。他认为，只要预期的实际工资大于农村的实际收入，劳动力由农村向城市的迁移就会继续下去，从而促进一国城市化水平的提高；当农村移民数量多到迫使城市失业规模增大、工资收入下降，足以使城市的预期工资收入与农村工资收入相等时，农村劳动力就会停止向城市转移。当城市预期工资收入小于农村工资收入时，会诱使劳动力从城市向农村转移。只要城乡间、农业部门与非农部门间存在工资收入差异，那么农村劳动力的迁移必然会产生。[②]

斯塔克（1984）结合发展中国家的实际认为，农村家庭收入存在一定的不确定性，为了增强家庭收入的稳定性，需要某些家庭成员通过外出务工与非农就业来获取稳定的工资收入。通常情况下，非农就业与进城务工的收入具有很强的稳定性，哪怕城乡工资差异并不大，甚至相等，人们也会选择外出务工与非农就业。[③]

1985年，唐纳德·博格（D. J. Bogue）提出了人口迁移"推—拉"理论。他认为，人口迁移是不同方向的两种力互相作用的结果。其中一种是有利于人口转移的正面积极因素，是促使人口转移的力量；另一种是人口转移的负面消极因素，是阻碍人口转移的力量。原住地的"推力"主要有经济收入比较低、自然资源贫乏、农业劳动力过剩、农业生产的成本较高等；"拉力"主要有长期形

---

① Jorgenson D. W. *Surplus Agricultural Labour and the Development of a Dual Economy*[J]. *Oxford Economic Papers*, New Series, 1967, 19: 288-312.

② Todaro M. P. *A Model of Labor Migration and Urban Unemployment in Less Developed Countries*[J]. *The American Economic Review*, 1969, 59(1): 138-148.

③ Stark O. *Rural to Urban Migration in LDCs :a Relative Deprivation Approach*[J]. *Economic Development and Cultural Change*, 1984, 32(3): 475-486.

成的熟人社会网络、居住生活环境的熟悉、家人在一起的幸福等。迁入地的"拉力"主要有就业机会多、工资收入高、生活水平高、受教育水平高、设施完善、交通便利、气候适宜、环境舒适等;"推力"主要有家庭成员离散、生产生活环境陌生、竞争激烈、环境不友好等。[①]

斯塔克和布鲁姆(Stark&Bloom,1974)提出了新迁移理论。该理论认为,劳动力迁移是家庭成员内部资源配置的一个重要环节。是否进行迁移,不是简单的个人考量,而是在衡量家庭整体状况后由全体成员作出的共同选择。其转移的目的是提高家庭整体就业与收入水平、福利水平。[②]

国外城乡劳动力流动与农业人口城市化理论认为,产业结构与农村劳动力的转移是同步的,农业剩余劳动力可以自由流入工业部门,工业部门没有失业情况。这与中国的城镇化比工业化滞后,工业部门的实际就业、失业的具体情况存在极大的差异。所以,西方发达国家的农业人口转移经验与农业人口转移理论仅可作为参考。

第二节　我国农业人口转移

中国式现代化、城市化进程中,没有出现西方初期工业化那种将农村居民置于生存的临界极限的情况。20 世纪 80 年代,政府逐步解除限制农村劳动力流动的政策,允许农民从事农产品的长途贩运和异地经营,允许农民自带口粮进城务工经商;并随之展开了

① D. J. Bogue. *The Population of the United States:Historical Trends and Future Projection*[M]. New York: Free Press, 1985.

② Goldlust J. & Richmond A. H. *A Multivariate Model of Immigrant Adaptation*[J]. *International Migration Review*, 1974, 8(2): 193-225.

一系列城市经济改革——发展非国有经济，改革粮食定量供给制度、住房分配制度、医疗制度、住房制度等。20世纪90年代，“蓝印户口”政策的实施，进一步放宽了人口迁移政策，大大降低了农业人口迁移、工作、定居的成本。①

流动人口包含着两种主要的类型，一类是伴随经济发展而增加的城市功能型流动人口，他们在城市滞留的时间一般较短，这类流动人口的流向由城市功能、城市辐射范围所决定，时间和空间分布相对平衡；另一类就是进入城市寻找工作机会的劳动力，这类“流动人口”规模大，在城市滞留时间长，且流向相对集中，因此带来的社会震荡也更大。后者通常依其户口登记状况被称之为“暂住人口”或“外来人口”，由于这一特殊群体符合人口学中迁移人口的基本特征，因而也被看作相对于“计划迁移人口”而言的“非正式迁移人口”，二者的不同主要在于户口登记状况。非正式迁移人口特别是城镇非正式迁移人口，是长期以来农村劳动力向城镇流动的积淀。②

农村劳动力在城市就业的行业分布主要集中在制造业、批发零售、餐饮业、建筑业、社会服务业。由于农村劳动力人力资本水平较低，农村劳动力主要就业于初级劳动力市场。农村劳动力迁移的发展效应是显著的。据世界银行和蔡昉等的估算，从农业部门转移到非农产业部门，可以促进GDP增长16%至21%。③

城镇劳动力不愿从事的那些劳动强度大、社会地位低的工作只能通过市场调节方式提供给外来劳动力，形成本地劳动力和外

---

① 蔡昉，都阳，王美艳．劳动力流动的政治经济学[M]．北京：中国社会科学出版社，2020.

② 杨云彦．改革开放以来中国人口“非正式迁移”的状况——基于普查资料的分析[J]．中国社会科学，1996(06)：59-73.

③ 世界银行．2020的中国：新世纪的发展挑战[M]．北京：中国财政经济出版社，1998. 蔡昉，王德文．中国经济增长可持续性与劳动贡献[J]．经济研究，1999(10)：62-68.

来劳动力在工作强度和劳动待遇方面的差别。城镇劳动力享受着多方面的保障。首先,在住房方面,城镇劳动力的住房主要由单位分配或是自有房屋,而外来劳动力则大多栖身于简易工棚或租住私房;此外,城镇劳动力大多享有失业、养老、医疗等多种社会保险,而外来劳动力基本无社会保险;在子女入学方面,城镇中依户口和单位形成的分割,对外来人口也构成了进入障碍。

有学者将进城务工的农村劳动力转移分为两大类:没有户口伴随的为流动性转移,有户口伴随的为永久性迁移。生活状况、工作本身和精神生活是影响农民工流动性转移意愿的三大核心因素。改善农民工的生活状况,例如改善其居住条件、交通状况等;提供更有吸引力的工作,例如避免超负荷的工作时间、良好的工作福利等;改善其精神生活,例如丰富的业余生活、方便的就医条件等,将提高农民工城镇就业满意度及流动性转移意愿。影响农民工永久性迁移的因素主要有:子女教育、制度与政策、城市融入、收入与消费、工作本身和精神生活。其中,收入与消费、城市融入和子女教育是最显著的核心变量。城镇就业是基于流动性转移的一种城镇生存状态,城镇就业满意度仅是农民工对当前就业和生活的短期评价,有明显的得过且过、知足常乐的短期性考虑;而永久性迁移意愿是农民工对未来城镇就业和生活的渴望和预期,有明显的安家立业性质的计划性和长期性考虑。①

中国的城市农民工是城市中的一个非常特殊的社会群体,他们在城市里较长时期地居住、生活和工作,但是无论他们自己还是整个社会并不认为他们是归属于城市的,而认为他们是归属于农村的社会群体。他们中的绝大多数人处在城市里的边缘位置上,所以常被称为城市里的“边缘人”,在生活方式上也成为城市里的

---

① 程名望,史清华,许洁.流动性转移与永久性迁移:影响因素及比较——基于上海市1446份农民工样本的实证分析[J].外国经济与管理,2014(07):63-71.

一个特殊的亚文化群体。然而，另一方面，他们与农民也有根本的区别，他们受到城市文化的熏陶，接受了城市的不少文化和观念，这些使得他们很难再回归到农村原来的生活轨道上。

改革开放以来，我国省际人口迁移的“单向梯度东移”模式，出现东强西弱非对称“双向”迁移的变化；在人口迁移流向继续主要向东部地带“集中”的同时，迁移吸引中心也正发生着量的不断扩大的“多极化”和质的持续提高的“强势化”；已逐步形成对塑造中国省际人口迁移区域模式具有重要影响的北京、上海两大全国级强势吸引中心和广东、新疆两大地区级强势吸引中心。这对塑造和改变全国省际人口迁移流向分布及宏观区域模式的变化具有重要而深远的影响。①

到2010年全国第六次人口普查时，城市人口流动呈现出明显的集中趋势，区域分布呈“极化”和“属地化”特征。东部城市群是我国人口流入的主要区域，东部城市群流入人口绝大部分来自城市群覆盖省份以外。东部地区流动人口的93.36%选择留在东部城市群，中部和西部地区的比重分别为73.49%、57.35%。中部地区流向东部城市群的总人数达2 127.5万人，其次是东部达1 906.9万人，西部地区达1 295万人，分别占东部城市群总流入人口的39.19%、35.13%、23.86%。尤其是东部地区的珠三角城市群和长三角城市群的流入人口总量将近4 000万人，占到全部城市群总流入人口的56.69%。珠三角城市群是人口强势流入中心，也是我国人口流入最多的城市群，其综合流入选择指数超出长三角城市群两倍还多。人口次级流入中心分别是长三角城市群、京津冀城市群和天山北麓城市群。②

---

① 王桂新.中国经济体制改革以来省际人口迁移区域模式及其变化[J].人口与经济，2000(03):8-16+22.

② 纪韶，朱志胜.中国城市群人口流动与区域经济发展平衡性研究——基于全国第六次人口普查长表数据的分析[J].经济理论与经济管理，2014(02):5-16.

自2015年,省际人口迁移开始逆向弱化。国家统计局第七次全国人口普查数据显示,我国流动人口数量从1982年的657万增加至2020年的3.76亿,其中66.3%为“乡城”流动人口。省际人口迁移在强度弱化、规模减小的同时,东部沿海地区与中西部地区一些省际人口迁移重要省份的迁出、迁入规模及强度出现反向变化,使省际差异趋向减小,区域分布模式呈分散化趋势。迁移人口仍主要选择向北京、上海、江苏、浙江、广东等东部沿海经济发达地区集中,并分别形成以北京为中心的华北迁移圈,以江苏、浙江、上海为中心的华东迁移圈,以广东为中心的东南迁移圈。①

第三节 我国农业人口转移理论

中国的农业人口转移与农业人口转移理论超越了西方国家劳动力迁移理论和人口转型理论所涉及的理论范畴。我国的农业人口向城市流动受到结构和制度因素的影响很深。

随着人口流动政策逐步放开,城市经济快速发展的拉力作用吸引了大量农村人口进城工作,中国乡—城流动人口规模持续增长。改革开放早期的迁移者更多地表现为就业属性,此时迁移是在生存理性驱动下的结果,进城务工人员更多地希望能够获得预期的目标收入。

我国农业人口迁移,最主要的驱动力是工业化进程中非农就业部门劳动力需求的增加,农业部门富余劳动力的出现,以及农户对于有效的非农性收入的迫切需求。人口流动,更多是为了努力改变个人生活,寻求工作机会。而农村中的大量剩余劳动力需要

① 王桂新.中国省际人口迁移变化特征——基于第七次全国人口普查数据的分析[J].中国人口科学,2022(03):2-16+126.

为生计与发展找寻出路。正如伍晓鹰（1986）所言，流动就是效率，自由选择才有活力。他主张个人应该具有择业、居住、迁移的自由，走出一条“中国式”的城市化道路。①

随着工业化、城市化、市场化的深入，社会流动渠道变得多元化，能力原则在社会流动中作用显著，农民工城市就业大都是行动主体理性选择和市场选择的结果。外出务工更有着增加家庭收入和分散经营风险的考虑。②现代社会流动机制和流动模式逐步形成。③

但杨云彦（1996）认为，城乡和地区差别并不足以解释改革开放以来中国农村人口的大规模外流，因为这些差别早已存在。20世纪80年代人口大规模流动的决定性因素在于抑制人口迁移的政策性壁垒（制度障碍）已经大大减小。④

联产承包责任制的实行、人民公社制度的废除、统购统销政策的松动等一系列制度约束的松动和激励机制的改变，解放了农业生产要素，释放出了大量的农业剩余劳动力。家庭联产承包制提供了最初的迁移推动力。地区间发展不平衡和收入水平差距扩大的趋势，为迁移提供了追加动力，表现为80年代中期以后，发达地区对落后地区、城市对农村劳动力大规模流动的强大拉动力。90年代中国经济发展的所有驱动力之和，都是把农村剩余劳动力向经济增长中心牵引。迁移流向为追逐增长中心。东部地区以较高的收入水平和较为活跃的经济发展，吸引中西部地区居民的转移；城市以较高的收入和较多的就业机会，吸引农村居民的转移。⑤

陈锡文（2011）指出，目前的城镇化率存在“虚高”现象，有

① 伍晓鹰．人口城市化：历史、现实和选择［J］．经济研究，1986（11）：25-30.
② 杜鹰．走出乡村［M］．北京：经济科学出版社，1997.
③ 陆学艺．当代中国社会流动［M］．北京：社会科学文献出版社，2004.
④ 杨云彦．改革开放以来中国人口“非正式迁移”的状况——基于普查资料的分析［J］．中国社会科学，1996（06）：59-73.
⑤ 蔡昉．中国流动人口问题［M］．郑州：河南人民出版社，2000：46，49，65，74，75.

10% 至 12% 的城镇人口是农民工及其家属，他们仅在统计上归入了城镇人口，实际上并没有真正享受到市民待遇。[①] 魏后凯（2010）也指出，中国城镇化有很多虚假的成分，大量流入城市的农民、农民工并没有真正融入城市。[②] 统计上表现为城市化水平显著高于户籍化水平，农民工群体没有真正融入城市生活，乡—城流动的刚性限制逐步被打破，并不意味着农业转移人口跨越城乡边界的过程中就具备了充分的流动性。学者们将中国的城市化称为“半城市化”。

王春光（2006）认为“半城市化”是指“农村流动人口虽然进入城市，也找到了工作，但是没有融入城市的社会、制度和文化系统，在城市的生活、行动得不到有效的支持，在心理上产生一种疏远乃至不认同的感受”[③]，即没有彻底融入城市社会。

中国农民工“半城市化”集中表现在地域城市化、非农就业正规化、居住社区化、公共服务均等化、生活消费城市性、心理认同市民化和政治权利平等化等特征方面的不彻底。由于经济、制度、社会、文化和心理等在相互嵌入与整合中的惯性可能延缓这种趋弱的进程，农民工“半城市化”特征演进的过程具有长期性。[④]

流入地的社会经济发展水平，特别是流动人口个体能够切身感受到的经济回报与社会条件固然重要，部分流动人口更关注发展，而非只是当前的经济发展水平。流动人口的流入地选择机制本质上是流动者结合流入地特征与个体特征而作出的综合性的理性决策。[⑤]

---

① 于猛．城镇化率不是越高越好［N］. 人民日报，2011-04-11（017）.

② 张敏．社科院专家：我国城镇化率虚高 10 个百分点［EB/OL］. http://www.sina.com.cn，2010.07.30.

③ 王春光．农村流动人口“半城市化”问题［J］. 社会学问题，2006（05）：107-122.

④ 吴华安，杨云彦．中国农民工“半城市化”的成因、特征与趋势：一个综述［J］. 西北人口，2011，32（04）：105-110.

⑤ 周皓，刘文博．流动人口的流入地选择机制［J］. 人口研究，2022，46（01）：37-53.

外来劳动力对本地劳动力在“低技能、低门槛”岗位上的“挤压”效应是省际、省内与市内非正式迁移的主要动力。[①]促进农村劳动力永久性迁移到城镇，不仅要有制度安排，更需要提高农村劳动力的整体素质。加强农村的基础教育和职业培训，改善农村的医疗卫生条件，提高劳动力总体素质，增加其在城镇的生存能力和竞争能力，将有利于促进农村劳动力流动性转移或永久性迁移。[②]

新时代，流动人口流入地的选择机制更可能依赖于社会网络；除了亲情与社会关系以外，迁移社会网络还能为后续移民提供流入地的各种信息（就业、居住等），从而加强链式迁移流动。[③]

十八大以来，推动新型城镇化是当前我国“三农”工作的重心。[④]中国的农民问题、农民工问题已经具有了新的阶段性特征，面临着新的要求。随着我国经济持续向好的发展和较高的前景预期，进城务工人员除了希望能够获得预期的目标收入外，还存在买房、定居及获得城市户籍确认的融入型迁移需要。农村转移劳动力中逐渐出现社会理性属性的迁移者，进而导致融入型迁移需求的上升与融入行为的更多发生，[⑤]从而引致了农村劳动力迁移模式从流动型向融入型演变。[⑥]之前缺乏对农村转移劳动力在技能和纪律方面的培训与教育，对他们的使用都是拿来即用，亦即粗放型的。质量强国背景下，需要将农业转移人口问题的解决与农民工

---

① 向华丽．大城市非正式迁移人口的空间流场特征及其人口结构差异［J］．人口与社会，2015，31（01）：3-14.

② 程名望，史清华，许洁．流动性转移与永久性迁移：影响因素及比较——基于上海市1 446份农民工样本的实证分析［J］．外国经济与管理，2014，36（07）：63-71.

③ 周皓，刘文博．中国省际流动人口流入地宏观选择机制的稳定性——兼论重力模型的理论扩展与实证检验［J］．人口学刊，2023，45（02）：80-98.

④ 黄季焜．加快农村经济转型，促进农民增收和实现共同富裕［J］．农业经济问题，2022（7）：4-15.

⑤ 孙鹏程．农村劳动力迁移模式选择：理论、现实与经验证据［D］．吉林大学，2018：27.

⑥ Tong G., Lan J. *An Empirical Study on Effecting Factor of Migration of Rural Labor in China*［C］. *International Conference on Information & Management Engineering*, 2011.

涵养的培育结合起来，要更加关注农民工的培训与教育，既要关注农民工从农村的转移，更要关注城市对农业转移人口的接纳。

小　　结

西方国家工业化和城市化过程中，为了保证大工业扩张时期的劳动力供给和再生产，农民转化为城市市民常常是通过剥夺农民的土地、将农村人口驱逐到城市、逼迫他们成为城市工厂中的工人而实现的。这种被剥夺了农业生产资料的人，由于惩治流浪者的血腥法律的实施，终于在鞭子、烙铁等酷具之下，被迫适应雇佣劳动制度所必需的纪律，成为“现代无产阶级的祖先”。

中国式现代化，不同于其他现代化，中国式城市化也有别于其他城市化，中国的城市市民的概念内涵也不同于西方的市民特质。中国式城市化进程中，农业转移人口市民化自然有其特殊性。

中国式现代化、城市化进程中，没有出现西方初期工业化那种将农村居民置于生存的临界极限的现象。虽然我国的城镇化进程中，由于结构和制度因素的影响，出现了非正式迁移人口问题，但从流动型向融入型演变是中国式现代化、城市化的主要特征。我国的农业人口转移与农业人口转移理论超越了西方国家劳动力迁移理论和人口转型理论所涉及的理论范畴。随着结构和制度制约的弱化，择业、居住、迁移的自由成为大势所趋，我国走出了一条“中国特色”的工业化、城市化、现代化道路。

第三章 农业转移人口市民化

在中国农业社会向工业社会转型的过程中,最大的难题是农业、农村、农民问题。从人的层面看,主要是农民问题。中国的农民转化为市民需要经过相当长的时期,原因有三:其一是农民与其连带的土地关系;其二是城市的承受能力限制不愿接受农民为市民;其三是城市就业能力的限制,不能接纳农民为市民。农业转移人口市民身份的转化是中国社会市场化、市民化社会的重点。[①]我国农业转移人口市民化进程经历了两个阶段:第一阶段是从农民到农业转移人口身份的转变,第二阶段是具备条件的农业转移人口向城市市民的转变。[②]城市农业转移人口是推动城市发展的一股重要力量。城市农业转移人口市民化是城市化的一项重要内容,已经成为中国社会的普遍共识。

2022 年 3 月,国家发展改革委印发的《2022 年新型城镇化和城乡融合发展重点任务》中指出,深入推进以人为核心的新型城镇化战略,坚持把推进农业转移人口市民化作为新型城镇化首要任务,提高农业转移人口融入城市水平。

城镇化的关键在于真正意义上的农业转移人口市民化的实

① 刘子需.新时期中国社会市民化趋势[M].北京:中国现代出版社,2021:18.

② 梅建明,袁玉洁.农民工市民化意愿及其影响因素的实证分析——基于全国 31 个省、直辖市和自治区的 3375 份农民工调研数据[J].江西财经大学学报,2016(01):68-77.

现。推进我国农业转移人口市民化的重点在于实现农业转移人口的市民化[①]；而市民化的主力军在于新生代农业转移人口。[②]农业转移人口市民化逐渐成为社会重点关注的热点议题。

第一节　市民社会与市民化理论

市民，即城市居民。市民是群体概念。市民在平等契约的基础上，真正自主地享有权利、履行义务，引导社会发展的方向，至此现代意义的市民才开始完全显现出来。在“市民”一词的现代意义出现之后，“农民”一词的独立内涵才开始明白无误地显露出来。农民与市民这两个概念相互界定，从而相互体现对方的特征与自身存在的价值。从理想型的农民到理想型的市民是连续统一的两个端点，而从农民走向市民则是一个连续不断的历史进程，更是一种具体意义上的社会进步。[③]市民社会指市民人数占社会的绝大多数，在社会中起主体作用的社会形态。

市民社会是马克思唯物史观的重要概念。马克思、恩格斯所谓的市民社会，是指不同于自然经济社会和未来社会的整个商品经济社会。“市民社会包括各个个人在生产力发展的一定阶段上的一切物质交往。它包括该阶段上整个商业生活和工业生活。”[④]

马克思在《德意志意识形态》中指出：“在过去一切历史阶段上受生产力所制约，同时也制约生产力的交往形式，就是市民

---

① 黄锟．城乡二元制度对农民工市民化影响的实证分析[J].中国人口·资源与环境，2011(03)：76-81.

② 刘传江，程建林．第二代农民工市民化：现状分析与进程测度[J].人口研究，2008(05)：48-57.

③ 郑杭生．农民市民化：当代中国社会学的重要研究主题[J].甘肃社会科学，2005(04)：4-8.

④ 马克思，恩格斯．马克思恩格斯选集(第一卷)[M].北京：人民出版社，1977：41-42.

社会……这个市民社会是全部历史的真正发源地和舞台。”“在一切时代都构成国家的基础以及任何其他的观念的上层建筑的基础。”[①]

马克思认为市民社会是私人利益关系的总和。马克思的“私人利益体系”中包括了经济关系的领域、社会关系的领域以及文化-意识形态关系的领域。“市民社会”是直接从生产和交往中发展起来的社会组织。市民社会构成了社会存在的物质生活领域，以物质生产活动为主要内容。生产、私有、分工、交换是构成市民社会的基本要素。从生产的角度来看，它是以生产力的发展为基础，尤其是指以大工业的出现为特征的近现代社会；从所有的角度来看，它是由体现着劳动与所有相统一的社会产品所有者所组成的世界；从分工的角度来看，它是在广泛分工的条件下社会产品所有者相互补充、相互依赖的社会组织；从交往的角度来看，它是一个社会成员彼此交换其所有的交换的体系。[②]

无论是西方历史中的市民化社会，还是中国封建社会中后期的社会市民化，都是一个不完全的、有限的社会市民化。它已经具有市民化社会的要素，但是由于西方历史中及中国封建社会中的市民化社会商品经济没有得到充分的发展，是一个不彻底、不完全的市民化社会。[③]

以上海为例。上海的崛起和发展很大程度上表现为移民现象，正是移民群体创造了一个迅速繁荣的都市。他们首要的、共同的主题就是迅速适应新的社会环境，把握谋生、生存、竞争、发展的机遇。在这个过程中，他们积累了知识、经验、资本，主动自觉地融入新的经济关系和社会环境之中，正是在这种新的经济关系和高

---

① 马克思，恩格斯．德意志意识形态［M］．北京：人民出版社，2018.

② 周成贤．市民社会理论［M］．长春：吉林出版集团股份有限公司，2013：43，44，53.

③ 刘子需．新时期中国社会市民化趋势［M］．北京：中国现代出版社，2021：1.

度商业化的社会环境中告别传统，完成向市民的转变。[①]

根据中国的历史背景和当下的现实，“公民资格”与“成员资格”具有各自的界限、各自遵循的原则和逻辑，以及它们在城市秩序整合中所起的作用。市民的身份认定过程体现了“公民资格”与“成员资格”之间的冲突与矛盾，这实质上反映的是国家与城市两种不同原则和规则之间的冲突。邓正来（2011）从哲学史的角度认为，中国的市民社会指社会成员按照契约性规则，以自愿为前提和以自治为基础进行经济活动、社会活动的私域，以及进行议政参政活动的非官方公域。中国市民社会的内在联系既不是传统的血缘亲情关系，也不是垂直指令性的行政关系，而是内生于市场交易活动的契约性关系。[②]市场化移民加强了文化认同，而不是削弱了它。

伴随着工业化、城市化、现代化的发展，我国逐步从农村人口主导的经济体转变为城市人口主导的经济体。[③]市民化社会就是以城镇居民为主体，大工业化生产是其社会基础，国家城镇化规模发展为前提，商品交换活动广泛开展，民主、自由、平等、独立是其推崇的理念；在整个社会中，市民占人口的大多数，广大市民对社会政治、经济、文化等活动起着主导作用，社会生产关系高度社会化，旧式的农村、农民及小农经济生产方式被边缘化，并成为被改造的对象。市民化社会特征的变化和深入，必然推动社会内容的深刻变化和发展。[④]

市民化作为社会流动的一种重要形式，是体现人的现代化转型以及社会阶层结构变动的重要现象，其在很大程度上反映了社

---

① 熊月之．上海通史（第五卷）［M］．上海：上海人民出版社，1999：387．徐甡民．上海市民社会史论［M］．上海：文汇出版社，2007：33-34．

② 邓正来．国家与市民社会——中国视角［M］．上海：格致出版社，2011：8，9．

③ 高帆．中国城乡二元经济结构转化：理论阐释与实证分析［M］．上海：上海三联书店，2012：6．

④ 刘子需．新时期中国社会市民化趋势［M］．北京：中国现代出版社，2021：2．

会结构的开放性以及对于多元存在的包容性。①

通过社会学视域对农业转移人口市民化的深入分析，市民化的理论内涵更加明晰：一方面，农民在实现身份与职业转变之前，接受现代城市文明的各种因子；另一方面，在实现转变之后，发展出相应的能力来利用自身的市民权利，完全融入城市。因此，可以认为，市民化是指作为一种职业的“农民”和作为一种社会身份的“农民”在向市民转变的进程中，发展出相应的能力，学习并获得市民的基本资格、适应城市并具备一个城市市民基本素质的过程。农民的“市民化”有两项基本的内容：第一，农民群体实现从农民角色集向市民角色集的全面转型；第二，在实现角色转型的同时，通过外部“赋能”与自身增能，适应城市，成为合格的新市民。而从具体的个人层面来看，在这个过程中，农民将实现自身在生活方式、思维方式、生存方式和身份认同等方面的现代性转变。②

第二节　进城农民工：一个时代的印记

中国在改革和发展中产生的大量农民工，不仅因为最早进入真正的劳动力竞争市场而极大地推动了中国从计划经济向市场经济的转轨，也因为承担起中国工厂制造的主力军角色而极大地推动了中国从农业社会向工业化社会的转型。③

转型社会满足人们不断增进的欲望和需求的能力比欲望和需求本身的增进要缓慢得多。结果，便在欲望和前景之间、需要的形成和需要的满足之间，或者说在需求程度和生活水平之间造成了

① 吴越菲．谁能够成为市民？［D］．华东师范大学，2017：5-6.

② 郑杭生．农民市民化：当代中国社会学的重要研究主题［J］．甘肃社会科学，2005（04）：4-8.

③ 李培林，李炜．农民工在中国转型中的经济地位和社会态度［J］．社会学研究，2007（03）：1-17+242.

差距。[1] 也许,城市与乡村、市民与农民并不能仅从地域、贫富等角度划分,但城市与乡村、市民与农民的区别往往又从地域、贫富的间隔开始。城乡的贫富差距是在特定历史阶段特有的制度安排下形成的结果。

城市的建设几乎完全依赖于国家财政投入,而在农村,国家的投入则相当有限,有相当一部分要由农民自己来负担。1957 年政府实行了控制户口迁移的政策。1958 年 1 月,全国人大常委会第 91 次会议讨论通过《中华人民共和国户口登记条例》。该条例第 10 条第 2 款对农村人口进入城市作出了带约束性的规定:“公民由农村迁往城市,必须持有城市劳动部门的录用证明,学校的录取证明,或者城市户口登记机关的准予迁入的证明,向常住地户口登记机关申请办理迁出手续。”这一规定标志着中国以严格限制农村人口向城市流动为核心的户口迁移制度的形成。

在我国工业化初期,由于原有的工业不能提供足够的资金,我国采取了从农业中抽取部分资金,用剪刀差的方式积累工业化资金的策略,通过农业支持工业的方式,推进工业化。在物资供应方面,1953 年以后,随着粮食统购统销政策的实行,中国开始实行粮油计划供应制度。这一制度原则上规定国家只负责城市非农业户口的粮油供应,不负责农业户口的粮油供应。这项制度基本上排除了农村人口在城市取得口粮的可能性。在就业制度方面,国家只负责城市非农业人口在城市的就业安置,不允许农村人口进入城市寻找职业。在社会福利制度方面,早在 1951 年 2 月,政务院就发布了《中华人民共和国劳动保险条例》,1953 年又进行了修改。该条例详细规定了城市国营企业职工所享有的各项劳保待遇,主要包括职工病伤后的公费医疗待遇、公费休养与疗养待遇,

---

① 刘祖云.从传统到现代——当代中国社会转型[M].武汉:湖北人民出版社,2000:191.

职工退休、离职后的养老金待遇，女职工的产假及独子保健待遇，职工伤残后的救济金待遇以及职工死后的丧葬、抚恤待遇等。条例甚至规定了职工供养的直系亲属享受半费医疗及死亡时的丧葬补助等。国家机关、事业单位工作人员的劳保待遇，国家是以病假、生育、退休、死亡等单项规定的形式逐步完善起来的。至于城市集体企业，大都参照国营企业的办法实行劳保。除上述在业人员享有劳保待遇外，20 世纪 50 年代形成的城市社会福利制度还保证了城市人口可享有名目繁多的补贴，在业人口可享有单位近乎无偿提供的住房等。

即使是在改革已经进行了 40 多年的今天，基本的状况仍然没有改变。目前国家每年为城镇居民提供上千亿元的各类社会保障（养老、医疗、失业、救济、补助等），而农民的相关社会保障仍旧不够完善。

城市市民权利是一种高度排外的权利，它赋予城市市民对城市资源和机会的垄断，通过正式和非正式的规定，城市市民对许多机会享有优先权。在马歇尔的定义中，“社会权利”指的是“公民平等地享有经济、福利的分配权”。公民权利就是指“赋予具有一民族国家公民身份的人的、载入法律而生效的普遍权利”。作为一种法定的、普遍的、平等的应享权利，公民权利的存在是无条件的，只要你取得了特定国家的公民身份，就享有同该国所有公民一样的权利。

在某些城市市民的观念中，城市的资源应该首先满足城市市民的需要，而被排除出城市的人口以及外来人口都不应该与城市市民享有同样的权利和平等的地位。城市政府和管理机构被授予了这样的权力。跟随这种授予而来的是城市市民多种政治权利、经济权利（工作、财产分配和保护）和社会权利（享受福利和教育）的确认和实施，它体现了一整套特定的城市市民权利（确认）授予和使权利可能实施的社会制度。

改革开放前,我国在城乡之间实行的是两种截然不同的资源配置制度。城乡在贫富上的显著差距,自然会形成一种流动效应。

“农民工”这个称谓最早出现在1984年张雨林发表在中国社会科学院《社会学通讯》的一篇文章中。对农民工来说,他们最关心的问题莫过于能否在城市里谋得一份工作,从而获得相对高于农村的收入。统计资料显示,我国建筑业的90%、煤矿采掘业的80%、纺织业的60%、服务业的50%从业人员是农民工,农民工已经成为我国城市产业工人的重要组成部分。

农民工进城作为转型期中国建设社会主义市场经济背景下城市化过程中的一种现象,确实又是以人力流动与脱贫致富为表现形式的。社会流动是社会转型的重要动力机制和协调机制。[①]

城市和乡村作为两个组织系统已经成为转型期中国独特的社会结构形式——城乡二元结构,但城市和乡村两个组织系统的物质流、能量流、人力流和信息流的交换始终没有隔断过。虽有一段时期的制度安排的阻隔,如20世纪50年代后期到70年代后期,严格限制城市企业从农村招工,并通过户籍制度限制农民工进入城市的发展。但只是控制了人力流。

2006年3月,国务院公布的《关于解决农民工问题的若干意见》中认为:“农民工是我国改革开放和工业化、城市化进程中涌现出的一支新型劳动大军。他们的户籍仍在农村,主要从事非农产业,有的在农闲季节外出打工、亦工亦农,流动性强。有的长期在城市就业,已成为产业工人的重要组成部分。”

“农民工”这个概念主要指户籍身份还是农民、有承包土地,但主要从事非农产业工作、以工资为主要收入来源的劳动者。[②]学

---

① 刘祖云.从传统到现代——当代中国社会转型[M].武汉:湖北人民出版社,2000:139.

② 李培林,李炜.农民工在中国转型中的经济地位和社会态度[J].社会学研究,2007(03):1-17+242.

术界普遍认为,农民工是指拥有农村户口,而来城市从事各种自由职业为其主要经济来源,从农村剩余劳动力转移为城市劳动力的劳动人口。习惯上,把从农业向非农产业转移的劳动力称为“农民工”。传统经济学认为农民是愚笨、顽固的,在现代化进程中,他们是被改造、限制的对象;在城市化进程的今天,对农民在各种经济政策和体制下的行为方式的研究已越来越多。[①]

目前,从经济学视角研究有关农民工问题的文献比较多,但从文化与社会视角进行农民工问题研究也有重要意义[②],可惜讨论得比较少。农民工进城是现代化意义上的“文化移民”,他们不仅仅在空间上从农村移居城市,更在内涵上体现了个体从农村人向城市人的转变过程,涉及农民工生活方式、价值观念和社会心理等方面的转变过程。城市是由城市人、城市物质设施和城市文化所组成的有机整体。城市具有其有别于乡村的一整套社会与文化特质。城市环境的最终产物,表现为它培养成的各种新型人格。[③] 城市化既体现为发达的现代化设施,也体现为生产力和社会关系、人的生活方式和精神世界的现代化。[④] 城市文化体现为一种“城市性”的心理状态和生活方式。在农民城市化进程中,城市文化的影响和渗透起着关键性的作用。

1949 年至 1978 年的 30 年间,社会流动受以户籍制度和人事制度为代表的社会制度的强烈制约,致使那一时期的中国成为一个社会结构封闭、城乡分离的社会。1978 年以后,由于工业化的发展以及社会制度的改革,引发了以农村人口为主体的大规模向城

① 中国留美学者经济学会.现代经济学前沿专题(第一集)[M].北京:商务印书馆,1989:152.

② 朱力.从流动人口的精神文化生活看城市适应[J].河海大学学报(哲学社会科学版),2005(03):30-35+92-93.

③ 帕克.城市社会学:芝加哥学派城市研究文集[C].吴俊岭等,译.北京:华夏出版社,1987:273.

④ 郑杭生.社会学概论新修[M].北京:中国人民大学出版社,1987:343.

市流动，致使中国的职业结构逐步开放并呈现出趋向高级化的倾向[①]，特别是城市化进程的加快，因此出现了进城农民工问题。

所谓“农民工市民化”，泛指城镇化进程中，通过内拉外推，农村身份的城市务工者转变为市民的过程与现象。具体包含以下内容：第一，职业的变化，由农业劳作转为非农生产；第二，地域的变化，由乡村走入城市；第三，户籍的变化，由农村户籍改为城市户籍；第四，自身素质的提高，在生活方式、文化习惯等方面向市民转变。[②]

城市化与经济增长互动促进了农业人口向城市的迁移。城市化是一个经济和产业带动人口和资源进入城市的过程。城市化与经济增长互动促进了农业人口向城市的迁移。

第三节　结构和制度视域下的市民化

农民工是中国城镇化进程中所特有的过渡现象。农民工现象是中国转型期间城乡二元经济社会结构、传统户籍制度与市场经济发展及中国城市化进程相冲突的产物。

一、城乡二元经济结构视域下的市民化

任何社会中的任何个人流动都要受社会环境及社会规范等因素的制约。[③] 无论是社会结构的宏观层面还是微观层面，城乡仍然具有不同的社会特征。中国的社会流动，就是在这样的社会历史

---

① 陆学艺．当代中国社会流动［M］．北京：社会科学文献出版社，2004：10.

② 张桂敏．农村出口、城市入口、社会融合——一个分析农民工市民化瓶颈与出口的结构框架［J］．中国劳动关系学院学报，2017，31(03)：85-91.

③ 刘祖云．从传统到现代——当代中国社会转型［M］．武汉：湖北人民出版社，2000：150.

文化背景下进行的。[①]随着中国城乡综合配套改革的深化，大批农民又从封闭、落后的乡村，走进了繁华的都市，在城市主要从事着苦、脏、累、险的工作，实现了“离土不离乡”向“离土又离乡”的转变。从某一历史时段群体的职业结构、地位等级、生活方式、城乡关系进行分析，能够更好地解释城市兴起过程中一种社会结构的变迁，即国家权力如何界定“城里人”和“农村人”，通过制度规定什么样的人可以进城，通过何种方式进城，成为“城里人”要付出什么成本。[②]

城市利益分配是一种按照等级身份来区分的差序格局，这种格局将城市的居民区分为“城市市民”和“外地人”，不同的人在资源分配、就业以及收入等机会结构方面都不一样，“城市市民”享有的权利最多。正如姚洋等学者（2002）在研究村庄问题过程中所发现的，“户籍制度”和“身份资格制度”构成了限定成员的身份的双重结构。经济的发展并没有使地方越来越趋于开放，经济发达的地方反而越来越封闭，主要表现在成员身份的进一步强化。“因为身份与集体财产的所有权和福利分配是密切相关的。当集体为其成员提供较多福利的时候，他们就会要求严格成员的身份，以保障利益不外流。”[③]

在中国式现代化进程中，农民工为城市的发展和中国的现代化建设贡献青春、汗水和热血，已经成为中国现代产业工人的主体和社会经济建设的一支不可或缺的力量。促进生活在城市的农民工的市民化是中国式城市化和现代化的重要工作。

农民工市民化的过程就是适应城市、融入城市的过程。[④]农民工的流动虽然是一种既有的社会现象，但始终没有得到制度的确

① 张云武．社会流动与流动者的关系网络[J]．社会，2009，29(01)：122-141+226-227.

② 陆益龙．户籍制度：控制与社会差别[M]．北京：商务印书馆，2003：42.

③ 刘一皋，王晓毅，姚洋．村庄内外[M]．石家庄：河北人民出版社，2002：20.

④ 赵立新．城市农民工市民化问题研究[J]．人口学刊，2006(04)：40-45.

认，致使农民工成为城市社会中的弱势群体和被遗忘的角落。造成农民工再社会化障碍的因素主要有：低微的职业地位；社会地位低；户籍制度的障碍；权益得不到保障。农民工要想在城市工作生活，既要适应新的社会环境带来的压力，又要主观能动地反作用于社会环境，这就要求农民工在生活技能、行为规范、个性塑造等多个方面适应城市生活。①

在城乡二元结构和多种社会分化机制的影响下，实现农业转移人口的释放、转移、社会整合、阶层流动以及融入现代文明已经成为我国农业转移人口市民化亟待解决的难题。农业转移人口市民化既不能够单一化约为农业户口转变为非农业户口的技术问题，也不能够化约为农民从农村向城市转移的地理空间问题，同样也不能够化约为农村劳动力向非农业部门转移的经济问题。它关联到社会阶层、社会地位、社会流动、福利制度、身份体系、社会变迁（性别、家庭、社区）等多重议题。农业转移人口市民化不仅仅是农民变成市民的个体转型过程，而在更大层面上牵涉到一系列社会转型过程，包括以社会权利为核心的正义分配问题、以文化互动为核心的社会认同问题、以群际关系为核心的社会整合问题。②中国城市发展最重要的经验之一就是通过制度创新驱动经济主体迸发出巨大动力。制度安排，是人们通过观念构成的规则体系。想让制度安排符合什么价值原则，则必须先构造这些价值原则。③

我国农业转移人口市民化繁荣了城市和农村的社会与经济，从根本上改变着我国长期存在的城乡社会经济的二元结构状况，极大地推动了城市中乃至整个中国社会中的经济体制改革，在事

① 张捷．城市化进程中农民工再社会化问题的思考［J］．人口与经济，2008（S1）：217-218.

② 吴越菲．谁能够成为市民？［D］．华东师范大学，2017：4，9.

③ 中国社会科学院城市与竞争力研究中心课题组，倪鹏飞．以高质量城市化推动中国式现代化——中国城市崛起的样本分析［J］．新型城镇化，2023，No.80（03）：29-32.

实上重组了那里的社会经济结构。在城市居民的日常生活中,进城的农民工已经从初期的拾遗补阙的角色,逐渐演变成了目前城市社会经济生活中不可缺少的功能和结构。中国的农民用他们朴素的角色转变和身份转变的实际行动,在有意和无意之间,以一种不可抗拒的力量,在观念、行为和结构等诸方面不断地缩小着城乡之间的社会经济和文化的差异,推动着整个中国社会的城市化和现代化。①

二、户籍制度视域下的市民化

2013 年中央一号文件提出:"要有序推进农业转移人口市民化。把推进人口城镇化特别是农民工在城镇落户作为城镇化的重要任务。加快改革户籍制度,落实放宽中小城市和小城镇落户条件的政策。" 2014 年中央一号文件指出:"应加快推动农业转移人口市民化,积极推进户籍制度改革,建立城乡统一的户口登记制度,促进有能力在城镇合法稳定就业和生活的常住人口有序实现市民化。全面实行流动人口居住证制度,逐步推进居住证持有人享有与居住地居民相同的基本公共服务,保障农民工同工同酬。鼓励各地从实际出发制定相关政策,解决好辖区内农业转移人口在本地城镇的落户问题。"

形成于计划经济时代的户籍制度,以及与之密切关联的就业制度、教育制度、社会保障制度,构成了农民工群体市民化的制度性障碍。② 始于 1958 年的城乡分割户籍制度,使得中国二元的社会经济结构固化和制度化,并成为一种社会屏蔽,将流入城市的农民工屏蔽在城市的社会资源之外。城乡制度性阻隔是制约农民工

① 柯兰君,李汉林. 都市里的村民——中国大城市的流动人口[C]. 北京:中央编译出版社,2001:16.

② 陈丰. 当前农民工市民化的制度缺失与归位[J]. 南京师范大学学报(社会科学版),2007(01):29-33.

融入城市社区的最大瓶颈。刘传江、周玲（2004）指出，各种制度性障碍（户籍制度及附属于户籍制度之上的诸如医疗、就业和社会保障等一系列的制度）和非制度性障碍（如人力资本、社会资本的匮乏等）的存在，使得农民工在工作和生活上游离于城市正式制度和主流社会之外，无法真正融入城市社会，处在城市的边缘地位。[①]

农民工市民化就是要解决农民工身在城市从事非农业工作而拥有农业户口的现实问题。[②]赵立新（2006）认为，农民工市民化的过程就是适应城市、融入城市的过程。[③]

尽管不排除极少数外来农民工成功地融入了打工地，但绝大多数外来农民工未获得当地制度上的接纳，导致他们自己也不准备融入打工地。多种因素制约了他们的融入，使他们处在边缘化的状态。"农转非"遇到的则是"半融入"的问题，即他们在户籍制度层次上已经被制度化为城市人口，但无论是从客观经济条件还是主观条件来看，他们尚未真正处在市民的地位上。我们将这种"市民地位滞后"现象称为"半融入"。流入城市的农民工是城市里具有很强经济活动能力的群体。从城市市民的调查问卷看，他们也认同外来农民工的重大社会功能，认为农民工为当地城市的发展"作出巨大贡献""为市民生活提供了便利"，对农民工的认同率分别为76.0%和82.5%。农民工明明是为城市发展作出巨大贡献的强势群体，但在现行制度的排斥之下，却成了生活在城市边缘地带，经济和社会地位低下的城市弱势群体。[④]

按照现行户籍制度的规定，他们仍是农民，但又是城市产业工人。他们被城市居民习惯性地称呼为"农民工"。当代中国农民工

---

① 刘传江，周玲．社会资本与农民工的城市融合［J］．人口研究，2004（05）：12-18.

② 周定财，张志文．新时代推进农民工市民化的深层障碍及政府应对［J］．农业经济，2021（02）：83-85.

③ 赵立新．城市农民工市民化问题研究［J］．人口学刊，2006（04）：40-45.

④ 李强．中国城市化进程中的"半融入"与"不融入"［J］．河北学刊，2011，31（05）：106-114.

现象及问题的出现，是中国长期的城乡二元经济社会结构演变发展的必然产物；是农民试图在现有经济社会体制框架内，冲破城乡二元结构，改变自身地位和经济状况，分享中国改革开放、经济发展、城市发展成果，而采取的一种自发的大规模群体行动；最终也必然随着城乡一体化新体制的全面确立而分化，并分别归入农民或者市民群体。届时，中国农民工现象及问题，将最终走向历史的终结。[①]

农民工从农村到城市务工，能否实现市民化，关键在于以下五个方面：第一，农民工能否在城市中留下来；第二，他们在城市里的生活质量或幸福感如何；第三，能否享受与城市居民基本相同的公共服务；第四，劳动报酬是否合理；最后，也是最核心的问题，即他们能否拥有城市户籍。提高城镇化率的突破口就是将庞大的拥有城市生存基础的农民工快速吸纳和转化，吸纳常住农民工和本地就近的农民工成为市民，放宽落户的条件，根据地方城镇的规模和公共资源，给予一定的政策支持和资源扶持，提高城镇化率。[②]

户籍确实是城市身份的一种象征，因此拥有城市户籍，特别是高等级城市的户籍往往意味着一种身份的荣耀。但是对于进入城市的农民而言，最重要的是拥有在城市生存的能力。城市对于来自农村的居民而言，更重要的反而不是户籍，而是保持城市的生活指数与整个城市居民的收入水平相适应，否则不仅是来自农村的居民难以在城市立足，即使是城市本地人也会缺乏安全感。这才是阻碍城市精神的形成以及对外来新成员的接纳的最大因素。[③]

户籍体制的改革如果不与养老、医疗、失业等社会保障待遇相联系，对改善农民工的生活状况的作用是有限的。应当抓紧

① 程姝．城镇化进程中农民工市民化问题研究［D］．东北农业大学，2013：96.
② 吴越菲．谁能够成为市民？［D］．华东师范大学，2017：4.
③ 黄郁成．城市化与乡村振兴［M］．上海：上海人民出版社，2019：85.

建立适合于农民工流动特点的社会保障体制，消除农民工在劳动力市场上的机会不平等，把农民工作为新市民看待，取消农民工融入城市社会生活的体制性障碍，加强农民工对城市社会的认同。①

户籍是中国劳动力流动的主要制约因素之一。在中国，一方面，户籍制度作为强大的制度化力量对劳动力流动构成了显著的阻碍；另一方面，却存在着巨大的农民工人口及其高比率流动。城市农民工因此产生了两种生存策略，即准备定居与不准备定居。农民工的两种生活策略和其是否融入城市主流生活也是相互影响的。如果以在城市定居为目标，他们希望融入城市社会，尽量与市民、邻居搞好关系，希望能够适应当地的生活；他们就会十分重视与所在社区居民、与所在工作单位及与居民组织的关系，因为良好的关系会为他们将来在城市的发展铺平道路。②

陈世伟（2008）也指出，我国的农民市民化转型，因城乡分割的户籍、就业、社会保障管理体制及农民思想观念、行为方式和自身素质等因素的制约而陷入困境。出路则在于改革户籍管理体制，建立城乡统一的就业体系和衔接城乡的社会保障体系，加强城市服务型政府的建设，强化对农民的职业培训和社会教育，提高农民的综合素质。③

实现农业转移人口的市民化，迁移人口的住房问题是一个亟须解决的难题。农民工的居住不仅关联着农民工的物质生活，也影响着农民工“市民化”的程度和进程。农民工与市民之间存在着居住隔离与居住差异，是造成农民工与城市之间的疏离的重要

---

① 李培林，李炜．农民工在中国转型中的经济地位和社会态度［J］．社会学研究，2007（03）：1-17+242.

② 李强．影响中国城乡流动人口的推力与拉力因素分析［J］．中国社会科学，2003（01）：125-136+207.

③ 陈世伟，陈金圣．城乡融合中的农民市民化：困境与出路［J］．北京工业大学学报（社会科学版），2008（04）：10-14+65.

原因。[①]

日本政府在城市化进程中一直面临劳动力短缺的问题。第二次世界大战后,日本很少接受移民,基本上靠国内资源来解决劳动力问题。20 世纪 50 年代,东京、名古屋、大阪、福冈等地成了重工业区,这些城市需要大量工人。每逢学生毕业季,刚毕业的大学生乘火车到东京、名古屋、大阪、福冈等地去找工作。为适应城市化和工业化的进程,东京都等地政府采取切实可行的政策措施,鼓励农民进城。1955 年到 1964 年之间,东京有 14% 左右的居民面临住房难问题,特别是有 35% 的人居住面积不满 5 平方米。地方政府为从农村和小城市来的人准备了大量由政府经营的"团地"(公共租赁房),设立了住宅金融公库,为个人和企业建造住房提供低息的贷款。地方政府还设立了日本住宅公团,在大都市附近建造了大量的公寓和住宅。公共住房为进城打工的人们解决了住房问题,为他们在东京等城市扎根打下了基础。

20 世纪 60 年代,韩国也出现了大量农民离开农村向都市迁移的浪潮。当时,位于如今的首尔市西南的九老区是韩国出口产业园区,以生产皮鞋、服装等轻工业产品为主,同时也是一些重工业的聚集地,出现了很多劳动力密集型的大小企业。在这里就业的大部分劳动力都是打工的"外来妹",她们的工作和生活条件相当艰苦。她们通常租住在园区附近隔成小间的民宅中,每间面积不足 7 平米,且只能使用公共的卫生设施,被称作"蜂巢房"。到 60 年代后期,就是"蜂巢房"也一间难求。于是,韩国政府下大力气修建了一批公共住宅、公共租赁住宅、永久租赁住宅、国民租赁住宅等。其中长期居住的市民可以购买面积在 85 平方米以下的公共住宅,价格要比商业住宅便宜。永久公租房对象是低收入者,租期 50 年。公共租赁住宅以租为主,10 年至 20 年后租户可以购买。

① 张雪筠. 农民工居住形态的城市社会学解读[J]. 社会工作,2006(09):28-30.

自我国改革开放以来，在很长一段时间内，中西部农村流动人口的大差距、远距离流动，使他们较难融入大城市社会。同时，乡愁情结也影响了其与流入地的文化和社会融合，这种情结使得他们更倾向于回乡投资和购买住房。中西部流出地流动人口在流入地主要以租赁住房为主。加之受房地产价格的影响，农民工的市民化意愿处于相对较低水平。[①]保障性住房能够明显提升农民工市民化意愿。保障性住房能增强农民工的身份认同，从而促进农民工的市民化意愿。对竞争能力较弱的农民工的定居意愿的促进效果更强。二代流动人口比老一代和新生代流动人口表现出更强的拥有住房的意愿。在推进以人为核心的新型城镇化进程中，要针对流动人口"出身"的地理区位差异，正视地理区位资源和机会结构失衡所带给流动人口在不同流入地的住房实现难题。建议兴建保障性住房，提高保障性住房的利用率，推动农民工市民化转型[②]。从社会融合角度看，聚居型具有封闭、独立、与城市文明接触不多、游离于城市主流社会之外的特征，而散居型也不代表流动人口融入了城市社区，相反，某种意义上会使他们心理上的漂泊感更为强烈。[③]

农民工市民化的障碍与个体素质、个人的关系网络特点以及政策、制度等多种因素有关，是各类社会资本缺失造成的。促进城市农民工市民化的社会资本途径主要有：转变城乡分割思想，在全社会确立一种城乡开放、平等、统筹的观念；打造促进农民工与城市市民进行互动和交往的文化环境；积极进行制度改革，创建农民工同城市融合的制度平台；建立健全公平、共享的社会保障

---

① 侯成琪，肖雅慧．住房价格与经济增长：基于中间品需求渠道及其乘数效应的分析[J]．经济研究，2022(4)：120-137.

② 史晓珂，任赞杰．保障性住房、身份认同与农民工市民化意愿[J]．当代金融研究，2022(12)：33-43.

③ 陈丰．当前农民工市民化的制度缺失与归位[J]．南京师范大学学报(社会科学版)，2007(01)：29-33.

机制，消除人为差别，增强农民工对城市社会的认同感。从相对封闭固定的小生活圈走进了充满竞争开放的大社会，农民的生活基础发生了转变。过去依赖家庭、宗族和村落集体的公共社会关系，现在则更多依赖于商品交换、机器生产和科学应用的利益社会关系。人际交往方式也从以血缘、地缘为主转变为以业缘为主，从以面对面的直接交往为主转变为以间接的通信传媒信息沟通为主，从交往单调、信息闭塞转变为每天都要进行大量的对外交流、接受不同的思想观念。农民适应单一的重复性农业生产活动，只具有简单的劳动技能；市民具有适应现代先进的社会化大生产活动的科学文化知识和技能。从农民到市民，人口素质实现了从只具有简单的劳动技能到能够掌握专业化的知识和运用现代生产技术工具转变。人口素质的转化，还伴随着思想观念和行为方式的改变。

小　结

我国农业转移人口市民化经历了两个阶段，克服了三大难题。第一阶段是农民身份向农民工的转变，第二阶段是符合条件的农民工向城市市民的转变。这三大难题包括：农民与土地的关系问题，城市的承受能力限制问题，城市的就业容量限制问题。城镇化的关键在于真正意义上的农民工市民化的实现。推进我国农业转移人口市民化的重点在于实现农民工的市民化。

市民化是指作为一种职业的“农民”和作为一种社会身份的“农民”在向市民转变的进程中，发展出相应的能力，学习并获得市民的基本资格，适应城市并具备一个城市市民基本素质的过程。市民化是人的社会阶层结构变动和现代化转型的发展进程，反映了社会结构的开放性和多元包容性。中国式农业转移人口市民化，是一个农民群体实现从农民角色集向市民角色集的全面转型，通过外部"赋能"与自身增能，适应城市，成为合格的新市民。而从具体的个人层面来看，在这个过程中，农民将实现自身在生活方式、思维方式、生存方式、身份认同、文化认同等的现代化转型。

具有中国特色和中国智慧的农业转移人口市民化，正在努力完成一项史无前例的光荣使命——确保社会权利的公平分配、促进文化互动以增强社会认同，以及通过改善群际关系来加强社会整合。

第四章 农业转移人口对城市文化的认同

第一节 文化认同理论

马林诺斯基、费孝通等认为，“文化”是社会关系的产物，是对人类整体生活方式的描述。[①]雷蒙·威廉斯认为，“文化”是“一种整体的生活方式”[②]。钱穆认为文化是“时空凝合的某一大群的生活之各部门、各方面的整一全体”[③]。文化是人类生活之总体，具有传统性、综合性、融入性、凝聚性特征。[④]

文化是一种意义的构建手段。认同是形成国家、建立国家和现代化、民主政治过程的政治资源。[⑤]一定政治秩序的形成和维持，一方面要依赖外在强制力量的约束，另一方面又须依靠政治共同体内成员在观念和意识上的认同。认同是一种自我意识，是主体对个人身份、角色、地位和关系的一种定位、认识和把握，对于国家

① 吴文藻．德国的系统社会学派（1934年）[C]//人类学社会学研究文集．北京：民族出版社，1990．费孝通．乡土重建[M]．北京：中信出版社，2019.

② 雷蒙·威廉斯．文化与社会：1780–1950[M]．高晓玲，译．北京：商务印书馆，2018：19–20.

③ 钱穆．文化学大义[M]．北京：九州出版社，2012：4.

④ Rubin D. C., Deffler S. A., Umanath S. *Scenes Enable a Sense of Reliving: Implications for Autobiographical Memory*[J]. *Cognition*, 2019, 183: 44–56.

⑤ 张汝伦．经济全球化和文化认同[J]．哲学研究，2001（2）：17–21.

建构、维持社会政治秩序具有积极作用。[①]一个没有信用的人可能会因为不遵守“应当”的规矩而遭到社会的“疏远”和“孤立”，这是社会对其行为的反应，表明社会成员对于该规则及其原则（观念秩序）的认同。当人们不再认同一种规则的时候，这种观念秩序的正当性（存在道理）便消失了。

认同所依赖的塑造人的行为的概念是那些特定的人格类型概念，以及与人格类型对应的行为的概念。认同主要是由社会和制度塑造的，社群建构也发挥着积极的作用。社会整合还受益于文化认同的作用。文化对于社会成员的忠诚和归属的稳定性发挥影响，人们在接受一个新的社会身份认同时，往往经过和自身历史文化的复杂互动过程。在这方面，社会对新身份体系的建构，全球现代性体制对不同地区、不同文化、不同制度经历中个体及其组织的冲击，新规则的引进对人们行为和态度的影响，以及社会成员对变动性身份及规则的接受、吸纳和拒斥反应，无不和文化的过滤作用有关。[②]

“文化身份”是一种标签。标签在塑造行为者生活和认同形成过程中发挥了重要作用。身份系统的基本功能，是对社会成员所处的位置和角色进行类别区分，通过赋予不同类别及角色以不同的权利，责任和义务，在群体的公共生活中形成“支配—服从”的社会秩序。身份确认具有很强的叙事维度，通过认同让生活故事符合某种特定模式，符合更大的故事。[③]“文化身份”的主体意识称为文化认同。

身份认同对农业转移人口永久迁移意愿具有直接影响，作为个人能力直接体现的人力资本，并不直接影响农业转移人口的永久迁移意愿，但通过阶层地位、身份认同等中介变量产生间接

---

① 刘泽华．政治文化化与文化政治化［J］．天津社会科学，1991（03）：5．

② 张静．身份认同研究［M］．上海：上海人民出版社，2006：98．

③ 夸梅·安东尼·阿皮亚．认同伦理学［M］．南京：译林出版社，2013：97，98．

影响。农业转移人口的永久迁移意愿存在显著的代际差异。青年农业转移人口的永久迁移意愿明显高于中年农业转移人口，且同时受阶层地位、身份认同的影响，而中年农业转移人口主要受身份认同的影响。这表明中年农业转移人口只有建构城市人的身份认同，才会选择永久迁移。身份认同的转变有着复杂的社会文化因素，是一个潜移默化的过程。农业转移人口能够通过积累资源、提升社会经济地位来改变其身份认同，但身份认同还受文化态度、社会交往、社会环境等多种因素的影响。因此，在社会文化融合层面，政府、企业、社区、社会组织等共同营造接纳、尊重农业转移人口群体的社会氛围，促进农业转移人口与市民的社会交往，加大农业转移人口社会服务力度，让农业转移人口与市民享受同城待遇，对于农业转移人口形成城市人的身份认同具有重要意义。①

农业转移人口的城市社会认同离不开历史、文化和社会结构，也更加依赖农业转移人口所具有的资源和条件。对农业转移人口的身份认同来说，城市认同的影响因素包括文化态度、社会交往、经济条件和社会环境等。单独来看，有很多因素影响着农业转移人口的城市认同，比如，越是接受本地文化价值观、本地话越流利、越经常参加单位活动、越乐意与本地人做朋友、在身边的朋友圈中的收入水平越高、感知到的社会歧视越少、参与到综合保险和城镇保险中的程度越高、从事的工作越脱离传统的工厂工种，这样的农业转移人口城市认同水平也越高。②

文化认同是对自己的文化身份和地位的自觉和把握。对更多的文化认同的要求，是与拥有这种认同的人的行为观念一起

---

① 李飞，钟涨宝．人力资本、阶层地位、身份认同与农民工永久迁移意愿［J］．人口研究，2017（06）：58-70.

② 褚荣伟，熊易寒，邹怡．农民工社会认同的决定因素研究：基于上海的实证分析［J］．社会，2014（04）：25-48.

出现的。一个国家的人民往往共同分享和维持着具有他们国家文化特质的理想、信仰、梦幻、价值、观念、思想、记忆等，正是这些表现他们文化核心的集体意识，指导和规范着这个国家和人民在处理国际事务中的言行及态度。在相对稳定的环境中，文化认同对社会秩序的规范表现得更为平和而隐蔽。[①] 文化认同不仅对于个体生存与发展具有重要作用，也关系到城市社会的团结与凝聚。

在普遍同一的纪律社会中，个人面临"制度供应不足"的问题。失范的根源在于"文化目标与制度手段之间的张力结构"。文化结构为个体行动提供了目的、意义和规范，"并使其在价值体系中呈现出一种整合状态和有序状态"，组成了个体行动的参照框架，然而社会结构却并未为每个人提供达到目的手段，所以"异常行为可以被看成由文化确定的意愿与由社会结构提供的实现这种意愿的途径之间所存在的分离状态"[②]。现代性的张力就在于一方面抽象社会钳制着现代人的生活经验，用国家理由和生活规范构建了一个全面纪律化的世界；另一方面自我及其日常生活的反思和实践不断在扩张和深化。[③]

文化过程主要由发展着的机体同许多习俗的相互行为所构成，而习俗则标志着特殊社会或集体。每一个人都在与某些人和事的接触中成长，这些人和事从属于他所生长、生活的群体，而他也就于此而获得一种文化人格。整个心理科学的基础便在于个体差异这一根本规律。在文化行为及其他任何一个方面，每一个体均是一个独特的人格。纵然文化行为构成了行为的本质，也绝不会同这一规律相抵触。因此每个个体其实都是由多种多样的文化

---

① 朱威烈．国际文化战略研究［M］．上海：上海外语教育出版社，2003：18.

② Merton R. K. *Social Structure and Anomie*［J］. *American Sociological Review*, 1938（01）：672–682.

③ 李猛．论抽象社会［J］．社会学研究，1999（01）：3–30.

人格所构成的。文化人格的各种个体差异有一个明显的特点，即关于人格模式中多方面特性的同构及协调问题。[①]

个人被小心地编织在社会秩序中，成了“机器上的小齿轮”，每个人在明晰化和网格化的社会机器中都有一个对应的嵌入位置。个体化的背后隐藏着社会化的本质。个人和社会都是根据一整套规范被平整地制造出来的，不同的人与物都按照各个面上的同一标准被“夷平”了。整个社会成了由技术上可以掌握、经济上可以利用的一个个物化客体组成的封闭空间。理性构建的同质社会内部的行为意义与目的缺席和抽象性支配力量在社会的层面上契合在一起，而人们也自愿或不知不觉地接受了这种自我的物化规训，并在其中寻求同一的自我理解和自我实现，即各种角色和类别。被限制在理性划定的主体阈限的自我在很大程度上成了平面化的木偶，或者说成了马尔库塞意义上的“单向度的人”[②]。

20 世纪 70 年代，欧美西方国家开始研究文化认同议题，80 年代传入我国。90 年代后，身份认同研究成为热点，主要集中在对于个人身份、家庭身份、社会身份、职业身份的关注。[③] 此后，学术界围绕文化认同的危机、内涵、本质、建构等分析全球化与文化认同、现代化与文化认同的关系问题。法国人类学者安姆塞（Jean-Loup Amselle，1998）认为，文化认同产生于一种结构化关系阈，是冲突的结果，而不是冲突的原因。[④]

社会转型或社会变迁引起人的存在方式发生改变，进而催生

---

① J. 坎托．文化心理学［M］．昆明：云南人民出版社，1991：绪言，285-287.

② 福柯．规训与惩罚——关于全景敞视主义的讨论［M］．北京：生活·读书·新知三联书店，2007：235-254.

③ 塞利姆·阿布．文化认同性的变形［M］．萧俊明，译．北京：商务印书馆，2008：10-20.

④ Jean-Loup Amselle. *Mestizo Logics*:*Anthropology of Identity in Africa and Elsewhere*, trans. Claudia Royal［M］. Stanford: Stanford University Press, 1998: 33.

了文化认同。文化认同是与现代社会变迁机制相关联的。文化认同是文化主体进行的文化选择。文化差异是文化认同生成的必要条件,文化成为主体用以界定自我认同的根据。文化认同是一种关于文化的意识,是主体对于文化的观念,是文化主体对特定文化的情感归属。对共同价值观的认同是文化认同的核心,核心内容在于反映一定价值观的思维模式、文化理念、行为规范,体现在文化符号、文化理念、思维模式和行为规范等方面。文化认同是主体对归属文化的理解、接受,内化、外化,主体通过文化理念、思维模式和行为准则进行自我文化身份的确认。文化认同在工业化、城市化、现代化、信息化进程中具有流动性与可塑性。文化通过人口迁移、媒体传播等方式,通过流动而融合,来建构文化认同,广泛而频繁的社会交往产生且强化了身份意识。文化认同借助与他者的关系,通过交往学习,把与他者的差异建构为一种共同的价值认同,为满足利益的需要,将身份确认具体化为制度或规范,从而达到文化认同建构。

文化认同是一种价值判断和选择。价值观认同是文化认同的核心和实质。价值观是个体在长期的社会学习与社会交往中形成的评价行为、事物的观念系统与标准,是驱使人们行为的动力。

文化认同是反映个体对组织所倡导的信念、价值、原则的认知、接纳与践行的过程与程度。文化认同反映个体对组织文化从认知到认同、从认同到知行合一的动态变化的过程,是个体对组织文化不断的感知和整合;从状态来看,反映着员工与组织之间在思维、目标、道德、价值观等方面的社会和心理连接程度,连接程度的高低将会直接影响到员工的态度与行为。[①]

① 丁越兰.组织支持氛围、组织文化认同、工作自主性对情绪工作的影响研究[D].北京科技大学,2018:23.

文化认同，就是用观念秩序控制天然生活状态，用观念设定的标准衡量并改造天然行为；用希望改造现实生活，希望作为观念，不断成为人类的行动目标。尽管控制的方式和衡量的原则不同，但文明反映了“应当”的规则，具有规范、构造实践秩序的能力。没有观念秩序及其控制，人类的自然生活可能是一片混乱。在这样的状态下，每个人的福祉和利益都无法得到确定保障。

文化认同机制是通过群体传递和灌输的知识、信念、价值观、态度、传统和生活方式，经由理性确认、情感皈依、实践维护[①]或认知、情感、评价、行为[②]，达到文化融入，进而产生文化认同的一种建构体系。文化认同是个体对某一特定文化特征接纳的程度，表现为个体对最能体现某一群体的事物和价值的肯定性认知。文化认同是社会、文化和历史的产物，但又会受到当代情境的影响，是个体通过持续的辨识、协商，而后确认其“是谁”的过程。[③]

第二节　社会文化视域下的市民化

城市不仅仅是经济发达、高楼林立、人流密集、信息丰富、服务便捷的地理空间，也是一种现代化的生活方式、文化心理、价值观念的人文富集地。城市文化认同与生活、工作在城市中的每一个人都息息相关。[④]社会文化视域下的市民化，是农业转移人口形成城市化的观念意识、行为方式、生活方式、文化心理的变迁

---

① 张全峰．唯物史观视域中的文化认同研究［D］．中共中央党校，2018：70.

② 黄益军．文化认同对非遗产品购买意愿的影响机理研究［D］．华侨大学，2018：45.

③ 董青，洪艳．媒介体育接触与中国文化认同研究［J］．北京体育大学学报，2015（11）：43-49+75.

④ 欧阳光明，司赛赛．城市文化认同与人文素养践行力发展：基于上海市民人文素养践行力调查的比较研究［M］．上海：上海大学出版社，2018.

过程。

在国外，马腾斯（Martens，1974）认为，移民在迁入地的融入除了新社会对于移民的吸纳与同化作用外，还存在移民群体自身对于迁入地的认知、行动与选择等因素。移民能够采取积极的行动，主动地适应迁入地的文化环境与社会生活。[①] 艾林森（W. Ellingsen，2003）认为，社会融合是一种动态的过程，是移民与迁入地通过互动，从而形成相应的文化接纳、行为适应与文化认同的相互适应过程。[②]

雷德菲尔德、林顿和赫斯科维茨（Redfield，Linton & Herskovits，1936）关于文化人类学人口迁移的研究认为，拥有不同文化背景的群体或者个人在进行不断的联系与互动的过程中，其原有的文化模式发生变化，该文化适应过程为人口的群体层面的适应与心理层面的适应；为了使迁移人口更好地融入，迁入地社会实施匹配的社会公共政策与社会福利，这种行动是社会主动吸纳。[③]

文化融入是指迁移人口的社会认同与价值导向在文化、价值、观念等方面转变为对迁入地的文化认同。[④] 迁移人口在迁入地参与各种组织活动，与迁入地居民进行沟通，按照迁入地的生活模式进行生活。[⑤] 迁移人口对迁入地的文化认同，包括社会态度、配偶

---

① Goldlust J. & Richmond A. H. *A Multivariate Model of Immigrant Adaptation*［J］. *International Migration Review*，1974，8（2）：193–225.

② Winfried Ellingsen. *Social Integration of Ethnic Groups in Europe*［J］. *Geografi I Bergen*，University of Bergen. Department of Geography，2003.

③ Omidvar R. & Richmond T. *Immigrant Settlement and Social Inclusion in Canada*［A］. *Perspectives on Social Inclusion Working Paper Series*［C］. Laidlaw Foundation，2003.

④ Gordon Milton M. *Assimilation in American life*［M］. New York：Oxford University Press，1964.

⑤ Josine J. T. *Ethnic Minorities，Social Integration and Crime*［J］. *European Journal on Criminal Policy and Research*，2001（9）：5–29.

选择、语言能力、安全环境等方面。[①] 在城镇化的进程中,农业转移人口被赋予与城市居民相匹配的社会资源、社会权利、公共服务以及社会文化,从而实现从"农民"到"市民"的转换。[②]

在我国,农业转移人口对城市"适应难"问题目前存在两种观点:一种认为农业转移人口适应城市的公共资源不足,另一种认为农业转移人口的个体素质(包括观念、品质、文化、技能等)欠缺。[③]

城市行政部门控制了实际的资源分配权,其对所属成员身份的认定涉及具体的利益分配,是更有实质性的身份认定。每一种身份认定都是一种权威和管制原则的体现。传统中国的治理结构是这样的:"传统中国事实上有着两种互不干扰的秩序中心,一个是官制领域,以国家为权威中心对于具体社会而言,它的整合意义多是文化象征性的;而另一个则更具有实质性,因为它承担着实际的管辖权力,这就是地方体中的权威。经过多年的实践,这两种秩序在各自的领域中形成了各自的权威中心,并学会了在相互的礼节性交往之外,小心避免触及他人领地,在这两种秩序中间形成了安全的隔层。因此,建立于多种局部地方体上的国家政治制度,为广泛的社会整合提供的基础主要是文化意义上的,而结构意义上的政治整合则事实上在地方体的层次上完成,并且由地方权威充任。甚至在治理的规则方面,国家也未能实际推行统一的管制原则,而任由地方根据惯例掌断。在国家抽象原则下的'因地制宜',一向是正当合法的,国家总是通过地方权威,而不是企图取代他们治理地方社会。在地方范围里,尤其在它的基础

① Han E. & Biezeveld R. *Benchmarking in Immigrant Integration*[J]. Erasmus University Rotterdam, 2003.

② Narotzky. *Where Have All the Peasants Gone*? [J]. *Annual Review of Anthropology*, 2016(1): 301-318.

③ 戴为民,贺金梅. 人口城市化质量综合评价及其政策指向研究——以安徽省为例[J]. 城市发展研究,2020,27(05): 32-36.

结构层,地方权威替代了国家所不能完成的局部整合作用。”[①] 由于缺乏市民身份和基本公共服务保障,农业转移人口只是城市的“过客”[②]。

中国的市民化社会包含了重要的社会传统因素,受中国传统文化影响,在社会管理方面发扬民本主义和集体主义精神,在民间提倡伦理文化传承,在品德修养方面强调儒释道思想价值观。[③] 市民化更应该研究的是看不见的城市化,更应该关注的是农业转移人口跨越城乡经济、社会、文化等非实体边界的动态流动过程。[④]

施维里安和普雷恩(Kent P. Schwirian & John W. Prehn,1962)认为,人口城市化也是人的价值观、态度和行为方式的城市化。[⑤] 施坚雅在分析城市和农村差别时注意到,城乡差别既是阶层、住所、地域等的差别,更表现出文化差异,但他没有对人的群体及个体特征展开分析。[⑥] 农业转移人口市民化指,在我国现代化建设过程中,由于工业化的推动,农民离开土地和生产活动,来到城市从事非农产业,其身份、地位、价值观念、工作方式、生活习惯向城市市民转化,以适应城市的社会变迁过程。农民须实现思维方式、生存方式、生活方式、身份认同、社会权利等适应城市现代性的社会角色转化。这种社会文化层面上的农民市民化过程正好与国家、政府倡导的农业转移人口市民化相对应。[⑦]

---

① 张静. 基层政权——乡村制度诸问题[M]. 杭州:浙江人民出版社,2000:19.

② 杨若愚,董永庆. 社会资本、公民意识与流动人口市民化意愿——以归属感为中介变量的实证研究[J]. 人口与社会,2022(4):41-52.

③ 刘子需. 新时期中国社会市民化趋势[M]. 北京:中国现代出版社,2021:9-10.

④ 吴越菲. 谁能够成为市民? [D]. 华东师范大学,2017:6.

⑤ Kent P. Schwirian & John W. Prehn. *An Axiomatic Theory of Urbanization*[J]. *American Sociological Review*,1962,27(6):812-825.

⑥ 施坚雅. 中华帝国晚期的城市[M]. 北京:中华书局,2000.

⑦ 文军. 农民市民化:从农民到市民的角色转型[J]. 华东师范大学学报(哲学社会科学版),2004(03):55-61+123.

中国式城市化是一个以农业为主的就业人口逐步转向非农业人口为主的过程；是由一种自然、原始、封闭、落后的农业文明，转变为一种以现代工业和服务经济为主的并以先进的现代化的城市基础设施和公共服务设施为标志的现代城市文明的过程；是对居民从思维方式、生活方式、行为方式、价值观念、文化素养等方面全面改善和提高的过程。①

城市市场经济发达，各个领域充满竞争。这些对长期居住在农村的人口来说，都是必须面对的现实问题。为在城市的激烈竞争中求得良好的生存条件，市民化的农民必须改变传统的人生态度、价值观念，在思想上走向开放，感情上富有理性，拥有积极的心态和进取的精神。市民化过程中农民生活方式与行为方式上也必须随着城市的生活环境而转变，生活的散漫性和无序性转变为有节奏性和条理性，生产的季节性观念转变为严格的工作时间观念，以血缘、地缘为主的人际交往转变为以业缘为主的人际交往，以面对面的直接交往为主转变为以间接的通信传媒沟通为主，农业生产的固定性转变为职业角色的易变性。市民化的农民一方面要熟悉并严格遵守各种规范；另一方面要能够运用法律武器来维护自己的权利，争取与市民同等的社会权利。②

农民的市民化是一个农民超越传统，利用关系网络进行市民化的问题。农民在交往中奉行特殊主义的人际信任原则，对互动中的陌生人持着低信任的怀疑态度，对跨出狭小的生活圈与陌生人接触有着一种莫名的恐惧感和本能的排斥。市民化过程中，农民需要加强合作意识，主动寻求外部世界的帮助。③

农业转移人口对城市的不融入，一个突出的表现是人际交往

---

① 秦润新．农村城市化的理论与实践［M］．北京：中国经济出版社，2000.

② 文军．农民市民化：从农民到市民的角色转型［J］．华东师范大学学报（哲学社会科学版），2004（03）：55-61+123.

③ 郑杭生．农民市民化：当代中国社会学的重要研究主题［J］．甘肃社会科学，2005（04）：4-8.

的断裂，即农业转移人口在城市里犹如生活在一个“孤岛上”，他们与周边的市民和组织基本上是不交往的。这一种状态尤其表现在当他们在生活中遇到困难的时候。多数农业转移人口在主观心理上感到格格不入，他们仍然认为自己是农民，而不属于打工地，这是一种不融入的心理状态。新生代农业转移人口是“双边不融入”，既不能融入城市，也不能融入农村。“不融入”现状，导致了农民、农业转移人口对于“城市化”的高度不信任。要想解决融入问题，除了物质条件的建设外，不能忽视主观心理融入的建设。主观心理、心态、感觉、意识、观念的变化，其实比物质条件的建设还要复杂，因为它们涉及的更多是人际关系，是通过与社区居民长期接触、互动而形成的结果。[①]

陈丰（2007）认为，进城农业转移人口由于职业与社会身份的分离、城市认同感和归属感的缺失，表明他们未能真正融入城市，而是呈现一种“半融入”或“不融入”的“虚城市化”现象。[②]

农业转移人口即使取得了市民身份，在经济水平上达到了一般市民的水平甚或更高，但如果在思维中仍然以乡土文化为主，即使身处城市，也会在意识上很难融入而显得与城市社会格格不入。只有在思维上也同步市民化，形成了城市化的意识、行为方式、生活方式、文化心理，农业转移人口才是完全获得了“市民”身份的精神根本。所以从广义上说，市民化是指在工业化和城市化的推动下，传统农民在身份、价值观、社会权利及生产生活方式等方面向市民转化，从而实现城市文明的社会转型过程。完整的农业转移人口市民化，应该是广义上的农业转移人口市民化。农业转移人口市民化是指农业转移人口在国家、政府的法律与政策推动下，

---

① 李强．中国城市化进程中的“半融入”与“不融入”［J］．河北学刊，2011，31（05）：106-114.

② 陈丰．从“虚城市化”到市民化：农民工城市化的现实路径［J］．社会科学，2007（02）：110-120.

获得与城镇居民相同的合法身份和社会权利的过程和现象。它既是一个过程,也是一个结果,并包含了四个层面的含义:一是在地域上,由乡村社区向城市社区流动;二是在职业上,由次属的、非正规的劳动力市场上的农业转移人口转变为首属的、正规的劳动力市场上的非农产业工人;三是在社会身份上,由农民转变为市民;四是在意识形态、生活方式和行为方式上,由乡村文化向城市文化转变。[①]

实现农业转移人口向市民转化的具体目标分三个层次:第一是身份与地域转换目标,第二是职业与生活方式升级目标,第三是观念提升与自我发展目标。三级目标的实现是一个由表层市民化向实质市民化的推进过程。思想观念是指是否认可或欢迎城市的生活方式、讲求时间与效率的工作方式,对竞争持欢迎态度还是回避排斥态度。一般来说,农民思想观念越开放,越有利于转变为市民。深层次的文化思想观念因素对于农民市民化的阻碍,更多地体现在老一辈进城农民身上。而青年一代农业转移人口的观念、行为、生存发展的城市倾向,则成为推进农民市民化的内生动力。农民主体素质能否主动进行自我转化提高,加快主体素质的转化速度;农民如何以自身的能力、素质、文化和心理适应城市,直接关系到农民市民化的进程。[②]

个人发展能力的不足是城市中迁移劳动力市民化的根本障碍。劳动力的个人发展能力是一种可培养的自发展综合能力,是人们在成长过程中不断学习和锻炼的能力积累,这种积累取决于经济的、社会的和政治的安排和分配。能力的不足一方面是迁移劳动力个人因素所导致的,另一方面也是由于当前的体制和政策环境对迁移劳动力的边缘化,使得这一群体失去了应有的资源和

① 程姝.城镇化进程中农民工市民化问题研究[D].东北农业大学,2013:18.
② 程姝.城镇化进程中农民工市民化问题研究[D].东北农业大学,2013:79,91.

权利。能力的提升实质上是个人权利和机会可获得性的增加，其中三个关键环节是技术学习、资源获得和权利赋予。除了人力资本投资外，迁移劳动力的能力建设需要从权利保障和资源赋予的角度去统筹考虑。[①]

农民自身素质的提高是促进其市民化的核心要素。推进农民市民化进程需要政府和各类社会团体的共同努力，积极改革创新，消除转化中的障碍，创造良好的转化环境。但外因必须通过内因才能起作用，这些外在改革作用的发挥必须通过农民个体素质本身的整体提高体现出来。所以，进城农民要主动更新观念，加快接受市民观念并建立起与开放的、多元的城市社会和市场经济相适应的现代的观念体系；提高思想道德境界和法制观念，树立一代新型产业工人的形象。人力资本与社会资本也是农业转移人口实现其市民化的重要因素。通过工资制度和培训制度的改革，能够增强农业转移人口积累人力资本的经济能力和提升农业转移人口人力资源的质量。另外，也要大力拓展农业转移人口私人关系型社会资本，积极培育农业转移人口组织型社会资本，通过工会组织的成立、城市社区的吸纳和民间非政府组织的培育，促进农业转移人口职业市民化、社会身份市民化、自身素质市民化和意识行为市民化，全面推进真正意义上的农业转移人口市民化。[②]

从社会文化方面来看，农业转移人口市民化不仅仅是农村剩余劳动力跨越地区和经济部门边界的经济参与和分享问题，也同时涉及农业转移人口跨越社会文化边界的阶层整合和社会融入问题。以户籍制度为核心的城乡二元制度体系以及城市社会的有限开放使农业转移人口市民化集中面临一系列社会文化紧张，包括

① 石智雷．迁移劳动力的能力发展与融入城市的多维分析[J]．中国人口·资源与环境，2013(01)：89-96.

② 程姝．城镇化进程中农民工市民化问题研究[D]．东北农业大学，2013：97.

不同群体、不同阶层、不同社会系统之间缺乏必要的包容性；效率与公平、经济价值与文化价值的关系有欠协调；全体社会成员的参与与共享的程度还有待提升；社会排斥、群际冲突以及社会不平等等问题构成影响社会和谐的潜在风险。农业转移人口市民化在中国转型的语境下重新关联了人的现代化与身份再造、社会不平等、社会整合以及阶层流动等议题。当代中国社会的农业转移人口市民化进程应重视现代化转型中人口分布、经济活动、身份体系、社会文化样态等方面的变化及其社会后果。[①]

第三节 农业转移人口对城市文化认同的演进

农业转移人口真正融入城市社区的路虽然还显得很漫长，但农业转移人口并没有因为较低的收入水平和经济社会地位而表现出消极的社会态度，反而呈现出预料之外的积极社会态度。真正从深层作用于农业转移人口社会态度和行为取向的，可能不是经济决定逻辑，而是历史决定逻辑。[②]

何谓“历史决定逻辑”——预料之外的积极社会态度？我们以为，进城农业转移人口融入城市社区是一个演化过程，是一个自主适应性过程。

进城农业转移人口对城市文化的认同，围绕城市和乡村、社会制度、社会结构、人的观念和行为模式等展开。“适应难”指的是农业转移人口在城市中面临的挑战，包括适应城市的工作环境、生活方式、居住方式、思维方式、风俗习惯，以及重新建构城市居民文化心理，这些都是他们需要克服的客观难题。关于这一点，目前有两

① 吴越菲．谁能够成为市民？［D］．华东师范大学，2017：3-5.

② 李培林．农民工在中国转型中的经济地位和社会态度［J］．社会学研究，2007(03)：1-17+242.

种解释：一种观点认为，农业转移人口难以适应城市主要是因为政府没有提供帮他们尽快适应城市的公共资源；另一种观点则认为，这是由于农业转移人口的个体素质（包括观念、品质、文化、技能等）存在问题。农业转移人口城市融入的本质是城市文化认同，实现的关键是进行适应城市生产生活方式、思维方式、风俗习惯等文化的心理重构。[①]

一、城乡社会文化的阻隔是一个值得重视的社会问题

城乡社会文化背景的不同，致使农业转移人口虽然身处城市，其观念和行为却还与城市保持着相当的距离。"城市本身表明了人口、生产工具、资本、共享和需求的集中这个事实，而在乡村则是完全相反的情况，隔绝和分散。"[②] 人口向城市聚集，既给城市带来了经济上的规模效应，也改变了人们与自然和谐相处的生活方式，而这种生活方式也改变着人们的思维方式和行为方式。很大程度上，城市居民的思维方式和生活方式正如刘易斯·芒福德所描述的那样，带有"军团化"特征，人们的生活也卷入了机械式的流水线运行中，让日常生活带有强烈的计划性、周期性，仿佛按照预先设定的程序精确走过程。[③]

在农业转移人口进城的第一阶段，表面上进的是"城"，实际却是"工厂"[④]。张雪筠（2005）指出，中国由于受传统农业文化和前30年计划经济体制的深刻影响，城市化进程中文化的转型明显滞后，传统的依赖人格、等级观念、小农意识、封闭保守心态等已经成

---

① 廖全明．发展困惑、文化认同与心理重构——论农民工的城市融入问题［J］．重庆大学学报（社会科学版），2014（01）：141-145.

② 马克思，恩格斯．马克思恩格斯文集（第1卷）［M］．北京：人民出版社，2009：406，556，407.

③ 黄郁成．城市化与乡村振兴［M］．上海：上海人民出版社，2019：81.

④ 程郁．分层次推进农民工市民化——破解"愿落不能落、能落不愿落"的两难困境［J］．管理世界，2022（04）：57-64.

为中国城市化进程的巨大内在阻力。[①]

司汉武（2006）总结了农民的社会人格特征：独立性缺乏而依赖性较强，自主意识差而从众心理强，理智性差而情绪性强，自卑与自负矛盾组合；同时指出，农民的人格特征是农村社会生活的内化，主要受农民低下的文化知识水平、儒家道德中心文化、封建宗法制度、生产和生活方式、社交和人际环境的影响。[②]这无疑对研究农业转移人口文化人格特征有诸多启示。但司先生侧重于立足民族文化背景，揭示的是整个民族的性格特征。他认为，依赖性人格"即使在城市市民和广大知识分子身上也有十分明显的表现"。在谈到有关农民自主性缺乏的社会人格特征时，他指出，"政治生活中的盲目服从和热衷于被动员，经济生活中的从众消费，甚至不论需要的从众消费，文化生活中的人云亦云和缺乏主见都是这种人格的重要表现形式。受此影响，甚至在中国城市居民也广泛存在着这种人格特征"。在谈到农民人格特征的自卑与自负时，他指出，"这种人格在以农民为主体的中国社会中，同样是中国人主要的人格特征。只是在不同的社会人群中，农民人格表现的程度有所区别而已。农民认识的素朴性和狭隘性以及理性化水平的低下，使农民而且同样使中国市民也具有狭隘的民族意识"。该研究对农民社会人格与市民社会人格的共性的揭发，验证了"三代以上都是农民"的市民文化的渊源，具有一定的现实基础和理论根据。但如果将市民的文化人格停留在农民文化人格的基准上，对市民文化人格与农业转移人口文化人格不加区分，无疑无法解释融入城市社区过程中农业转移人口文化人格的嬗变与重塑。

---

① 张雪筠."城市性"与中国城市化进程的文化转型[J].东方论坛，2005(04)：114-118.

② 司汉武.传统与超越：中国农民与农村的现代化[M].咸阳：西北农林科技大学出版社，2006：55-73.

农业转移人口自身观念和行为与城市的不兼容，成为影响农业转移人口融入城市社区的重要因素。个别农业转移人口由于个人素质问题，给社会治安带来了一些不稳定因素，使得城市社会对农业转移人口的认识存在一定的偏差。城市社会对农业转移人口的“妖魔化”贬损，导致他们在社会心理层面上更倾向于从内部寻找支持和认同。[①] 郑悦（2005）也指出，农民与市民的问题更多表现为一种社会文化问题，除了制度和政策上的约束之外，它受文化传统和社会价值观的影响较大。农民的思想观念与封闭落后的农村社会、自给自足的小农经济相适应，带有浓厚的封建主义和迷信色彩，有封闭保守落后的倾向；市民的思想观念与开放多元的城市社会、充满竞争的市场经济相适应，在思想上走向开放，感情上富有理性，拥有积极的心态和进取的精神，适应性强。市民化的过程就是思想观念、人生态度和价值观念从封闭走向开放、从保守走向积极进取、从小农经济意识走向市场经济意识的过程。同时，它也意味着从适应单一低级的农业生产活动转变为适应现代先进的社会化大生产活动，从农业生产的固定性转变为职业角色的易变性。在这个过程中，劳作方式从遵循自然规律和季节变化自主安排，以土地为基本生产资料、以个体劳动为基本生产方式转变为严格按照工作时间、规章制度、工作流程集体协作，由散漫性和无序性转变为有节奏性和条理性。[②]

城市社会中存在城乡文化隔阂与冲突，城市居民的偏见和歧视，以及城市社会管理的问题和偏差。这些因素导致农业转移人口所生活的社区很少考虑他们的需求。城市社会往往把他们简单地视为“流动人口”。生活在城市的农业转移人口，由于长期受到

① 王春光．农村流动人口的“半城市化”问题研究［J］．社会学研究，2006（05）：107-122＋244.

② 郑悦，冯继康．农民工市民化进程中的障碍及出路［J］．山东省农业管理干部学院学报，2005（05）：18-19.

国家的户籍政策和城乡分割政策影响,未能享受与城市居民平等的政治、经济、社会保障、子女受教育等权利。农业转移人口交往依赖于血缘、地缘关系结成的圈子文化,市场配置有效性缺失,社交网络的累积和信息获取的速度不足,与城市居民交往不多,陷入机会不足、权利缺失和被排斥于主流社会之外的境地,形成阻碍他们融入城市的底层心态。他们在自我认知、身份认同、情感认同上,难以适应城市生活和工作环境;在思想、行为和动机方面,很难适应城市社会发展要求。农业转移人口很难对所生活的城市社会产生依附的归属和认同。农业转移人口融入城市社区首先需要改变的是其观念和行为上的社会文化印记。

钱正武(2011)认为农业转移人口在生活方式与文化观念上的主观追求受到城市的文化排斥,城市对其缺乏应有的理解、尊重与接纳。[①] 刘望辉(2014)提出“文化孤岛”概念,即在城乡生产方式和生活方式迥异的前提下,农业转移人口群体文化与城市主流文化脱离,阻碍农业转移人口归属感与认同感的获得,形成文化障碍。[②] 刘传江(2006)认为农业转移人口市民化进程缓慢的内因在于农业转移人口总体文化水平低、技能缺乏、转移能力差。[③] 赵继颖(2014)指出,农业转移人口群体的文化程度在初中及以上学历占比低,基本的劳动技能和职业技能缺乏,自身固有的生活习惯也是制约农业转移人口市民化的主观因素。[④]

农业转移人口进入城市,一时难以适应陌生的规范和观念,加之社会融合的制度性障碍和非制度性障碍的双重作用,可能面临

---

① 钱正武 . 社会排斥:农民工市民化进程缓慢的根本原因[J]. 调研世界,2011(02):41-45.

② 刘望辉,刘习平 . 新型城镇化背景下农民工市民化:现状、困境与对策[J]. 理论园地,2014(29):235-236.

③ 刘传江 . 中国农民工市民化研究[J]. 理论月刊,2006(10):5-12.

④ 赵继颖,李洪亮 . 农业转移人口市民化的困境与对策研究[J]. 东北农业大学学报,2014(05):56-60.

社会和心理上的结构性紧张和危机，并逐渐形成一种强烈的失范行为取向。当农业转移人口进入城市并试图把自己的行为整合于城市社会而没有成功的时候，当他们与此同时得不到来自“乡土社会”的有力的社会联系和社会支持的时候，就很容易造成他们在价值观念和行为规范上的失范。失范意味着对主流行为规范和价值观念的格格不入。失范的情绪和行为在一个或一些社会群体中大范围地蔓延，势必会造成整个社会的不稳定。①

二、城乡社会文化融通的社会文化机制

农业转移人口城市融入的实际内涵是在思想观念上对城市价值体系、生产方式、交往方式、思维方式、历史地理等文化要素的融合和接纳过程。没有对城市文化的认同，城市融入便失去了实际内涵和精神动力。城市文化认同是在城乡文化差异基础上，将城市的生活方式、风俗习惯、价值观念等内化为自身的人格结构、思维方式和行为习惯。② 农业转移人口朴素节约、吃苦耐劳、热情友好等心理特点是现代城市生活所迫切需要的，有助于尽快融入城市生活和文化环境。

张雪筠（2005）认为，更新文化机制，建立起与现代城市相匹配的以权利性、公民性、法治性为核心的文化系统，才能消除城市化深层文化障碍，实现社会的顺利转型。为此她提出，应顺应“利益社会”，促进权利文化的发展；顺应“平等社会”，促进“公民文化”的发展；顺应“法理社会”，促进法治文化的发展。③

---

① 柯兰君，李汉林．都市里的村民——中国大城市的流动人口［C］// 李汉林，王琦．关系强度作为一种社区组织方式——农民工研究的一种视角．北京：中央编译出版社，2001：24.

② 廖全明．发展困惑、文化认同与心理重构——论农民工的城市融入问题［J］．重庆大学学报（社会科学版），2014（01）：141-145.

③ 张雪筠．“城市性”与中国城市化进程的文化转型［J］．东方论坛，2005（04）：114-118.

农业转移人口市民化是我国社会发展的必然趋势，当前农业转移人口的“虚城市化”只是其市民化进程中所经历的阵痛。为尽快完成这一转变，一方面农业转移人口应提高自身素质，积极主动地融入城市社会；另一方面应当为农业转移人口市民化提供良好的社会氛围，努力增加制度供给，改善制度环境，并且积极转变政府管理方式，为农业转移人口群体提供更好的公共服务。①

在城市融入的过程中，农业转移人口面临着生产生活环境的转换，这造成了其原有乡村文化环境和物质基础的丧失。同时，他们的固有观念、行为方式的合理性也不断遭受质疑。由于人际交往范围的局限，信息获取变得闭塞，原有的心理模式与现实脱节，因此，他们逐渐产生了更新生活观念、行为方式的心理需求。在这一过程中，部分年龄较小、文化程度较高、熟练掌握一项以上非农职业技能的农业转移人口，可能因为他们较高的学习能力和适应能力及较稳定的收入来源，成为构建适应城市亚文化和城市生活心理模式的先行者。其他成员要形成开拓精神、生活意识、思维方式等城市心理特点，则可能是一个缓慢和渐进的过程。②

任远等（2012）提出要重视社会机制的作用，推动流动人口与所在城市社区、组织和居民产生更为密切的联系，使流动人口在城市中积累起本地化的社会资本，这是促进流动人口融入城市的重要因素。流动人口本地化的社会资本主要指流动人口在流入地的社会参与、社会信任和社会交往，应培养流动人口与本地人口的相互信任和相互包容，以及促进流动人口和本地居民发展更加积极、

---

① 陈丰．从“虚城市化”到市民化：农民工城市化的现实路径［J］．社会科学，2007（02）：110-120.

② 廖全明．发展困惑、文化认同与心理重构——论农民工的城市融入问题［J］．重庆大学学报（社会科学版），2014（01）：141-145.

更加正面的社会交往，培养二者之间的社会信任。[①]

王恬等（2023）将农业转移人口流入地的本地化社会资本称为跨越型社会资本，认为跨越型社会资本的缺失导致相当比例的农业转移人口流入城市后不打算长期居留。跨越型社会资本对农业转移人口城市长期居留有明显促进作用。跨越型社会资本同时为农业转移人口提供了长期居留所需要的异质化信息，为农业转移人口城市长期居留发挥了资源效应、机会效应和生活成本效应，应通过社区畅通农业转移人口和本地化社会网络的沟通渠道，帮助农业转移人口突破同质化社会资本[②]。农业转移人口逐步融入城市主流社会之中，他们在再社会化的过程中更新价值观念和行为规范，城市社会的工作和生活逐渐转变为一种新的体验。[③]

长期以来，许多学者认为农业转移人口与城市社区的良性互动很难达成。例如，农业转移人口与城市居民间存在着隔阂、疏离甚至是摩擦和冲突，在城镇生存发展遇到困难，受到歧视、偏见与不合理对待，或者长期的制度性歧视没有将这些聚居的农业转移人口整合进城市系统，与城市居民社区相互隔离。农业转移人口交往方式的血缘性和封闭性，会阻碍他们跨出家庭圈、熟人圈而投入社区参与。[④]

在我们所访谈的进城农业转移人口中，许多人已经意识到技能、学历文凭、稳定的工作、住房、社会保障和户口等是决定他们能

---

① 任远，陶力．本地化的社会资本与促进流动人口的社会融合［J］．人口研究，2012（05）：47-57.

② 王恬，吴善辉．从流入到留下：跨越型社会资本对农民工城市居留决策的影响［J］．农村经济，2023（02）：126-135.

③ 柯兰君，李汉林．都市里的村民——中国大城市的流动人口［C］// 李汉林，王琦．关系强度作为一种社区组织方式——农民工研究的一种视角．北京：中央编译出版社，2001：16.

④ 周利敏．镶嵌与自主性：农民工融入城市社区的非正式途径［J］．安徽农业科学，2007（33）：10861-10863.

否融入城市的硬条件。但他们也相当清楚他们的现实状况，城市所需要的一些硬条件，他们基本不具备。正如董前程（2008）所言，农业转移人口在城市是否待得住，能否像城市居民一样生活，在很大程度上取决于身份能否改变。[①] 既然农业转移人口难以改变满足城市需要的硬条件，那么，他们如何在城市中生存立足发展，实现社区融入？文化人格嬗变与重塑能否成为进城农业转移人口融入城市社区的优势？是什么促成了农业转移人口的文化人格嬗变与重塑？带着这样的问题，我们先来看一下已有的研究文献。

农业转移人口如何融入城市社会，如何与城市社区保持良好的互动关系，已经成为中国现代化过程中的重要问题。已有研究也注意到了与农业转移人口文化人格嬗变相关的问题。

如张炜（2004）指出，农业转移人口市民化包括职业、身份的非农化转变，以及思维观念、生活方式等由农村范式向城市范式的转变，最终实现权利、意识的转变。[②] 张捷（2008）认为农业转移人口要想在城市工作生活，既要适应新的社会环境带来的压力，又要主观能动地反作用于社会环境，这就要求农业转移人口在生活技能、行为规范、个性塑造等多个方面适应城市生活。[③] 周利敏（2007）认为社会互动是需要双向完成的，农业转移人口社会交往从表面上看是主动地排斥了城市社区，但其实可以从农业转移人口自身方面寻找到多种原因。能融入城市社区并占据一定主导权的，一般是少数农业转移人口精英。许多农业转移人口对城市社区高度不信任，以致行动展现了对抗意识，使得他们无法将自身镶嵌于社区脉络中。而成功的农业转移人口精英除了能够建构新的社会资

---

① 董前程 . 协商民主与农村基层民主自治制度创新——一种完善农村民主政治建设的有效路径[J]. 南京师范大学学报（社会科学版），2008（06）：33-37.

② 张炜 . 城市化、市民化和城市文化[J]. 经济与社会发展，2004（11）：143-145.

③ 张捷 . 城市化进程中农民工再社会化问题的思考[J]. 人口与经济，2008（S1）：217-218.

本和社区网络，还能够透过对关系的投资将私人资本转化为具有现代意义的社会资本，将自身行动与城市社区、城市官僚及社区政治镶嵌在一起。[①]

王桂新等（2008）从经济融合、政治融合、公共权益融合、社会关系融合的视觉分析农业转移人口的社会融合现状，指出目前中国城市农业转移人口总体上已达到54%的市民化水平，尤其是其社会关系、心理认同等非物质维度的市民化都已接近60%的较高的水平。[②]

李树茁等（2008）从行为融合和情感融合两方面分析了农业转移人口融入城市问题。他们认为，在行为融合方面，农业转移人口社会支持网规模小，但强、弱关系比例差距不大；在现实的情感融合方面，农业转移人口社会融合的现实状况总体良好，农业转移人口生活满意度较高，市民对农业转移人口基本持认同态度，绝大多数市民不会歧视农业转移人口；在情感融合意愿方面，行为融合和情感融合的现实对农业转移人口交友意愿和未来打算均有显著影响。[③]

上述文献与我们的主题思想——通过农业转移人口文化人格的嬗变与重塑使农业转移人口赢得融入城市社区的优势——极为相似，与我们的访谈案例中被访者的行为表现也相契合。如被访者黄先生融入城市社区的过程就是一个文化人格嬗变与重塑的典型例子：他从一个身无分文、懵懂无知的外来“打工仔”，如今成长为一个管理几十个外来工人的“底层精英”。他的成功经验并非在于改变这个社会，让环境变得对他有利，因为这远超乎他能力之

---

① 周利敏．镶嵌与自主性：农民工融入城市社区的非正式途径［J］．安徽农业科学，2007（33）：10861-10863.

② 王桂新，沈建法，刘建波．中国城市农民工市民化研究——以上海为例［J］．人口与发展，2008，No.76（01）：3-23.

③ 李树茁，任义科，靳小怡等．中国农民工的社会融合及其影响因素研究——基于社会支持网络的分析［J］．人口与经济，2008（02）：1-8+70.

所及。他没有选择工作、选择环境的自由,面对无法改变的艰苦条件、重重困难,甚至别人的冷眼歧视,他能做的只有改变自己,让自己变强,最终在竞争中胜出。这条成功之路塑造了他的价值观:面对任何问题,他不再企图改变他能力之外的社会现实,而是在现有的规则下尽力发挥自己最大的潜力。

综上所述,我们提出通过进城农业转移人口的文化人格的嬗变与重塑来增强进城农业转移人口融入城市社区的优势。

小　结

目前,学术界从经济、社会视角研究农业转移人口市民化相关问题的比较多,但从文化融入视角进行农业转移人口市民化研究的比较少。农业转移人口市民化是现代化意义上的“文化移民”,它不仅涉及从农村到城市的地理迁移,更深层次地包括个体从农村人向城市人的身份转变,这一过程涵盖了农业转移人口生活方式、价值观念和社会心理等多个方面的转变。城市文化体现为一种“城市性”的心理状态和生活方式。在农民城市化进程中,城市文化的影响和渗透起着关键性的作用。

从文化社会学的角度来看,文化是人类社会关系和生活方式的重要组成部分。它通过塑造人的行为,以及通过身份和价值观认同,来实现文化认同的目标。文化认同机制是通过群体传递和灌输的知识、信念、价值观、态度、传统和生活方式,经由理性确认、情感皈依、实践维护,或认知、情感、评价、行为,达到文化融入,进而产生文化认同的一种建构体系。通过社会文化视域,可以分析得出,农业转移人口市民化是跨越社会文化边界的阶层整合和社会融入问题。农业转移人口融入城市社区是一个演化过程,是一个自主适应性过程。农业转移人口对城市文化的认同,围绕城市和乡村、社会制度、社会结构、人的观念和行为模式等展开。农业转移人口城市融入的实际内涵是在思想观念上对城市价值体系、生产方式、交往方式、思维方式、历史地理等文化要素的融合和接纳过程,应通过农业转移人口的文化人格的嬗变与重塑来增强进城农业转移人口融入城市社区的优势,构建城乡社会文化融通的社会文化机制。

第五章　农业转移人口市民化的合作博弈分析

中华优秀传统文化是中华民族的文化根脉，其蕴含的思想观念、人文精神、道德规范，不仅是我们中国人思想和精神的内核，对解决人类问题也有重要价值。要把优秀传统文化的精神标识提炼出来、展示出来，把优秀传统文化中具有当代价值、世界意义的文化精髓提炼出来、展示出来。[①] 中国人民的特质、禀赋不仅铸就了绵延几千年发展至今的中华文明，而且深刻影响着当代中国发展进步，深刻影响着当代中国人的精神世界。我们要以更大的力度、更实的措施加快建设社会主义文化强国，培育和践行社会主义核心价值观，推动中华优秀传统文化创造性转化、创新性发展，让中华文明的影响力、凝聚力、感召力更加充分地展示出来。[②] 中华民族自古以来就是礼尚往来的“礼仪之邦”，互惠是维系、协调、拓展人际关系的重要手段。

互惠是一种存在于古今中外各种社会文化中的人际交往规范。互惠理论是解释人与人之间社会交换的产生以及使交换各方的态度和行为发生改变的根本机制。[③] 互惠规范存在于每一个人

---

① 习近平 2018 年 8 月 21 日至 22 日在全国宣传思想工作会议上的讲话。

② 习近平 2018 年 3 月 20 日在第十三届全国人民代表大会第一次会议上的讲话。

③ 邹文篪，田青，刘佳．“投桃报李”——互惠理论的组织行为学研究述评［J］．心理科学进展，2012，20（11）：1879-1888.

的社会关系中，人类社会交换关系持续产生的重要前提就是人们在与他人产生交换的过程中遵循了互惠原则。互惠规范起着稳固社会体系的极大作用，它适用于所有的社会文化。[①]互惠作为一种规范或过程，包含多种的交换形式，可以用来解释社会内在的作用机制，直接影响人类社会人与人之间的相互信任和团结。互惠各方之间共同持有一种价值观，这种价值观的形成基于共识，强调交换方共同关注他人的利益，甚至体现为舍己为人的精神。互惠中包含竞争和协作。随着互惠频次的增加，交换各方之间彼此的信任、相互的情感关注以及团结的程度也会得到提升。[②]互惠关系是在社会群体长期的生产实践和社会生活形成的，被广泛认可和接受的一种稳定的生活习惯和制度规范，成为调整社会群体语言、心理和行为的内在力量。互惠的内容涉及四种报酬：金钱、社会赞同、尊重或敬重、服从。

互惠机制是一套制度规范，用于解释人与人之间的社会交换行为，以及在交换过程中各方的态度和行为的变化。积极的互惠规范有助于维护合作关系，消极的互惠规范会破坏合作关系。平衡互惠是一种均等的回报行为方式，强调关系的维系来自彼此对付出的均衡回报，是一种基于经济责任履行的社会交换。互惠机制包括相互依赖性、道德信念和制度规范三个原则性维度。涂尔干在研究社会为什么有能力在社会发展的不同阶段保持社会成员之间的凝聚力时，从社会团结机制变化推演出社会融入概念，并认为一个稳定的社会应该建立在集体意识、共同价值观和持续合作的基础之上。[③]

---

① Gouldner A. W. *The Norm of Reciprocity :A Preliminary Statement*[J]. *American Sociological Review*, 1960(25): 161–178. Blau P. M. *Exchange and Power in Social Life*[M]. New York: John Wiley, 1964.

② Molm L. D. *The Structure of Reciprocity*[J]. *Social Psychology Quarterly*, 2010(73): 119–131.

③ Durkheim Emile. *The Division of Labor in Society*[M]. New York: Free Press, 1933: 83.

第一节　人际互动网络中农业转移人口文化人格嬗变和重塑与社区融入

随着国家对农业转移人口的态度从限制到容许再到接纳的转变，农业转移人口进城已无障碍。这就意味着由农村剩余劳动力到农业转移人口的转型基本完成，而目前的农村人口城市化正经历着由农业转移人口到产业工人甚至城市市民的职业和身份的转化阶段。[①] 在这样一个特定的转化阶段，农业转移人口的社会行动和生活也是社会网络构建的一部分。

列宁说，农业人口的流动，会引起他们自觉性和主动性的发展；大工业中心的影响等，生产者性格可能会发生巨大变化。[②] 就农业转移人口本身而言，他们初期的那种“出来挣钱、看世界”的内在驱动，正在随着时间的推移，不断地转变成为一种新的生活体验；同时，他们在再社会化的过程中，也在逐渐地更新自己的价值观念和行为规范，逐步地融入城市的主流社会之中。为了在城里生存、适应和发展，他们必须学会和城市里的陌生人打交道，在交往的过程中，加深相互的理解，加深相互的感情，进而达到不断建立新的社会联系和社会关系网络的目的。农业转移人口在城市所建立的这种新的社会联系愈多，他们整合于和融入他们所在的那个城市社会的程度似乎就愈高。[③] 这也正是弗里德曼（J. Friedmann）所谓的抽象的、意识或精神上的城市化过程。在城市居民的日常生活中，农业转移人口除了利用现有的同质关系

---

① 张雪筠．农民工与城市主体社会［M］．天津：天津社会科学院出版社，2007：前言，1.

② 列宁．列宁全集（第三卷）［M］．北京：人民出版社，1984：282，283，550.

③ 李汉林，王琦．关系强度作为一种社区组织方式——农民工研究的一种视角［C］//柯兰君，李汉林主编．都市里的村民：中国大城市的流动人口．北京：中央编译出版社，2001：17.

以外，还必须充分利用具有异质成分和制度因素的弱关系，以寻求城市生活中的信息、机遇和资源。也正是在上述建构自身生活世界的过程中，工具理性在社会行动中逐渐占据了主导地位，并由此建立了目的和动机相统一的完全的行动架构。①农业转移人口的城市融合与融入并不是农业转移人口单向地嵌入城市，而是一个农业转移人口与市民双向互动的过程；不仅需要农业转移人口对城市的适应以及自身的转变，同时还需要城市的接纳。②据张雪筠（2007）的研究，市民对农业转移人口的印象与市民的收入、就业状况、社会地位以及生活变化等有着一定的关系。收入高、社会地位高、职业身份高以及生活水平提高了的市民对农业转移人口的印象较佳，而处于社会底层的市民对农业转移人口的评价则较低，显示出底层市民对农业转移人口的排斥与敌视更为明显。③尽管市民可能不完全认可农业转移人口的“市民”身份，并在心理上与农业转移人口保持一定距离，但在一定程度上，市民还是接纳了农业转移人口。在承认农业转移人口与市民权利差异的合理性的基础上，我们希望农业转移人口能更多地参与城市生活，并且认为城市政府对农业转移人口应承担一定的责任。④可见，农业转移人口在社区融入的过程中已经织就了一张人际互动网络。

上述观点的核心均在于指出农业转移人口在融入城市社区的过程中会形成稳定的思维方式和行为模式，这正是文化人格的意涵。

应该指出，李汉林将社会网看作非区域性社区，不仅意识到了

① 渠敬东．生活世界中的关系强度——农村外来人口的生活轨迹［C］// 柯兰君，李汉林主编．都市里的村民：中国大城市的流动人口．北京：中央编译出版社，2001：68.

② 张雪筠．农民工与城市主体社会［M］．天津：天津社会科学院出版社，2007：前言，2.

③ 张雪筠．农民工与城市主体社会［M］．天津：天津社会科学院出版社，2007：217.

④ 张雪筠．农民工与城市主体社会［M］．天津：天津社会科学院出版社，2007：224.

社会互动及纽带关系对人的行为的影响，而且特别强调了在此基础上形成的非正式、非制度化的系统和群体结构。这些结构提供了社会和情感支持，进而推动了社区社会、经济的发展和变迁。张雪筠也预见到，从非制度层面消解市民和农业转移人口之间的隔阂与对立，对促进农业转移人口城市融入是非常重要的。[①]尽管李、张二位学者没有对此作进一步分析，也没有上升到农业转移人口文化人格重塑对其社区融入的影响上，但他们的认识对本研究颇有启发，即城市的生活方式和价值观念经过这张人际互动社会网络正渗透到农业转移人口的思维方式和行为模式中。

关于人格的含义，王登峰（2008）认为包括三个方面：1. 人格包括外在的行为表现和内在的心理品质，而且两者之间是存在密切的联系的。2. 行为模式既受到内在品质的影响，也同时受到环境因素的影响。内在的品质是相对稳定的，但是行为表现却是可以千变万化的。千变万化的行为和相对稳定的内在品质这两部分才构成了人格。3. 仅仅通过行为表现是难以了解个体的内在品质的。要了解个体的内在品质，要综合考虑环境因素、个人目标以及行为表现，才能够准确地把握个体的整体特点。[②]关于中国人的人格、行为及心理的适应，王登峰（2006）指出，因为文化的浸润，中国人人格结构中行为与内心体验的一致性只有在不违背环境要求的前提下才可能出现。个体表现的行为首先需要符合环境的要求，能否与内心体验和动机一致反而不是主要的影响因素，这时只有符合环境要求的行为才是适应的。[③]

在此基础上，我们提出文化人格的概念。所谓文化人格是指个体或群体在适应特定聚落环境的过程中，接受特定文化熏陶，通

① 张雪筠．农民工与城市主体社会［M］．天津：天津社会科学院出版社，2007：229.
② 王登峰，崔红．人格的定义及中西方差异［J］．心理研究，2008，1（01）：3-7+27.
③ 王登峰，崔红．人格维度与行为抑制的相关研究［J］．心理科学，2006（01）：7-8+6.

过对特定文化的内化及人的社会化所形成的稳定的思维方式和行为模式。

关于中国人人格结构的研究，王登峰（2006、2008）根据人格的词汇学假设，针对中西方人格概念的词源和内涵，运用人格特质理论，通过被试评定和统计分析进行实证研究，对人格结构进行了行为归类，认为中国人的人格在结构上有七个维度：外向性、行事风格、才干、处世态度、情绪性、善良、人际关系。同时指出影响行为的环境因素由社会文化环境（大环境）和个人的具体环境（个人化环境）组成。[①] 中国人人格结构的行为类别分为：自我指向、他人指向、事物指向。自我指向包括人格结构中外向性、行事风格、才干、人际关系和处世态度等五个维度；他人指向包括外向性、善良、才干和人际关系等四个维度；事物指向包括外向性、行事风格、才干和情绪性等四个维度。[②]

本研究借鉴王文关于中国人人格结构的七维度理论，但将其稍作修正为：外向性、行事风格、才干、处世态度、情绪性、善良、待人。我们将中国人文化人格结构行为类别概括为"为人处世""待人接物"。农业转移人口文化人格的嬗变和重塑主要集中在"为人处世""待人接物"这两个文化人格结构行为类别上，其融入城市社区主要依赖于这两类文化人格结构行为类别的更新和提升。

那么，农业转移人口如何通过文化人格嬗变和重塑，在人际互动网络中实现社区融入？

任远和乔楠（2010）指出，流动人口的社会融合是一个逐步同化和减少排斥的过程，是流动人口对城市的主观期望和城市的客观接纳相统一的过程，是本地人口与外来移民发生相互交往和构

---

① 王登峰，崔红．人格的定义及中西方差异［J］．心理研究，2008，1（01）：3-7+27.

② 王登峰，崔红．人格结构的行为归类假设与中国人人格的文化意义［J］．浙江大学学报（人文社会科学版），2006（01）：26-34.

建相互关系的过程。[①]

我们的分析思路是：首先，人际互动是双方凭借对对方人格的认知及对对方行为方式的观察从而作出的行为选择。人际互动的基础在于双方的态度（品德）和能力。因为人际互动产生在行为规范、诚实合作的群体中，其依赖于人们共同遵守的规则和群体成员的素质。这些规则不仅涉及公正的本质这种深层次的“价值”问题，而且还包括实际生活中的具体规则，如职业规则、行为准则。其次，农业转移人口融入城市社区的一系列经济行动是一个人际互动过程。通过城市方对农业转移人口的了解，特别是对其态度、能力，以及人格、品德、声誉的认识，在农业转移人口与市民之间的互动中建立起信任，从而发生交易。同时，文化的影响不是一次性决定的，而是一个持续进行的过程，是不断在人际互动中塑造或重塑个人的过程。文化塑造与社会伦理法则（民族的“是非善恶”）紧密相关，要求人们遵循群体的道德规范，并具有忠诚、诚实和可靠等美德。这种双向互惠的过程，是农业转移人口思维方式和行为模式充分发展的过程，即农业转移人口文化人格嬗变和重塑的过程，是实现由身份约束到契约约束的转变的过程。

因此，农业转移人口文化人格重塑是指在城市社会的人际互动过程中，以信任为纽带，通过农业转移人口与市民间的合作博弈，为适应城市化和现代化的需求，农业转移人口不断调整、提升其“为人处世”“待人接物”方面的行为模式。在城市文化机制的作用下，经过一个长时期的磨合，个人化信任经过多人、多次的积淀，从而转变为一般化信任。农业转移人口通过内化城市文化及经历城市社会化过程，形成稳定的思维方式和行为模式，最终实现社会融入。

① 任远，乔楠．城市流动人口社会融合的过程、测量及影响因素［J］．人口研究，2010（02）：11-20.

第二节　对城市人际网络中农业转移人口文化人格嬗变与重塑的现实考察

“人类天然具有结成群体,创造生产与生活方式的潜力。群体间生机勃勃的交换以明晰的产权界线和旺盛的利益动机为前提。”[①] 有学者指出,我们几乎找不到任何形式的经济行为,不需要人类的社会合作便可以完成……而且,尽管人们在各个组织工作是为了满足个人需求,但工作场所仍然将人们从个人生活里引导出来,使他们与更广阔的社会联系起来。这种联系不仅仅是获得薪金的手段,也是人类生活本身的一个重要目的。“中间组织有着清晰的边界,边界保护了成员间的识别性和频繁的博弈。边界内有着相互依赖的双向关系和赖此建立的相互间的义务。”[②]

城市社区某种程度上就是这样一种群体和中间组织。社区里,农业转移人口和市民因为生产与生活而聚集,因为旺盛的利益动机和明晰的产权界线发生生机勃勃的交换。他们的经济行为不仅仅为了满足个人需求,还在这个交换过程中编织出一张人际网络,而且成为他们生活中所必须面对的一部分。他们的经济决策都依赖于人际网络中的互动。

就农业转移人口言,他们一系列“为人处世”“待人接物”的经济行为,正是他们人格结构中诸如外向性、行事风格、才干、处世态度、情绪性、善良、待人等方面的表现。在城市社区研究中,我们选择了具有代表性的农业转移人口进行人类学田野调查。通过访谈案例,我们可以很清晰地看到农业转移人口在融入城市社区的

① 郑也夫.信任论[M].北京:中国广播电视出版社,2006:127,123.
② 郑也夫.信任论[M].北京:中国广播电视出版社,2006:121.

过程中,是如何通过城市人际网络的互动,引导其文化人格发生嬗变、重塑的。

访谈案例1:上海某小区来自河南的废品回收者小于的社区参与及融合

温顺随和对邻居:几次匆匆照面当然没有让我对这位不起眼的"邻居"留下任何印象。但当我找上门去,以这个名不副实的"邻居"的身份提出希望她帮忙时,她几乎没有让我多费口舌地一口应承:"你放心,小妹妹,我一定配合你。"在我所做的大大小小的社会调查中,恐怕是头一回有如此简捷而顺利的开头,这实在令我颇感惊喜。但之后我才渐渐觉得,她的爽快也许并不仅仅是性格使然。

积极主动对物业:作为小于的"顶头上司",物业是她特别恭谨对待的对象。"一切行动听指挥。说得夸张点,只要别叫我杀人放火,他们叫我干吗我就干吗。"也许这么说并不夸张,就在我跟她聊天的时候,物业就让她帮忙运送一块宣传用的黑板到居委会,她满口答应,显然不是第一次帮这样的忙了。

善良友好对住户:"我几乎没有跟小区哪个业主有过矛盾。好像只有一个阿姨,不知道为什么一直对我不太满意,从来不把废品卖给我,宁可拿到外面去卖。但是我路上见到她,还是阿姨长、阿姨短地叫她,尽量和和气气的。终于有一次她把废品拿来卖给我,但是我觉得她看起来不是很满意,可能觉得价钱不高,我为了让她满意,一分钱不赚买进了。第二次她来仍然不是很高兴,但是我给她钱的时候她退给我两块,我猛然有一种如释重负的感觉。但是这两次她都没有跟我说一句话。第三次她终于说了一句话,说以后不要给我那么多钱,你也不容易。我想她大概终于对我改观了。"

温情与互惠:"小区的每个人我几乎都很熟悉,她们对我真的非常好。有时候把废品拿来送我，不收我的钱。我生病了他们会问我，'怎么脸色不好啊'，还会特地给我配药。大热天的时候我上门收废品，他们会给我冷饮，还让我进门到空调房间休息，留我吃饭，我都不太好意思。我觉得阿姨们都把我当自己人，我也把她们当自己人，她们有什么不开心的事也会过来跟我坐着聊聊，我也会跟她们说我的事。她们对我的孩子也很好，经常会送衣服鞋子给她，所以小婉从不买新衣服。"

访谈案例 2：从安徽到上海做保姆的潘阿姨的社区参与及融合

倾心对主顾：潘阿姨在上海一户人家几乎做了五年。这户人家是一对老年夫妻，儿女都在国外工作。老婆婆得了皮肤癌，需要有人照顾衣食住行。老伯伯已经 70 多岁。有一天，潘阿姨刚回到家就接到电话，说老伯伯出车祸被送到医院了。潘阿姨心急火燎地赶到医院，还好老伯伯只是腿骨折，并无生命危险。但是，远在海外的子女一时三刻也赶不回来，潘阿姨就衣不解带地在医院守了一个礼拜。后来，老人的子女回来了，为了感谢潘阿姨，就要给她 2 000 块钱。潘阿姨说什么都不肯收："你们在国外也不容易，再说了谁家里没有个老老小小的，我自己的父母和子女都在农村。平时如果家里出点什么事，左邻右里的肯定会来帮忙的。帮个忙不是图你的钱，我挣的钱够花。"后来这对老夫妇就给潘阿姨提了工资，而且平时买菜什么的都会给潘阿姨多些钱，其实完全用不掉那么多。老婆婆去世后，老伯伯也被儿女接到了国外。这家人对于潘阿姨的意义不仅在于让她感受到了人间真情，更帮助她对上海这个城市有了进一步的了解。由于不识字，潘阿姨平时除了去上班，不敢到处乱走，生怕自己迷路。所以潘阿姨直到来上海的第六个年头才第一次到外滩，而且是跟老婆婆一起去的。在他们家的那几年，老夫妻俩特意带着潘阿姨走了很多地方，让她彻彻底底地游览了一遍自己生活的城市。潘阿姨觉得自己离上海人更近了一步,也更渴望成为名副其实的上海人。

不识字也要学上海话:“我不识字,所以很多事情都干不了。”潘阿姨只能接一些简单的、别人不愿意干的活。潘阿姨听不懂上海话,也不知道怎么跟他们沟通,只能不停地点头和微笑。虽然连普通话都说不标准,但是潘阿姨还是下定决心学说上海话。一开始说出口,别人都笑话她,说她痴心妄想,想成为上海人。尽管难堪,潘阿姨并没有理睬别人的冷言冷语,依然坚持说着一口笨拙变调的上海话。大概两年以后,潘阿姨就能听得懂大部分的上海话,干起活来更加得心应手。渐渐地,勤劳和努力让潘阿姨在保姆圈里干出了口碑,老主顾们即使搬家也坚持不换保姆。越来越多的人开始慕名找潘阿姨做自家的保姆。

访谈案例 3: 上海某小区来自苏北的理发店主王某的社区参与及融合

为了生存学说上海话:王某刚来上海的时候一点上海话也不懂,普通话也不会说,与顾客的交流存在着极大的障碍,造成了不少的麻烦。“刚一开始的时候上海话我一点也听不懂,甚至连顾客的理发要求也听不懂,只能一遍又一遍地问或打手势,后来只能让店里其他人给我翻译一下。我自己一开口也是满嘴苏北腔,顾客听了也不是很舒服,这个我能感觉出来的。很多时候我想说什么,却只能憋红了脸,什么也说不出。所以那个时候也没少吃亏、挨老板骂。”不过随着在上海待得越来越久,加之王某本人也一直在琢磨怎么学说点上海话,现在他已能说上一口不算特别流利,但能满足基本日常交流的上海话了。

互惠共生:平时遇到个事大家也会互相帮助的。比如有时会有人来兑换零钱,来借把梳子,甚至临时把小孩在他店里寄放一下,等等,他也总是很乐意帮忙。同时,小区的居民也时常照顾着他。“每逢端午节、中秋节总会有人给我送点粽子、月饼什么的,还很热心地要帮我多介绍几个顾客。还有开联欢会、纳凉晚会时，总会有人来叫我一起参加。特别是这次地震，好几个客人来问我和伙计有没有四川的，家里受灾了没有，要不要帮忙和资助什么的，我当时听了很感动。”说到这里小王的脸上明显浮现出不好意思的表情来：“其实我刚来上海的时候，我们家乡还有很多人都讲上海人很自私的，但其实我接触下来不全是这样的，有时候他们也很热心的。”

访谈案例 4：外来务工的上海某天然气公司基层管理者黄先生的社区参与及融合

黄先生主要负责国产燃气灶的改装和销售。他管理着部门里所有工人的技术维修工作，每天要处理很多问题，除了随时接听用户报修电话之外，还要经常在家完成表格单据的处理。除此之外，黄先生还负责解决用户投诉的问题。在解决纠纷时，他总是进门先听用户的想法。“他一吵你再一吵，那怎么搞得好。我在上海没什么亲眷的，还是靠自己。真的，做人要低调一点，做事情要高调一点。人家搞不定的东西，你能搞定，这才叫厉害。”

低调为人，乐观淡泊：“没有十全十美的人，要用平常心去看待一个人。”黄先生刚到上海的时候曾经受过别人的歧视，他也曾经歧视过别人，虽然他不愿意跟我讲具体的经历，但他告诉我，他后来明白，这样的只能是两败俱伤。

黄先生时时处处提醒自己要用平常心来看待人和事。他在维修燃气灶的工作中有很多接触上层社会人士的机会。每次见到他们，他都以一颗淡然的平常心对待，不谄媚也不自卑。

遇到比他社会地位高的人，他保持自信；遇到不如自己的人，他谦虚为人；遇到待人不善的人，他宽容隐忍。他始终在内心保持乐观自尊。以平常心看待一切是一种低调为人的做法。因为它发生作用的整个过程都是心理活动，而不是外在的行为。“平常心待人”教给一个人的是怎么去改变自己的想法,让自己适应外在环境,而不是彰显自己的性格,与外在环境抗争,或改变环境。黄先生不仅以平常心看待他人,他也以平常心看待自己的境遇和未来。他工作很积极、很努力,但是他却不敢为自己设定过于远大的目标。他没敢想以后在上海买房子定居,不敢想是因为“如果想得太大,万一一脚踩落空,会伤害到自己”“今天只想到明天,想明天要搞定什么事就可以了”“人家搞不定的事我去把它搞定,那就ok了”。

访谈案例5:来自东北的小张融入上海社会的创业经历

小张是一个只有初中文化水平的外来工。在他的创业过程中,他始终坚持自己做人做事的信条:不怕失败,坚持不懈地努力去做每件事,以自己的行动打动别人。他坚信做销售要成功就要用诚恳去打动客户,而不是靠蒙,并一直相信“知识改变命运”,最终积累了足够的资本,成了能够自主创业的人士,融入了上海社会。

诚信为人,完善自我:“我拿着推荐信跑到那个工厂所在的办事处。前台把我叫到老板的办公室里面,老板一看我的简历,说:‘你没跑过业务啊?’‘没有,刚从工厂里面出来。’‘你初中毕业?’‘是的,我不想为了得到工作撒谎。’老板一笑,说:‘小伙子,不错。如果你愿意就来我公司上班吧。’我说:‘没问题,只要让我做业务,我什么条件都答应。’‘你为什么一定要做业务呢?’‘我想发财,我想让我父母过上好日子。’‘哈哈,够坦白。’我就这样进了这家公司。到2004年的7月份,我自己就积累了12万现金。也正是在这个时候,我找老板谈了离职。他说:‘我对你不够好,还是我给你的工资不够花,你要离开?’我说:‘王总,很感谢你这两年对我的关照。我该走了,不过我可以做到:我走以后,我现在接的这些客户的单,我一个都不会做,我全部拉过来放工厂做，我自己另外开发客户。’老板说：‘难道没有别的办法让我们再合作下去？’‘我不能再做下去了，我还有自己的想法。想自己创事业，你还是让我走吧。’至今我和王总还是好朋友。到以后我自己公司出现困难的时候，他还是毫不犹豫地出手帮助我。”

友善待人，好学上进：“我在这个公司上班的时候，遇见了在我人生中对我最为关照的一个前辈。后来，在我自己开公司的时候，他也给予了我最大的支持，无论是在精神上还是在物质上。我和他直到现在都是最好的忘年之交。这位前辈是我在咖啡厅里和一位朋友聊天时碰到的。当时桌子上点的是蜡烛，碰巧他那里的蜡烛熄了，而他没带打火机。我就在他旁边的一张桌子上，就随意地把打火机给他，聊了几句。不知道说到什么，他找我要了名片。之后好几天，我也没当回事。直到几个星期后的一个中午，我接到一个陌生的电话，还以为是哪个新客户。他让我到漕宝路的某个大厦找他。我们约好第二天在他公司见面。到了前台，我说我找刘某某。前台问我：‘你找我们刘董，你有约吗？’我说：‘已经约好了，不相信你打电话过去问，说我找他。’我把名字告诉前台。前台打完电话，马上就领我进了他办公室。在饭桌上，我们聊了很多。他说看见我借打火机给他的时候，觉得现在的年轻人尊老爱幼是很难得的。一顿饭吃下来，我们变得亲热多了。此后我经常向他请教问题。他也毫不吝啬地教我怎么去做事。我到现在都一直谨记他说过的一句话：工作是要努力，但是你要努力并且有智慧地工作着，你才会出人头地。”

访谈案例 6：个体送水老板营造熟络的社区关系

“刚搬到这里的时候，什么人都不认识，遇到过一些冷眼和困难。本地的市民对陌生人可能戒备心理比较重一点。比如进了这个弄堂，老头老太太要盘问：你哪里？给哪家送？姓啥的？几号几楼的？他们要问得很清楚，警惕性很高。而且送水时，因为本地的房子很小，上上下下难免打扰别人，也听到了很多很难听的话。比如隔壁邻居有的不吃我的水，但是会干扰到。有时候楼上送水，楼下衣服挂在这里会不小心碰到。一开始大家不熟，关系会不好。他们会觉得你做生意、赚钞票干扰我了。后来，大家相处时间长了，关系搞好了，他们会提醒我需要注意的，即使碰到一下子，打个招呼也就好了。一开始是很难的。而且如果送水老板给这个客户送了好多年水了，大家相处觉得这个人还不错，见面会很熟地打个招呼，会帮点能帮得上的小忙。”

访谈案例 7：蒋阿姨眼中的“歧视”

蒋阿姨说，北区食堂因为是外包的关系，非常注重利润和效益。负责人每天中午都会巡岗，看见打菜的工作人员菜打得多了，一下班就是一顿好骂。蒋阿姨说，那个经理警告过她，不要给学生打太多的菜，要以公司的利益为重。蒋阿姨回答他：“学生付了这些钱，我就应该打那些分量的菜，不然对不起那些学生的钱。”那个经理很凶地回答：“别人的钱是钱，公司的钱就不是钱了？当心开除你！”在北区食堂，每次效益一下滑，承包公司就开始裁员，尤其是首先从年纪大的外地员工开始，丝毫不考虑员工的工作态度如何。蒋阿姨一提起那个经理，总是迭声说：“坏死了，老坏的。”而我特别注意到，蒋阿姨是这样说的：“上海人坏死了。”为了弄清楚这里的“上海人”是特指还是泛指，我马上追问：“那个经理是上海人，是吗？”蒋阿姨点点头，但马上又补充了一句：“那些上海长工也很坏的。上海人都很坏的。”

在食堂里，有签了长期合同的上海员工和签短期合同的外地员工，外地员工通常将“上海人”和“长工”视为一个群体。经理要求所有员工每天提早半小时上班打扫食堂卫生。外地员工规规矩矩地七点二十分就到岗打扫，而上海员工依旧八点上班。中午食堂开门前半小时，外地员工还在做准备工作，而上海员工已经自顾自开始吃饭了。晚饭供应结束后，上海员工早早下班回家，而外地员工却要留下，清洁整理完才能下班。每到冬天，洗菜、检菜等需要接触冰水的工作都是外地员工做的，而上海员工则做些切萝卜丝或者土豆块的轻松工作。

员工的饭菜种类完全不同，上海员工可以吃剩下的所有菜，尤其是荤菜，而那些外来员工只能分到些最"蹩脚"的蔬菜。此外，他们分配到的饭量也很少。平时工作中最脏最累的活总是由他们来做的，什么拖地板啦，中午在食堂各处走来走去擦桌子啦，那些站在窗口收钱或者烧菜的活儿几乎是轮不到他们的。因为领导认为他们"手脚不干净"，不知道会做出些什么贪便宜的小动作；平时对他们的工作也是多有防备，虽然表面上不说什么，当然也许是不屑于沟通，私底下却又特别喜欢三五成群地聚在一起批判他们，把他们看作"乡下人"。

蒋阿姨每个月的工资只有九百多块，并且没有饭贴，没有奖金，每年只有一百多块的补贴。而上海员工的工资却是她的两三倍。一到过年过节，上海员工们可以拿到奖金、补品，还会叫上家人把食堂里剩下的食用油和食材全部拿回家。而外地员工只会得到一两百块的水票。他们觉得那是他们应该拿的："他们是上海人，我们是外地人嘛。"

访谈案例 8："外来人员"的情绪

虽然在小区里，人们都对小张夫妇很客气，也从未有人轻蔑地称呼他们为"乡下人"，但他们仍然能感受到那种地位的差别。小张妻子说："总是不一样。他们自己说话的时候就用上海话，一跟我说话就说普通话。其实我上海话可以听懂的。我也知道他们是好心，怕我听不懂，可是这样一来，就觉得自己跟他们不是一起的了。"小张说："你想，我有自己的工作，我靠自己的劳动养活家人；他们下岗了，没有工作，靠政府养。可是他们对我们的态度就还是高高在上的。”小张妻子说：“我们刚来这里的时候，小孩子缺衣服穿，正好一位大姐的小孩有些衣服穿不下了，还挺新的，她说要扔掉，我就问她拿过来了。现在，虽说名牌是买不起的，也不能买很多，但偶尔给孩子买新衣服的钱总是有的。能给孩子穿新的，我当然自己给他买，你说是吧？他们有些人是好心，把旧衣服拿来给我，可是有些给的衣服很破、很脏，像扔垃圾一样丢给我，你说气人不气人？你说天底下哪个妈妈不想给自己孩子穿新衣服？一开始我们是没钱，而且我那次也是看那衣服还很新才开口要的，那不表示我的孩子就一定要穿别人的破衣服，对吧！”

我们将所有48个访谈案例进行梳理，按照农业转移人口融入城市社区过程中文化人格嬗变、重塑的积极—消极程度，有选择性地呈现了其中8个有代表性的案例。分析认为：城乡界限的形成除了历史和政策因素之外，还体现了更深层次的人格化心理因素。

1. 案例1—6中，农业转移人口文化人格的嬗变和重塑表现得比较典型。其文化人格中，属于“待人接物”（他人指向）的几个维度表现出了积极主动、机敏精明、善良友好、待人随和等良性特征；属于“为人处世”（自我指向）的几个维度表现出积极主动、踏实肯干、勤奋诚信、乐观向上、长远智慧等良性特征。

2. 农业转移人口文化人格嬗变和重塑的立足点是：与人为善，行事诚信。大凡在观念意识上遵循道德准则、与人为善，行为模式上实践行事诚信的农业转移人口，经过长时间的与城市方的交往磨合，基本能够赢得城市方的信任，较为顺利地扫除城乡二元体系长期造成的隔阂。可见，农业转移人口进城的落脚点是融入城市社区，能否成功融入城市社区，关键在于其文化人格的嬗变和重塑。农业转移人口融入城市社区的过程正好是农业转移人口文化人格嬗变和重塑的过程，当然，这是一个不短的演进过程。

3. 案例7、8中，农业转移人口反映出了心理上的某种不适应。案例主体未能正确面对城乡差异所导致的不平等，急于将市民与农业转移人口进行平等的比较，更多地从个人意愿出发，盲目追求公平、平等。这种不成熟的意识和行为选择，容易导致其文化人格中出现偏激的自尊和委屈的自卑，形成扭曲的人格心理。“看不起人”的心理效应在农业转移人口中造成了严重的心理隔阂，增加了他们与城市方之间的交往距离。这种心理效应和关系距离在人际互动中形成了一种双向影响，导致农业转移人口在融入城市社区的过程中表现出疏离、无奈。如果这种状况发展，很有可能产生交往阻隔。

农业转移人口在融入城市社区的过程中，其文化人格在结构维度上表现出较为明显的分化，反映出农业转移人口参与、融入城市社区的积极—消极程度。农业转移人口参与、融入城市社区的积极性，体现了他们思维方式的积极转变，以适应城市化、现代化过程。这种积极性在他们的行为模式中表现为强烈的“自发社交性”。这种开放的心理状态和积极的行为取向加速了农业转移人口文化人格嬗变和重塑，是农业转移人口融入城市社区的有力保证之一。

第三节　人际互动网络中农业转移人口社区融入的合作博弈分析

本研究主要关注的是农业转移人口城市社区的融入问题，我们立足于农业转移人口文化人格嬗变与重建，将农业转移人口作为主体，凸显农业转移人口参与、融入城市社区的积极—消极程度。为方便分析，我们将城市视为足够开放和足够现代的场域，弱化了其排斥性；将农业转移人口社区融入的过程，看作一个城市人际互动网络中农业转移人口方与城市方之间的无限重复博弈（见图 5–1）。在农业转移人口的城市融入过程中，农业转移人口方和城市方的博弈存在两个战略：不合作和合作。设农业转移人口方和城市方的博弈是无限重复博弈，还有下一轮博弈的概率是 0.9，那么，n 轮博弈的概率是 $(0.9)^n$：

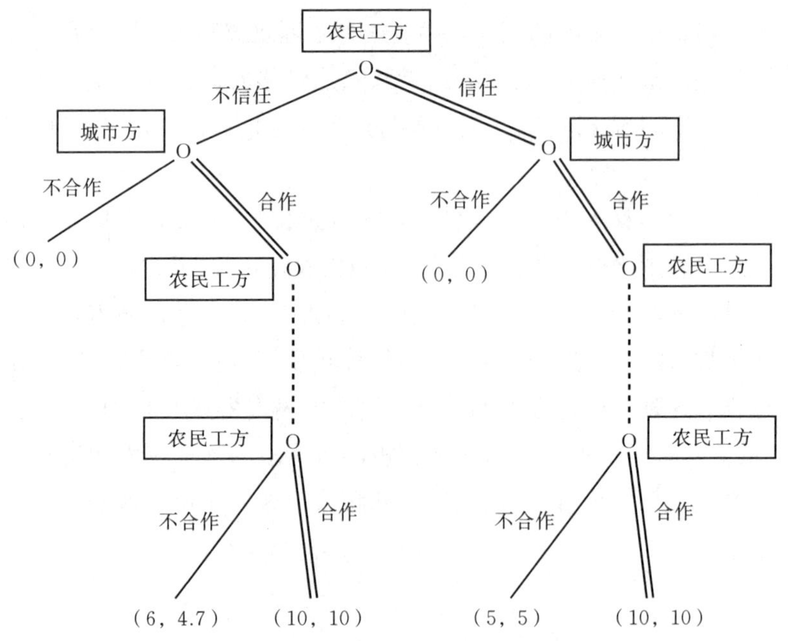

图 5–1　农业转移人口与城市方合作博弈收益矩阵

解：

如果一方不信任对方，从而导致双方不合作，那么双方受益均为 0。

假如不能确定本轮博弈的未来收益，那么收益的期望值是：$1+0.9+0.9^2+0.9^3+\cdots+0.9^n=10$。

（1）如果双方均选择信任对方，从而导致双方合作，那么双方受益均为 10；但此种情形过于理想，不切合实际。

（2）如果双方均选择信任对方，从而导致双方合作，但因为合作过程中的不确定因素，最终使得农业转移人口方违约而不合作，结果双方受益为（5，5）。

（3）如果农业转移人口方不信任对方，而城市方选择信任对方，从而选择合作；根据触发策略，农业转移人口方亦选择信任对方，从而导致双方合作；经过多轮博弈，结果双方受益亦均为10。

（4）如果农业转移人口方不信任对方，而城市方选择信任对方，从而选择合作，但农业转移人口方仍选择不合作，从而导致双方不合作；设第一轮的收益为（1.5，0.2），那么随后各轮的收益均为（0.5，0.5），这样，城市方的收益期望值是：$1.5++0.9+0.9^2+0.9^3+\cdots+0.9^n=6$，农业转移人口方的收益期望值是：$0.2+0.9+0.9^2+0.9^3+\cdots+0.9^n=4.7$；如果城市方根据针锋相对策略，经过多轮博弈，结果双方受益为（6，4.7）。

模型显示，博弈有两个纳什均衡（2）和（3），但情形（3）的收益要明显好于情形（2）的收益，这样，情形（3）为一个谢林均衡。可以预计，在上述几种可能中，情形（3）的被选中概率很大。

罗纳德·J.奥克森指出，交换是市场模型中人与人的基本关系，它基于双方相互间明确的补偿，是帕累托最优状态，即双方都会生活得更好，而没有一方会生活得更坏。但是，上述的博弈结果还需要结合现实作进一步的修正。①

我们将农业转移人口进城务工看作一个农业转移人口方和城市方的合作博弈。农业转移人口进入城市后，已与城市社区及市民达成一个合作合约。双方履约的理性基础是：农业转移人口极大促进了城市经济发展，为城市社区和市民生活提供了极大方便，为城市带来极大的经济及社会收益。进城务工给农业转移人口带

① V.奥斯特罗姆.制度分析与发展的反思——问题与抉择［M］.北京：商务印书馆，1992：109.

来了远远高于在农村中的经济收益及精神满足。农业转移人口方和城市方在博弈过程中，双方收益是不确定的，双方不是在就社会分配中的各自份额进行讨价还价，而是就预期合作收益进行讨价还价（见图 5-2）。若双方不合作，则不会产生任何收益。农业转移人口方与城市方在合作中产生了一定的合作收益。

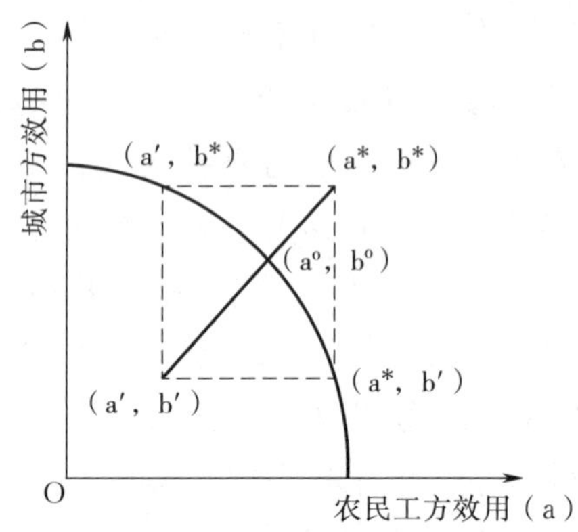

图 5-2　农业转移人口与城市方合作效用分配均衡图

在起始点上，农业转移人口方的原始效用水平为 a'，进城务工农业转移人口的要价为 a^*；城市方的原始效用水平为 b'，城市方对农业转移人口进城务工的要价为 b^*；双方在对方能够接受其要价的约束条件下就分割合作收益尽可能地要最高的价，而一方接受另一方要价的条件是其境况和不与对方进行交易相比没有变差。这样，为了达到一致同意，双方都对其初始要价作出一定的让步。设最后一致同意给予对方的效用水平是（a^o, b^o），则，农业转移人口方的相对让步为：$(a^*-a^o)/(a^*-a')$；城市方的相对让步为：$(b^*-b^o)/(b^*-b')$。特别地，若 $a'=0$，则农业转移人口方的相对让步为：$(a^*-a^o)/a^*$；城市方的相对让步为：$(b^*-b^o)/b^*$。由于双方都是理性的，故各方会期望对方作出其不愿作出的让步，这样，一致同意将会在一个最小化的最大相对让步值上获得，即均衡点(a^o, b^o)。

一般地,合作收益将按各方要价的同一比例进行分割。这样的相对让步显然是理性和公正的,故而是符合道德的。对于农业转移人口而言,合作主要表现为:农业转移人口为适应城市化和现代化的选择,不断调整、提升其“为人处世”“待人接物”的观念和行为模式;对于城市方而言,合作主要表现为:改善农业转移人口适应城市经济社会发展的改革和开放的政策思路,相关部门及市民群众调整、提升对待农业转移人口的观念和行为模式。

我们在对农业转移人口深入访谈的基础上,通过对城市人际网络中农业转移人口文化人格嬗变和重塑的文化机制作用的现实考察和合作博弈分析,我们的结论是:农业转移人口为适应城市化和现代化的选择,立足于文化人格的嬗变与重建,以积极的“自发社交性”,不断调整、提升其“为人处世”“待人接物”的观念和行为模式,以开放的心理状态和积极的行为取向加速了其城市社区融入。观念意识上与人为善、行为模式上行事诚信的农业转移人口,经过长时间的与城市方的交往磨合,能够赢得城市方的信任,可以较为顺利地扫除城乡二元体系长期以来造成的市民与农业转移人口的隔阂。

城市精神是城市之魂,文以化之,文以铸之。城市精神是文化累积的结果。如“上海精神”坚持互信、互利、平等、协商,尊重多样文明,谋求共同发展,强调求同存异、合作共赢,在国际上获得广泛认同和支持。我们必须把人民对美好生活的向往作为我们的奋斗目标,既解决实际问题又解决思想问题,更好强信心、聚民心、暖人心、筑同心。[①] 要在实行自治和法治的同时,注重发挥好德治的

---

① 习近平 2018 年 8 月 21 日至 22 日在全国宣传思想工作会议上的讲话。

作用,推动礼仪之邦、优秀传统文化和法治社会建设相辅相成。[①]

我们以农业转移人口融入上海城市为分析对象,以互惠、信任为分析框架,在立意上试图摆脱对农业转移人口作为弱势群体过于感性的同情成分和公平与平等的理想逻辑,正视并主动适应不公平和不平等的残酷现实及不完善的制度;也试图在政策影响方面,呈现文化机制作用下农业转移人口文化人格嬗变和重塑的演进路径。以态度(品德)和能力为核心,对农业转移人口文化人格的嬗变和重建进行描述,对城市人际网络中农业转移人口方与城市方的合作博弈进行分析,基本上是一种经验判断性质的,因为我们更关注一种实践智慧和现实意识。在此基础上,还需要更深入的拓展。

小　　结

中华民族自古以来就是礼尚往来的"礼仪之邦",互惠是维系、协调、拓展人际关系的重要手段。在城市社会人际互动中,农业转移人口的文化人格经历着嬗变、重塑,他们融入城市社区的过程以信任为纽带,经过农业转移人口与市民间的合作博弈,农业转移人口为适应城市化和现代化的选择,不断调整、提升自己"为人处世""待人接物"的行为模式,在城市文化机制的作用下,经过一个长时期的磨合,个人化信任经过多人、多次的积淀,通过城市文化的内化及农业转移人口的城市社会化,形成其稳定的思维方式和行为模式,最终实现社会融入。

通过对农业转移人口访谈案例描述,文化人格是个体或群体在适应特定的聚落环境过程中,接受特定文化熏陶,并通过对特定

---

① 习近平 2018 年 9 月 21 日在中央政治局第八次集体学习时的讲话。

文化的内化及个体的社会化所形成的稳定的思维方式和行为模式。农业转移人口市民化的正式制度的形成,必须先有农业转移人口文化人格嬗变和重塑的非正式制度的支撑才能实现。农业转移人口文化人格的嬗变和重塑是影响城市化进程以及城市发展的先决条件。

我们对农业转移人口文化人格嬗变和重塑的文化机制作用进行了合作博弈分析。结果表明,农业转移人口在参与、融入城市社区过程中,通过人际传播表现出来的文化冲突主要来源于个人化不信任,经过多人、多次的积淀,从而产生一般化不信任。经过一个长期的磨合,在城市文化机制与农村文化机制的共同作用下,个人化信任经过多人、多次的积淀,从而产生一般化信任,最终实现农业转移人口参与、融入城市社区。

第六章　农业转移人口融入城市社区的复杂适应性

农业转移人口融入城市社区是一个动态的、渐进式的、多维度的和互动的过程。隔离和区隔融合是流动人口所不可避免的。经济整合(integration)、文化接纳(acceptance)、行为适应(adaptation)、身份认同(identity)是农业转移人口融入城市社区的基本环节。经济整合可能发生在先,次为文化接纳,再次为行为适应,最后是身份认同。①

本章立足于合作理念和趋社会性(包括现代性及城市化),认为农业转移人口文化人格嬗变与重建及融入城市社区,要通过自下而上的自组织与自上而下的政策力的共同作用。这个过程,既是农业转移人口方与城市方通过合作博弈,经过利益整合、目标整合、权益整合生成的一种自下而上的自发秩序的作用;又是政府通过相关的体制、机制改革,对农业转移人口融入城市社区进行应有的政策支持的作用。下面我们将运用复杂适应性系统(CAS)理论,分析农业转移人口文化人格嬗变与重建及融入城市社区的动力机制和复杂适应性。

---

① 杨菊华.从隔离、选择融入到融合:流动人口社会融入问题的理论思考[J].人口研究,2009(01):17-29.

第一节　复杂适应性系统(CAS)理论与城市复杂适应性系统

复杂适应性系统(CAS)理论是圣塔菲研究所的复杂性理论学家霍兰德(Holland)和考夫曼(Kauffman)等人在20世纪90年代初创立的。CAS理论研究的主题是"具有主动适应学习能力的行为主体及其彼此之间的相互作用如何突显出具有自组织属性的复杂系统"。

按照霍兰德的观点,所谓CAS,是指由大量的按一定规则进行相互作用的、具有学习能力的行为主体所组成的非线性动态系统,行为主体对环境的适应性产生了复杂性。[①]"社会经济系统是一个开放的、演进的复杂系统的例子。"[②]我们因此将城市也视为一个CAS。其中的城市方与农业转移人口方具有紧密的、"复杂的相互依赖性"。

CAS理论的基本思想是:CAS的复杂性起源于其中具有主动性和能动性的个体(active agent)的适应性。这里的个体(agent)不同于一般系统科学中的部分、元素、子系统等完全被动的概念,而是一个具有适应性、主动性、能动性的个体。正是这些个体与个体之间、个体与环境之间的相互作用,不断改变着它们的自身,同时也改变着环境。

CAS的最重要特征就是适应性,即系统中的个体能够与其他个体与环境进行交流,在这种交流的过程中"学习"或"积累经

① 约翰·霍兰德.隐秩序:适应性造就复杂性[M].周晓牧等,译.上海:上海科技教育出版社,2000.

② 杰弗里·M.霍奇逊.经济学是如何忘记历史的:社会科学中的历史特性问题[M].高伟等,译.北京:中国人民大学出版社,2008.

验”,不断地进行着演化学习,并且根据学到的经验改变自身的结构和行为方式。

在复杂自适应系统中,个体的适应性、主动性、能动性特征具体表现为:1. 反应性:具有感知环境并根据一定的规则对环境的变化作出反应的能力;2. 自主性:能够在没有外界干预的情况下自动操作,并能控制自身行为和内部状态,根据学到的经验改变自身的结构和行为方式;3. 合作性:具有与别的个体协作发展、共同促进以达到共同目标的能力;4. 通信性:拥有其他个体的信息和知识,并有与其通信的能力。①

所谓具有适应性,就是指它能够与环境以及其他个体进行交互作用,在这种交流的过程中学习或积累经验,并且根据学到的经验改变自身的结构和行为方式。所谓主动性、能动性,是指个体随着得到信息的不同,而对自身的结构和行为方式进行不同的变更。个体为了实现生存和发展,主动适应环境的变化。

CAS 将个体看作具有自身目的和主动性、积极性的系统成员。个体能够与环境以及其他个体进行相互作用,在不断的相互作用中,不断“学习”和积累经验,从而改变自身的结构和行为方式。CAS 理论所谓的个体就是具有主动适应能力的个体。由于人类社会的演化基本上依赖于人类有目的的活动和主观能动性,每一个个体都会发现自己处于一个由自己和其他个体相互作用而形成的一个系统环境中。每一个行为个体都不断地根据其他个体的动向采取行动或改变行为。

格雷夫在研究制度演化的内生动机(也就是制度的自我实施)时,指出:“每个人都会对他人的实际行为和预期中的行为中隐含的制度要素作出反应,他会采取行动,以促成、引导或激

① 马庆国,徐青,廖振鹏等. 基于复杂适应系统的个体知识转移影响因素分析[J]. 科研管理,2006(03):50-54+35.

励他人采取那些会导致制度要素的行动。而这些制度要素又催生了个人的行为。行为是自我实施的,因为在既定的结构下,每个人都会发现采用制度化的行为是最优的,这反过来又会形成新的制度,因为隐含的行为证实了相关信念,重新形成相关规范。”

个体通过适应性学习现有的制度构成,从而形成自己的心智认知体系,也就是说,现有的制度构成个体心智的基本模块,而适应性学习可以使个体的心智认知体系发生变异。个体的认知体系的变化支配着行为模式的改变,也就是说,现有的制度要素以构建个体的认知模块的方式影响个体的行为。而拥有适应性学习能力的个体之间相互作用,使某种行为范式成为一种引致聚集体形成的标识机制,从而在系统层面演化为新的制度。新制度存在路径依赖,由于个体具有适应性学习的能力,以往的制度影响着后来制度的发展。

文化是在一个群体或社区整体之中盛行的特征;而制度可以跨越多个文化群体的规则系统,或划分为个人的规则系统。霍奇逊将文化定义为一个共享的思维和行为习惯系统,这种思维和行为系统在一个群体或者社团中盛行。他指出,文化是遍布于一个群体和社会之中的相互关联的、可持久的信仰、习俗和惯例的复合体。文化是在一个群体、社区或者社会整体之中盛行的共同思维和行为习惯。而制度是标准化的社会规则的完整系统,建立于共同习惯的基础之上,并受他们的支持。文化在本质上是共享习惯的复合体,而制度是规则的系统,它以共享习惯为基础。制度具有法律编撰、心理表征和离散的自我参照的维度,而在文化中这些并不是必需的。

人类社会是一个特有的“自反思”文化系统,人类社会经济系统中人的目的性和主观能动性发挥着重要的作用。在人类社会经济系统中,学习是个体适应环境的主要形式。所以,个人是遵循规则的适应性当事人。[①] 这与我们所关注的在融入城市社区的过程中持积极文化人格特质的农业转移人口极为契合。

城市社会更多受理性规范的约束。城市社会关系是契约性的,个人作为一个体系中的角色和特殊化而存在。城市环境中的每一种活动与开放的乡村环境都有相似之处,但城市独有的功能是综合与协调许许多多的人类活动,具体方式就是人群的长期聚居及直接的、频繁的面对面交流。城市特有的功能在于它能增强人类活动和往来的内容丰富性、种类多样性、速度、程度以及持续性。[②] 齐美尔用规范、分工和货币经济三个社会学独立变因解释了大都市社会关系及精神生活特点,指出在现代城市社会中,人们精神生活的特点往往包括:复杂与老于世故、理智性、时间观念、标新立异的冲动和漠然的态度等。[③]

就像研究城市社会时往往将其与乡村社会进行比较一样,对现代性和城市性的关照也往往与传统和社会风俗进行比照。比如,芝加哥学派的沃思(1938)在研究城市社会的生活方式时就如此。他认为,城市是大量异质性居民聚居的永久性居民点。众多、居住密集、异质性成为城市三要素。城市居民的社会心理特征及社会生活特点由此决定。众多的居民必然产生文化上和职业上的分化,进而形成分工细致的职业结构。分化和分工增加了人们之间的交往,但人们往往以其扮演的职业角色出现,人际关系呈现出功利化倾向。沃思担忧,这将导致道德沦丧和社会解体。居民的稠密使人们之间的接触带有表面性、短暂性、局部性和匿名性。居民空间距离的缩小却导致了精神距离的扩大。这会导致反社会行为的增多。异质性致使社会流动性增加,个人努力的作用增大,

---

① 萨缪·鲍尔斯.微观经济学:行为制度和演化[M].江艇等,译.北京:中国人民大学出版社,2006:72.

② 刘易斯·芒福德.城市的形式与功能[J].城市杂志,2015:9-10,11.

③ 叶中强.齐美尔、沃思的都市社会学及其在当代中国的影响[J].江苏行政学院学报,2002(03):73-79.

邻里感情冷漠。复杂的分工使大家处处互相依赖,交换成为必需。沃思悲观地认为,城市是一种酸蚀剂,会将传统的价值观逐渐销蚀掉。

沃思在《作为一种生活方式的城市性》中指出,城市是由不同的异质个体组成的一个相对大的、相对密集的、相对长久的居住地。他用人口数量、居住地的密度、居民以及群体生活的异质性三个指标为自变量,以城市生活方式为因变量,对城市特性作了解释。城市具有以下特性:社会结构复杂,产生了高度专业化的机构;人口和文化异质性突出;首属交往被次属交往所替代,短暂性亲属关系纽带减弱,家庭的社会意义功能降低,邻里关系和社会整合的传统基础被破坏;城市中的交往具有肤浅性、短暂性、匿名性和非人格性的特征,等等。[①]

对于沃思担忧的城市性和现代性,有学者指出,现代西方的基本文化内涵,也包含了如过度发展的个人主义、漫无限制的利得精神、日益繁复的诉讼制度、轻老溺幼的社会风气、紧张冲突的心理状态之类,则不但未能一一适合其他非西方社会,而且已引起了西方人自己的深切反省。在检讨某一具体的文化传统(如中国文化)及其在现代的处境时,我们更应该注意它的个性。这种个性是有生命的东西,表现在该文化涵育下的绝大多数个人的思想行为之中,也表现在他们的集体生活之中……中国文化与现代生活并不是两个原不相干的实体,尤其不是互相排斥对立的。“现代生活”就是中国文化在现阶段的具体转变。中国文化的现代转变自然已离开了旧有的轨辙……科技甚至制度层面的西化并不必然会触及一个文化的价值系统的核心部分。

可以看出,城市化、现代化,或许可以再加上“西化”,也有其不利于人类社会发展和进步的一面,正如传统和风俗也有同样的弊

---

① 蔡禾.城市社会学:理论与视野[M].广州:中山大学出版社,2003:64-68.

端。但这丝毫不能抹杀城市化、现代化有利于人类社会发展和进步的积极的一面,同样,传统和社会风俗也有如此表现。

迪尔凯姆把不发达的传统社会中的社会整合称为"机械团结",把发达社会中的社会整合称为"有机团结"。"有机团结"是以人与人之间的差别为基础的社会,它依赖的是复杂的社会分工。迪尔凯姆认为在"有机团结"的社会里,社会分工导致其产生了众多不同于传统社会的特征,如存在着微弱的集体意识,以恢复性法律为主导,存在着高度的个性,有专门化的机构惩治犯罪,有高度的相互依赖等。[①] 藤尼斯把人类社会划分为以小乡村为特征的"通体社会"和大城市为特征的"联组社会"。藤尼斯认为,以大城市为特征的"联组社会"中人们的生活方式是从群体转变为个体,人们有更多的理智,工于心计,首先关心的是自己的私利,唯我独尊。社会关系是正式的、契约的、非人格化的、专门化。[②]

亚历山大·戈琴格朗(Alexander Gerschenkron)指出,城市最显著的进步之一,是对待体力劳动态度的转变。体力劳动素来被人印上的污斑被清除掉了,工匠的工作开始受到尊重,有时会受到特别的重视。因为这种对劳动、对劳动产品,以及对这些产品的消费者的新眼光、新态度,正是在城市的影响下逐步形成的。争取自由、勤俭节约的精神,也来自"城市气派"。[③]

张宝义(2008)认为,异质性、在人工环境中生存、高密度聚居、角色及个性的功能化、行为的理性约束、人际交往的实利性与自主性、较强的时效观念、文化的传承性以及在信息包围中生存等,是城市人特定的社会特性。城市为个人的特殊才干提供市

---

① 蔡禾.城市社会学:理论与视野[M].广州:中山大学出版社,2003:64.
② 康少邦等.城市社会学[M].杭州:浙江人民出版社,1986:3-4.
③ 康少邦等.城市社会学[M].杭州:浙江人民出版社,1986:83.

场。[①] 人与人的竞争促使每一项特别任务都会选择最适宜的人去从事它。[②]

根据 CAS 理论,任何一个自组织系统在其演化过程中都必须与环境进行物质流、能量流和信息流的交换,以保持系统"活"结构形态。如果没有这种"流"的交换,系统就不可能演化,甚至成为"死"结构。正是有了边界,才使这种交换得以进行。边界的功能就是通过与环境实现物质流、能量流和信息流的交换而维持系统的整体性。[③] 城市作为一个典型的自组织系统,也必须进行物质流、能量流和信息流、人流的交换,以保持其作为现代性代表的系统"活"结构形态。按照哈耶克的观点,较为复杂的结构是通过持续不断地使其内部状态与外部环境的变化相互调适的方式来维续自身的。显然,个人行为规则与其他个人行动及外部环境在型构一种整体性秩序的过程中所发生的这种互动关系,很可能是一种高度复杂的现象。

萨缪·鲍尔斯(Samuel Bowles, 2006)指出,任何一个社会中物品和劳务的生产和分配都是按照一组规则组织起来的。它们支配着一个人必须做的事,或者为了生计需要做的事。它们也影响着文化传播过程自身。经济制度将交往的特征谱系施加到组成这个社会的人们身上,影响着他们的交往方式和相互间的关系、所完成的任务、所期望的回报。这些分配规则和文化传播过程影响着人们更新其行为方式,影响着其人格、习惯、品味、身份、价值和观念。[④]

---

① 张宝义 . 城市人的社会特性——源自城市社会学的理解和认识[J]. 广西社会科学, 2008(09): 161-165.

② 帕克 . 城市社会学:芝加哥学派城市研究文集[C]. 吴俊岭等,译 . 北京:华夏出版社, 1987: 12.

③ 谭长贵 . 关于系统有序演化机制问题的再认识[J]. 学术研究, 2004(05): 40-45.

④ 萨缪·鲍尔斯 . 微观经济学:行为、制度和演化[M]. 江艇等,译 . 北京:中国人民大学出版社, 2006: 282.

第二节　城市复杂适应性系统中农业转移人口的自适应性

孙步忠、张乐天等（2010）构建了一个人际互动网络中的农业转移人口融入城市社区的合作博弈模型。影响重复博弈均衡结果的主要因素是博弈重复的次数和信息的完备性。重复的次数来自农业转移人口在短期和长远利益之间的权衡。通过多次的重复博弈，农业转移人口为适应城市化和现代化的选择，不断调整其“为人处世”“待人接物”的观念与行为模式。这种追求良好声誉的表现，显然是为获得长期利益。当博弈只进行一次时，农业转移人口只关心一次性的支付，那么，机会主义行为就会使农民选择“打一枪换一个地方”，甚或仅选择进城工作一次。但是，事实证明，农业转移人口摒弃了机会主义的短期行为，选择了追求长期利益的合作策略。这样，博弈重复多次，农业转移人口选择长远利益，从而追求良好的声誉。根据声誉理论，声誉对主体行为决策和行为结果能够产生显著影响，即存在声誉效应。农业转移人口对良好声誉的追求，可以起到自我激励和约束的作用。[①] 这为其人格嬗变打通了心理和文化上的重要关节，成为其融入城市社区的重要条件。周利敏（2007）也注意到，通过镶嵌与自主性视角，一些农业转移人口精英通过社区中的非正式途径，与城市社区建立良好的互动机制，直接参与、介入甚至改变了城市社区发展的轨迹。[②]

新制度经济学认为，重视个人声誉是一种良好的意识形态资

---

① 孙步忠，张乐天，曾咏梅等．进城农民工文化人格重塑对城市化进程的影响［J］．西北人口，2010（02）：97-101.

② 周利敏．镶嵌与自主性：农民工融入城市社区的非正式途径［J］．安徽农业科学，2007（33）：10861-10863.

本，具有对经济人行为的激励作用。霍尔（Hall，1992）认为，声誉是通过个体特性化来形成竞争优势的主要因素，它表现了个体的知识和情感。[①]克雷普斯（Kreps，1990）认为，声誉是长期生存的无形资本。声誉是逐步建立和逐步消失的，需要投资和维持。声誉的价值在于增加主体"高水平努力"承诺的可信度。声誉是反映行为人历史记录与特征（效用函数）的信息。声誉信息在各个利益相关者之间的交换、传播，形成声誉信息流、声誉信息系统、声誉信息网络，成为信息的显示机制，有效限制了信息扭曲，增加了交易的透明度，降低了交易成本。[②]派尔（Pyle，2002）认为，声誉信息流可以替代更正式的法律意义上的合同实施，它使声誉效应能够超越双边机制，提升了市场效率。[③]根据肯内尔和希夫（Kennes & Schiff，2002）的思想，声誉机制是一种信号传送机制，它集中和报告个体过去的信息，并将现阶段的机会主义行为与下阶段的更低的声誉水平相联系。声誉机制也起信号甄别和搜寻的功能，能够反映个体的忠诚度。它能够甄别高质量的产品和服务，通过促使个体更加诚实。与法律相比，声誉机制是一种成本更低的机制，任何社会对不规范行为的治理都是有成本的。从法律角度，由政府来治理不规范行为所付出的成本远比当事人依靠建立声誉进行自我约束所付出的成本要大得多。[④]梅耶、戴维斯和斯库尔曼（Mayer，Davis & Schoorman，1995）认为，增进信任的主要方式有：信誉、善行和实力。通过声誉机制来达成和增强交易双方的信任，是降低交易费用的一种基本手段。声誉机制运作的方式是，个体

---

① Hall Richard. *The Strategic Analysis of Intangible Resources*［J］. *Strategic Management Journal*, 1992（02）：135–144.

② Kreps D. M. and R. Wilson. *Reputation and Imperfect Information*［J］. *Journal of Economic Theory*, 1982（27）：253–279.

③ Pyle W. *Overbanked and Credit starved: A Paradox of the Transition*［J］. *Journal of Comparative Economics*, 2002（01）：25–50.

④ Kennes J., Schiff A. *The Value of a Reputation System*［D］. St. Louis：Washington University, 2002.

通过一贯的守信行为形成良好的声誉，这种声誉作为一种市场信号传递给交易对象，使其相信个体是值得信赖的。[①]

树立声誉，首要的是自我约束。约束什么？约束对对方利益的威胁与侵害。只有对对方的利益不构成威胁和侵害，在对方看来能用，才能获得对方的信任。其次，具备协助对方发展的能力或技能。在对方看来有用，对方才可能使用或聘用你。能用且有用，加上信任的"润滑"，就会产生一个"好用"的印象。通过一个长时间的检验，如果能够尽心尽力，具备令对方满意的责任意识，并创造令对方满意的业绩，就可以树立声誉，收获"声誉效应"。

我们以家政服务的小朱为例，分析农业转移人口对城市社区的自适应性特征：

> 小朱，钟点工，34岁，老家在安徽无为县，来上海已经17年了。在一个上海家庭做钟点工已经有10年多了，所以和这一家建立了良好的关系。
>
> 小朱于1991年来到上海打工，在自己工作的饮食店认识了同乡的小张，恋爱并回乡结婚。小孩8个月后，1994年，她又再次来到上海，从此便长期居住在上海。
>
> 她先是在延吉街道做环卫和绿化工作，后来通过表姐介绍，找到了社区保洁的工作。之后，通过居委会的介绍，她开始从事家政服务工作，一干就是11年。这期间她还做过车棚的看管员。现在，小朱开始做社区的居家养老项目，这是政府出资，为社区内符合条件的老人提供免费家政服务的项目。经居委会介绍，小朱阿姨参加了"好事"职业介绍所办的居家养老培训班，并拿到了居家养老服务的资格证书。

---

① Mayer R. C., Davis J. H. & Schoorman F. D. *An Integrative Model of Organizational Trust*[J]. *Academy of Management Review*, 1995, 20(03), 709-734.

她现在每天早上五六点就要出门，晚上七点半才能到家。对此，她并没有什么抱怨。“只是刚来上海的时候觉得不习惯，每天都要工作，现在好多了。”小朱的家政服务现在做起来很得心应手，她也非常有自信：“做事好坏别人都知道的，我做居家养老从来没被别人炒过。”有一回，由于小朱连续两周临时有事，需要换时间，雇主一时生气，让她不要来了，她也就不去了。后来雇主到街道职业介绍所来，希望小朱能再去。“年纪大的人很容易满足的，帮他做一点小事他都会很开心。有一次我帮我服务的一个行动不便的老太太剪指甲，她非常感动，说她女儿都从来没这么做过。”正是小朱对待工作的认真和吃苦耐劳，让她在社区服务过程中赢得了很好的口碑，她也和雇主建立了良好的关系。

小朱融入城市社区的过程就是从事社区服务的过程。或者说，她是在从事社区服务过程中渐渐地融入这个社区和城市的。社区服务为她提供了充分地接触社区居民的机会，从而逐渐积累了社会资本，形成了自己在上海的关系网络。这个网络中，绝大多数是上海人。同时，社区服务也为她观察上海人的生活方式、行为方式提供了条件，使她能逐渐向他们靠拢。

小朱第一份钟点工的工作是通过居委会牵线的。当时新村内一位年纪很大的陆阿姨摔跤骨折，家里没人照料，急需一个钟点工。她请居委会帮忙，居委会就介绍了当时在新村做清洁的小朱。之后陆阿姨觉得小朱做得不错，就介绍给住在楼下的周老师，而周老师又将她介绍给旁边邻居。就这样，小朱也就逐渐开始了她的钟点工的工作。小朱说，上海人都非常热心，无论是在她做清洁工的时候还是做钟点工的时候，很多人看她工资低，都会给她介绍工作。她后来接到的所有钟点工的生意都是原来的雇主帮她介绍的。

小朱儿子小学一年级在民工子弟小学读过半年，但之后便转到内江路二小了。原因是小朱阿姨觉得民工子弟小学设施不好、师资又差、费用还高。于是她托了表姐的关系，出了 1 500 元的赞助费让孩子到公办的小学读书。而由于基础薄弱，儿子在公办学校学习跟不上，小朱又花钱让他参加补习班。

小朱做钟点工的一家夫妻都是高中教师，他们对小朱儿子的学习帮了不少忙。儿子念小学的时候，小朱由于不知道哪里有卖上海版的教材和辅导材料，于是托这家的妻子帮忙买。女主人不要她钱，小朱硬是不肯，把钱悄悄放在柜子上。

现在最让小朱阿姨感到欣慰的事情莫过于她终于在上海拥有属于自己的房子了。房子刚买好，花了 32 万，8 月份就要搬进去了。房子虽然不大，一室户，而且是旧房子，但说起房子，小朱阿姨脸上洋溢着微笑。

"当初借房子最头痛的就是经常要搬家，最短的住了才半年，最长的也不过两三年。现在好了，房子是我自己的，我想住多久就住多久。我那个时候房租 700 块钱一个月，一年 9 000 块钱，房子还不是我的。最关键的是，有房子，心里觉得踏实了，我后悔没有早一点想办法买。"

这间房子能买下来，全靠小朱在这几年社区服务的过程中积累的"关系"。首先来说说房源，这间房子原来的主人是王伯伯，小朱曾经在他们家做过居家养老的家政服务。这次王伯伯想要出卖房子，就想到小朱，问她要不要。

小朱对房子很满意，但她苦于钱不够。于是她想到找她的雇主帮忙。最终一位雇主借了她 5 万元，另一个借了她 2 万元，再加上自己的积蓄和从亲戚朋友那里东拼西凑借来的钱，32 万元终于凑齐。"你很不容易啊，你的雇主肯借钱给你，说明你平时做家政服务的时候给人留下了很好的印象。"

她说："不是的，主要还是他们人好。"当然，在借钱过程中，她也碰过壁。在这之前，她请王伯伯借她5万元，王伯伯也同意了，但是王伯伯的子女坚决不同意。除了借钱之外，在买房子的过程中，小朱阿姨还向她的一个雇主的女儿咨询过一些买房和选房的注意事项，因为她是做房产中介的。在买房子的过程中，小朱的亲戚本身也没什么积蓄，因此帮不了她大忙，能帮得上忙的只有她的那些雇主。当被问及"有困难找雇主帮忙会不会觉得不好意思，会不会担心被拒绝"时她跟我说，她找人帮忙是有选择性的，去求助之前，会考虑这个人愿不愿意帮忙。有些人她知道是肯定不肯帮的，她也不会去找他们。

当被问及"来上海之后最大的改变是什么"时她这样回答：

"我觉得没什么改变啊。你要问我有什么改变，我就告诉你，我现在不太会吵架了。（笑）真的呀，我以前跟我老公经常吵架的，后来我到一家做事，发现他们夫妻从来不吵架，所以我现在也慢慢改变，不太跟我老公吵架了，就这么简单。我觉得我比以前更懂得忍耐了。"

一家主妇这样评价小朱："小朱有一点很好，就是肯学。跟她说了什么问题马上就改。你看她刚来的时候，什么事也不会做，现在好多了。"

小朱的肯学不仅仅表现在她的业务（家政服务）上，更体现在她的日常生活中。她在雇主家干活的时候，很注意观察雇主，把家政服务当作一个很好的接触上海人、向上海人学习的机会，从而改变自己的行为方式。小朱称自己教育孩子读书的理念也是受到雇主的影响，在上海家庭做事可以学到很多东西。一个老奶奶也说："同样从安徽到上海，她（小朱）老公就跟她不好比，她很'拎得清'的，她老公一点也不行。"

虽然小朱不承认自己有刻意的改变,但是旁人都看得出,她在潜意识中使自己向这座城市靠拢,向人们对上海人的期待靠拢。

在做家政服务的过程中,小朱也有委屈。她说:“钟点工就是钟点工,人家怎么说就怎么做。”她说有些雇主就像防小偷似的,她在切菜,雇主都要在远处监视。但是对这些事她也不放在心上,“我自己做好就行了,身正不怕影子歪”。有一次她替雇主小张的公公去医院拿药(小朱也在小张的公公家做钟点工),由于排队的人很多,她打电话给小张说不能按时到她家服务,需要晚一点。但当小朱赶到小张家时,小张脸色非常难看,冲小朱发脾气,责怪她去晚了,并叫她以后不要再来了。这件事对小朱打击很大,因为她不知道自己到底做错了什么。所以她也赌气,真的两天没去。后来在小张公公的调解下,这件事算是过去了,但在小朱心中却留下了永远消不去的疙瘩。

上述案例中小朱的一系列行为均与城市规范相符合:

1. 参加了居家养老培训班,并拿到了居家养老服务的资格证书。

2. 刚来上海的时候觉得不习惯,每天都要工作,现在好多了,适应了城市人的时效观念。城市工人对工作时间有十分明确和严格的规定。

3. “做事好坏别人都知道的。”

4. “我现在不太会吵架了。(笑)真的呀,我以前跟我老公经常吵架的,后来我到一家做事,发现他们夫妻从来不吵架,所以我现在也慢慢改变,不太跟我老公吵架了,就这么简单。”

5. 肯学。跟她说了什么问题马上就改。

鲍尔斯(Bowles,2004)说,社会的趋同性压力是被证明了的最有说服力的人类倾向。[①]小朱的上述行为就表现出了较强烈的趋城市性倾向。周利敏（2007）也注意到，农业转移人口精英积极与城市社区形成镶嵌关系，在此基础上，进一步型构城市社区对自己的认同，他们与城市社区建立镶嵌关系是为了能够在城市社区永续地发展。[②]

但人类之所以结成社会，不仅因其相同，尤其因其相异。[③]城市细致的分工促成了职业角色的多样化，由于在工作时间上有十分明确和严格的规定，很自然需要生活和工作上的合作。随着城市的发展和城市人生活水平的提高，自然产生了一些城市人富余出来的职业空间。这样的职业空间自然需要农业转移人口的补足。农业转移人口与城市方便形成一种共生关系。人们在亲密关系中有形成利益共同体的动机，这种动机所要求的并不只是相互帮助及合作，而是利益一体化，即你中有我、我中有你的高度的相互依赖。

小朱之所以能够契合城市规范，其积极的文化人格特质也起到了重要作用：

1. 真诚

"做事好坏别人都知道的。"陆阿姨觉得小朱做得不错，就介绍给住在楼下的周老师，而周老师又将她介绍给旁边的邻居。

2. 仁孝

"有一次我帮我服务的一个行动不便的老太太剪指甲，她非常感动，说她女儿都从来没这么做过。"

① 萨缪·鲍尔斯．微观经济学：行为、制度和演化［M］．江艇等，译．北京：中国人民大学出版社，2006.

② 周利敏．镶嵌与自主性：农民工融入城市社区的非正式途径［J］．安徽农业科学，2007（33）：10861-10863.

③ 帕克．城市社会学：芝加哥学派城市研究文集［C］．吴俊岭等，译．北京：华夏出版社，1987：155.

3. 恕——劳而不怨

有一回，由于小朱连续两周临时有事需要换时间，雇主一时生气，让她不要来了，她也就不去了。后来雇主到街道职业介绍所来，希望小朱能再去。

4. 义——知足而不贪

儿子念小学的时候，小朱由于不知道哪里有卖上海版的教材和辅导材料，于是托这家的妻子帮忙买。女主人不要她钱，小朱硬是不肯，把钱悄悄放在柜子上。

5. 己欲立而立人，己欲达而达人

"主要还是他们人好。"

帕森斯认为，人的每个行为都受到文化因素和社会因素的影响。一般认为，影响人际关系的一个重要因素是个人素质，比如真诚、态度的相似性、行为偏好的相似性、价值观的相似性等。彭泗清、杨中芳（2001）指出，关系的发展是在特定的社会文化情景中进行的，实际生活中的角色安排和利益关联以及其他环境因素的影响不能低估。[①] 信任机制以人为中心，激发人的责任心、公德心和荣誉感。利益一体化是人际交往中最关键的因素。信任和交往是相循环的。彼此交往几次，如果能够继续交往，交往越多，信任越深；信任越深，交往越多。诺思指出，文化是由行为规范、价值观和思想的代际传递形成的。

智力的演化观点也许能够解释以上农业转移人口的自适应行为：有惯例性特征的意会性（默示性）知识（tacit knowledge）和隐含的（implicit）学习甚至在包括人类在内的高级动物中也是普遍存在的。这是因为更高水平的思维和意识只是最近才在演化中产生的，确实，它是生物体更基本的认知和学习机制得到发展后才出

① 杨中芳. 中国人的人际关系、情感与信任［M］. 台北：远流出版公司，2001.

现的。

前述来自东北的小张的创业经历，也是一个典型的通过声誉效应融入上海城市社区的案例。用CAS理论的话来说就是：要素的行为目的是与自身的利益及其在系统中所处的状态联系在一起的；要素的目的是可以随时修正的，这种修正以联合、顺从等形式实现，受系统要素间相互作用以及系统正、负反馈机制和环境因素的影响。[①] 正如周利敏（2007）指出的，农业转移人口精英与城市社区建立镶嵌关系，能改变城市社区对他们的不信任和欺诈等负面形象。换句话说，通过镶嵌，农业转移人口获得了在城市发展的社会资本，这种社会资本存在于农业转移人口与城市社区的联结中，是一种自下而上的现象，能够加强双方信任和互惠的行动联系。[②]

上述小朱为买房借款一事，很容易让我们联想到黄宗智（1992）所描述的长江三角洲乡村的借贷："在长江三角洲的经济中……村内的借贷一般以"感情"和互惠为基础，而不受成本和报酬的核算控制。"

这似乎表明，在中国转型期城市社会，即使是那些与世界接轨了的特大城市，也明显保留着中国社会人际关系的影响痕迹。

张文宏和雷开春（2009）表示社会融合是一个综合而具有挑战性的概念。职业认同与文化认同存在着差异性认同倾向。职业认同高的城市新移民，其文化认同可能较低。对那些有较高职业认同的城市新移民来说，职业成功能够使其获得足够的心理优势，他们不必再强求自己改变文化模式。职业认同低的城市新移民，其文化认同却可能较高。他们通过职业成功获得心理优势的

---

① 谭长贵. 动态平衡态势论研究——一种自组织系统有序演化新范式[M]. 成都：电子科技大学出版社，2004：78.

② 周利敏. 镶嵌与自主性：农民工融入城市社区的非正式途径[J]. 安徽农业科学，2007（33）：10861-10863.

可能性较小,但如果能在文化上与本地人保持一致(把自己包装成“看起来像本地人”那样)也可以从具有文化优势的社会共识(认为像上海这样的大都市文化优于其他地区性文化)中获得心理平衡。①

让我们来看看上海某体育用品公司物流部来自安徽、河北等地的农业转移人口的基本情况。

L,来自安徽,现年30岁,初中毕业,已结婚成家,育有一女。妻子农业户口,无职业,全职带小孩。全家的生活依赖于L一人的工资收入和家里土地出租的收入。其远房叔叔是某体育用品公司的合伙人,副总经理。L是物流部的负责人之一。

L自己很高兴地说,收入和生活肯定比在家种地强。当被问及他现在的生活状态,以及是否感觉自己已经成为城市市民时,他回答说:“怎么说呢?跟我以前在农村比,现在应该算市民了,毕竟长时间生活在上海,吃、住、工作、都在这里,感觉自己应该算是市民化了。但如果你用上海市民的标准来衡量,我们在人家眼里肯定不算是市民。首先,我们没有自己的房子。不过,我们公司的同事合租了三室一厅,大家分担房租,住得也还安定。第二,我们虽然有工作,但不算是很正式的工作。话说回来,倒也还稳定,收入也比我们预期好一些。现在虽然没有‘五险一金’,公司将来肯定给我们办。孩子还小,没有涉及入幼儿园或上学的事情。不过,水到渠成,到时候再想办法,这个不着急。至于妻子的工作问题,现在也不着急,我劝她先带好孩子,等有了合适的工作就做。关键是现在

① 张文宏,雷开春.城市新移民社会认同的结构模型[J].社会学研究,2009(04):61-87,243-244.

一家三口能在一起，就很好了。”

当被问及能否认同上海这个城市的文化时，他说：“上海是国际化大都市，寸土寸金，机会也很多。但我们没有学历、文凭，也没有技术，就是靠自己的力气，在上海工作生活。你说我们没融入上海这个大城市吧，我们工作、生活得也很稳定、很快乐、很幸福，吃穿用度和上海市民也差不多。工作之余，也逛商场、购物，去外滩等景点游玩。不会说上海话，但大部分能听懂，和上海市民也没有矛盾。平平安安、快快乐乐在上海工作、生活。我们也爱上海！能不认同上海吗？至于别人认为我们没有户口，不是上海人，这个不重要。我们工作、生活，挣钱养家，这就够了。上海给我们提供了这个机会，我们就认同上海的文化。你说我们还想要更多的吗？我们在上海一天，就好好地工作生活，要珍惜。我认为我们在上海就是上海人。至于能在上海多少年，今后能不能留在上海，这不去想它。享受当下，现在令我满意，也很不错。”

当被问及是否觉得上海人排外时，他说：“排外不排外，这不是主要的。别人又不能剥夺我的工作，又不影响我的生活，也不会无缘无故地把我赶出上海。不要那么矫情。我们好好工作、生活，如果我们的工作能够让上海这个城市更美好，我们就很值得了。这算不算认同上海的文化？”

外来移民是否能最终取得长久合法居住权，及其在迁入地社会的生活状况，都与其当前户籍的状况直接相关。当外来移民发现，满意的职业终究不能使自己得到本地户籍而自己仍是一个外来者时，无论主观上是否愿意，他可能最终也只能选择离开。[①]

① 张文宏，雷开春．城市新移民社会认同的结构模型［J］．社会学研究，2009（04）：61-87，243-244.

H,L 的妹夫,也来自安徽,现年 28 岁,初中肄业。已结婚成家,育有一女。妻子农业户口,无职业,在老家全职带小孩。H 现在是物流部的普通员工。

H 也表示现在的收入和生活肯定比单纯在家种地强。当被问及他现在的生活状态以及是否感觉自己就是城市市民时,他回答说:"没有感觉自己是城市市民。原因主要在于老婆孩子都不在身边。工作主要是为了赚钱,赚钱寄回老家去养家糊口。自己的花销是能省一点是一点。"当被问及能否把老婆孩子接过来一起生活时,他回答说:"很困难。我们现在的三室一厅,俺哥一家住一室,我们公司的其他五个人合住在其他两间。如果带家口过来,就要重新租房,负担不起啊!自己感觉孤身一人漂泊在外,老家的家才是属于自己的家,在上海就是个打工的。虽然工作也算稳定,但家庭的快乐和幸福没有感受到,常常想家想孩子。"

从 L 和 H 的对比中可以发现,家属和孩子是否在身边是农业转移人口对市民化认同的重要中介因素。此因素影响着农业转移人口对其进城后新身份的认同,也影响着对所工作城市的文化认同。

相对于本地文化来说,传统文化对移民具有无可替代的重要作用,且并不是他们可以随意选择的。农业转移人口需要在生活方式、社会交往和价值观念等方面与城市逐步融合。这种融合可以理解为农业转移人口在城市社会中自愿或被迫的"再社会化"和文化融合,亦即个体舍弃过去接受的一套社会规范和价值标准,重新学习社会所要求的社会规范与行为方式的过程。

Y,2004 年作为三峡移民从重庆万州迁往上海金山。他来上海已经快二十年了,有属于自己的安置房。他选择移民上海,主要考虑的是为下一代创造一个好的环境,对小孩上学、就业等比较好。但与没有外迁的万州老乡比，他发现他们生活得也很不错。重庆当地的建设日新月异，农民基本也在城镇买了房，并且经济负担并不重；最主要的一点是，社会关系、亲戚朋友、语言习惯、乡土习俗还在，外迁移民则牺牲了这些，在文化上、精神上，他们似乎没有留在当地的人们那么放松、幸福。他说重新选择的话，大多数人不会外迁。Y认为对于一个人来说，最重要的是精神："在老家，思想啊，精神啊，社会关系啊还在，哪怕我一出门到街上去，都认识，每个人都能搭话，都能聊几句。你到这边来，到街上，到哪里去，左邻右舍的都不认识，连说话的人都没有，精神上属于极度空虚的那种。我们中国人除了物质上的，还要讲究精神上的。自己没有读大学是个遗憾，但小孩在上海这边，也只是读了一般的高中，考了个一般的大专，也没有很高的文凭。感觉我们这一辈在这边混得不是很好，下一代在这边也没有多大的起色。没有社会关系，在这边的话有可能还是走我们的老路，发展还是受一些限制。这个是比较纠结的。"他希望通过移民政策来解决这些困难。他说："不管怎么样，至少要好几代人才能逐步慢慢地适应、慢慢地融入，我们这些普通的、文化程度不高的移民需要更长的时间去适应和融入。从万州外迁移民上海，满意的地方是，父母兄弟、妻儿老小还能在一起，还能经常见面；不满意的地方也有，就是感觉生活圈子太窄了，没有融入本地居民，本地朋友很少，生活比较单一，空闲时间比较多。本地居民会选择去喝喝茶、打打牌，一起喝喝酒、吃个饭，我们选择就少。我们就待在家里看看电视，看看手机，睡睡觉，生活太单一了。业余时间没有办法和本地居民在一起玩、互动。比如我们去街上买菜买肉，那些卖菜卖肉的叫本地人就喊名字，但还会叫我们'三峡移民''三峡移民'。我听起来就很反感，我觉得他们对我们还是有些没有接纳——我自己这么认为的啊！

“孩子搬迁过来的时候只有六岁，他们现在和当地人融合得也不是很好。学校里讲普通话，放学后本地的孩子就讲本地话，我们的孩子不会讲本地话。现在长大了，如果孩子是个女孩，婚嫁选择本地的男青年，这个慢慢地会有一些适应，融入得还好一点。如果孩子是个男孩，想娶本地的丫头是很难娶的。相比来说，自身条件不够。买房子也是一个问题，年轻人他们不会要这个安置房的，他们要住城里的商品房，生活比较方便一些、干净一些。”

社区融入直接体现了农业转移人口的社会关系。在社区中能够积极主动地与人交往，以邻为伴、与邻为善的人，也更容易被市民接纳，社区融入的程度也就越高；个体的社区融入程度越高，其社会关系与市民就越接近，市民化能力也就越强。[①] 人类行动的巨大差异是意识与不同的人类经验之间复杂交互方式的产物。这种交互方式使个体具有了特定的特征和信念，形成了广泛的社会行为模式，该模式已经塑造并将继续塑造着经济变迁。根植于行为规范、习俗和自愿遵守的行为准则之中的非正式约束才是这个人造结构的重要载体。

小　　结

农业转移人口融入城市社区是一个动态的、渐进式的、多维度的和互动的复杂适应性过程。基于 CAS 理论与城市复杂适应性

① 刘传江，龙颖桢，付明辉．非认知能力对农民工市民化能力的影响研究［J］．西北人口，2020(02)．

系统,立足于合作理念和趋社会性,农业转移人口文化人格嬗变与重建及融入城市社区,要在自下而上的自组织与自上而下的政策力的共同作用下完成。既是农业转移人口方与城市方通过合作博弈,经利益整合、目标整合、权益整合生成的一种自下而上的自发秩序的作用;又是政府通过相关的体制、机制改革,对农业转移人口融入城市社区进行应有的政策支持的作用。

第七章　农业转移人口对城市文化认同的个案分析

农业转移人口市民化是现代化意义上的“文化移民”，这不仅仅是一个空间上的迁移，它更深层次地涉及个体身份的转变，即从农村居民向城市居民的过渡。这一过程包括生活方式、价值观念和社会心理等多个方面的深刻变化。城市文化体现为一种“城市性”的心理状态和生活方式。在农民城市化进程中，城市文化的影响和渗透起着关键性的作用。

第一节　文化人格：观念与行为模式

一、人格理论的文献综述

人格一词源于拉丁语“persona”，意为“面具”，即人格是人的社会自我。[①] 20 世纪始，人格研究成为西方学术界的热点。20 世纪二三十年代，学术界开始关注文化与人格的研究，特别在精神病理学、心理学、文化人类学等领域出现了多种人格理论和研究派别。

---

① B.R. 赫根汉．现代人格心理学历史导引[M]．石家庄：河北人民出版社，1988.

不同学科研究人格的动机、观察角度和侧重点不同,对人格的定义、描述、分类以及评判所依据的标准也就不同。心理学的观察角度和侧重点是人们自然的生理活动和生命活动。所以,它总是从人的生存、人的发展或是精神上来描述人格,把人格分成正常与异常,并试图纠正异常人格,以归于正常人格。法学的观察角度和侧重点是人们的经济生活和政治生活。所以,它常常从社会等级和财产隶属关系上来描述人格,并将人格分为自由的和不自由的,目的在于实现自由人格。而伦理学的观察角度和侧重点则是人们的道德关系和道德实践活动。所以,它常常从人性的规定和文明的发展上来描述人格,并将人格区分为道德的和不道德的、高尚的与卑下的,其研究的根本目的是改变卑下的人格,弘扬高尚的人格。①

心理学所谓人格指人的心理特征,侧重于从精神上描述人格,更加注重培养正常人格。心理学关于人格的研究有一个发展过程,即从过多关注人的生物性本能对人格形成的影响,逐渐转向注重群体的或社会文化的习惯性对人格的影响。我们关注的是与本报告分析有关的人格理论。

1. 精神分析学派

弗洛伊德为代表的精神分析学派认为,人格是由本我、自我、超我三部分组成的。本我是遗传的本能,它要求满足基本的生理需要。弗洛伊德认为生理需要在人一生中持续存在,所以本我是人格的永存成分,在人生中起着最重要的作用。自我是本我的对立面,是在环境影响下由本我发展而来的。本我代表尚未驯服的激情,自我代表理智,自我推翻了本我的活动原则(快乐原则),代之以现实原则。超我是道德化了的自我,是人格的最高层,包括良心和自我理想。超我确定了道德标准,自我负责对违反道德标准

---

① 肖川.主体性道德人格教育[M].北京:北京师范大学出版社,2002:22.

的行为进行惩罚，遣责自我。[①]

而后，荣格认为，自我实现是生命的本性。自我概念的内容包括自己的特点和能力，自己与他人以及环境的关系。自我概念是在个体与环境互动的过程中形成的。他还分析了人的个体本能的类本能——“集体潜意识”。[②]

马斯洛（1954）指出，应当关注人类的优秀分子。他将这样的人称为自我实现的人，因为这些人代表着人性的极致，也应该是每个人所能达到高度的参照。他归纳出自我实现的16种人格特征：A. 客观地认识现实。自我实现的人能客观地看待周围的人和事，而不是把世界看成自己想要的样子。他们对事实、对真伪具有很强的洞察力。B. 全面接纳自己、他人和周围世界。自我实现的人能接受自己的天性，宽恕他人的缺点，但对阻碍人格成长的缺点很敏感，并力图克服它们，如懒惰、思想贫乏、嫉妒和偏见等。C. 自然地表达思想感情，而不是矫揉造作。D. 专注并热爱工作，有责任感和献身精神，很少考虑金钱、名望和权势等个人利害得失。E. 有独处和独立的需要。自我实现的人不回避与人接触，但不依附于任何人。他们不害怕孤独，有时会主动寻求独处，而不是一味地粘连于他人。F. 自主地活动。较低层次需要（生理、安全、归属与爱、尊重）的满足主要依赖于外部条件，自我实现者依靠的则是自己内在的潜能。由于受自我实现的需要所驱动，他们能超越环境和传统的限制，自主地去实现自己的目标。G. 永不衰退的鉴赏力。对平凡的事物不觉厌烦，对日常生活永感新鲜。H. 经历过高峰体验并受到震撼，感受到这种体验对于自己的人生具有重要意义。I. 爱人类，并认同自己是全人类的一员。J. 与为数不多的人有深厚而亲密的关系。K. 民主的态度和作风。L. 明确地分辨善

---

① 弗洛伊德．精神分析引论［M］．高觉敷，译．北京：商务印书馆，1986.

② 荣格．人及其象征［M］．张举文，译．沈阳：辽宁教育出版社，1988.

恶，区别手段和目的，在不同的情境下一贯地坚持自己的道德标准。M. 富于哲理与善意的幽默感。N. 富于创造性。O. 抵制适应现存文化。在重大问题上不随波逐流、墨守成规，但并不故意违反社会准则以示独立自主。P. 能弥合各种分裂和对立，从而达到整合协调的状态。①

此外，阿德勒分析倾向未来的"生活目的"，霍妮和埃里克森关注外在的"社会文化"对人格的影响。但霍妮和埃里克森对"社会文化"因素的考察只是从个体感受的角度作了抽象、唯心的阐释，而没有把社会文化因素理解为一种由社会生产方式、生活方式制约的意识形态构成的社会关系积淀。

2. 特质论派

奥尔波特（G.W.Allport）认为，人格是一个人内在的心理、生理系统的动力组织，决定着个人特有的思想和行为②；人格特质是个体反映环境刺激的一种内在倾向，是一种内在的身心组织。特质具有概括性和持久性，它联结着多种刺激与反应，所以在行为上产生广泛的一致性。特质也有焦点，即集中性。一种特质在某些特殊场合、人群中出现，在其他场合则出现其他特质。所以，特质嵌埋于社会情境之中，在表现方式上具有很大的灵活性。人格特质表现为相当持久和广泛的行为倾向。人格和外部环境一起决定人产生什么样的行为。

3. 新行为主义心理学派

班杜拉（A.Bandura，2001）认为人格的形成和发展首先是个体对现实中的榜样进行观察和模仿的过程，而一旦个体通过观察和模仿习得了某种行为，强化就起着关键的作用，它可以使习得的行为保持下来，形成个体的人格特点。所以，强化影响行为的保

① 马斯洛．动机与人格［M］．许金声等，译．北京：华夏出版社，1987.

② G. W. Allport. *Pattern and growth in personality*［M］. New York：Holt，Rinehart & Winston，1961：28.

持，但不影响行为的获得。[①]

个体观察学习有四个阶段：首先是注意过程，即一种行为只有引起个体的注意时，个体才会去模仿。这个过程包括观察者意识到某种行为的存在，区分有关反应的各个环节等。其次是保持过程，即以符号表征的形式将观察到的行为信息储存在头脑中，以便于后面的模仿。再次是动作再现过程，即将保持在头脑中的信息转化为动作，即模仿榜样的行为，这需要一定运动技能的参与。最后是强化和动机过程，即虽然行为的习得本身与强化无关，但当习得的行为表现出来时，却需要强化，以激发与维持行为动机。而且，按照班杜拉的观点，强化除了来自外部的刺激和评价外，还可以来自个体内部，即个体的自我调节性强化。也就是说，个体会自己奖励或惩罚自己，行为本身引起的满意或不满成为继续努力或停止努力的动因。个体内在的行为标准或期望控制着他的行为，这个过程称为自我调整。班杜拉用榜样、观察、模仿、强化等概念说明和解释人格的形成过程，既强调社会环境对人格形成与发展的影响，又不否认自我调整的作用，重视人与环境的交互作用。

凯利（G.Kelly，1955）认为人的行为不是受外物控制，而是受其认知过程控制的。人是通过不同的认知结构来接受和处理信息的，所以形成了不同的人格。由于人们的生活道路和生活经验不同，便形成了不同的构念系统，使他们在认识现在、预测未来方面表现出不同的特点，这就是人格。他认为人们的行为就是利用已有的构念系统不断进行预测和证实这种预测的过程。人的构念来源于正反两方面的经验，又在经验过程中不断改变和调整，以便更好地预测未来。[②]

珀文（L.A.Pervin，1996）认为，人格是为个人的生活提供方

---

① 班杜拉．思想和行动的社会基础[M]．林颖，皮连生等，译．上海：华东师范大学出版社，2001.

② Kelly G. A. *The Psychology of Personal Constructs*[M].New York：Norton，1955.

向和模式的认知、情感和行为的复杂组织。[①] 爱德华·J. 肯普夫（E.J.Kempf）将人格定义为对环境进行独特的适应中所具有的那些习惯系统的综合。舍恩（Schoen）认为，人格是习惯、倾向和情操的有组织的系统，起作用的整体或统一，而那些习惯、倾向和情操是区别一群中任何一个成员不同于同群中任何其他成员的特征。[②]

珀文（2001）对人格的定义是：人格是认知、情感和行为的复杂组织，它赋予个人生活倾向和模式（一致性）。像身体一样，人格包含结构和过程，并且反映着天性（基因）和教养（经验）。另外，人格包含过去的影响及对现在和未来的建构，过去的影响中包含对过去的记忆。[③]

有必要注意珀文强调的人格定义的三个方面：1. 把个人各个部分组织为一个整体的机能系统是人格领域的定义性特征。2. 人格包括认知（所思）、情感（所感）和行为（所做）的相互关系，正是这些要素间的不断交互作用才构成了人格的核心。3. 人格包含一个时间维度。人格可能只在现在起作用。然而，过去通过当前的结构和记忆影响着现在。另外，未来通过期望和目标也影响着现在。[④]

国内心理学界具有代表性的人格定义之一是由黄希庭提出来的。黄希庭（2002）认为，人格是个体在行为上的内部倾向，它表现为个体适应环境时在能力、情绪、需要、动机、价值观、气质、性格和体质等方面的整合，是具有动力一致性和连续性的自我，是个体在社会化过程中形成的给人以特色的心身组织。[⑤] 此外，杨国枢（1978）认为，人格是个体与其环境交互作用的过程中所形成的一种独特的身心组织，而此一变动缓慢的组织使个体适应环境时，在需要动机、兴趣、态度、价值观念、气质、性向、外形及生理等诸方

---

① L.A. 珀文 . 人格科学［M］. 黄希庭，译 . 上海：华东师范大学出版社，2001：414.
② 张春兴 . 现代心理学［M］. 上海：上海人民出版社，1994.
③ L.A. 珀文 . 人格科学［M］. 周榕等，译 . 上海：华东师范大学出版社，2001：467.
④ L.A. 珀文 . 人格科学［M］. 周榕等，译 . 上海：华东师范大学出版社，2001：468.
⑤ 黄希庭 . 人格心理学［M］. 杭州：浙江教育出版社，2002.

面,各有其不同于其他个体之处。[①]

据张岱年先生(1989)考证,"在中国古代没有'人格'这个词,但有'人品''为人''品格'这些词。在中国古典哲学中,有独立人格的思想……就是指人自己有一个独立意志,它不受外界势力的压制"[②]。

此外,我国理论界现在主要从三个方面理解和使用人格:1. 在伦理学范围内,人格通常被理解为道德人格,指人的道德品质,相当于"人的品格"。由于我国古代哲学主要是一种伦理哲学,所以"人的品格"成了我国学术界对人格的主要看法。2. 在教育学家、心理学家眼里,人格和个性是等同的,指人的心理面貌、个人心理特征的总和,接近于"人的性格"。3. 在法学中,人格是一种权利,叫"人格权",表示法律给予保障的与法律主体不可分离的权利,相当于"人的资格"[③]。陈国强(1990)对人格作了这样的界定:"人格(personality)亦称个性。是个人所有比较稳定的心理特性的总和。它通过个人与环境、个人与社会群体的关系表现出来。一般认为人格具有下述特性:① 整体性,即统一的整体,有机的组合。② 独特性,即总体上区别于他人的系统。③ 多样性,即含有众多的个性心理要素。④ 适应性,即为适应环境可作自我调整。⑤ 稳定性,即经常地表现在行动中。⑥ 可变性,即可以改造和转变。"[④]张春兴认为,人格指个体在其生活历程中对人、对事、对己以及整个环境适应时所显示的独特个性,这一独特个性由个体在其遗传、环境、成就、学习等因素交互作用下,表现于需求、动机、兴趣、能力、性向、态度、气质、价值观念、生活习惯以至于行动等身心多方面的特质所组成。[⑤]杨秀莲(2006)认为,人格是个体在特定

---

① 刘英茂.普通心理学[M].台北:大洋出版社,1987.

② 张岱年.中国古典哲学中的人格观念[J].未定稿,1989(2).

③ 杨适等.改革、市场与主体性[M].北京:北京师范大学出版社,1995:166.

④ 陈国强.简明文化人类学词典[M].杭州:浙江人民出版社,1990:15.

⑤ 刘英茂.普通心理学[M].台北:大洋出版社,1987.

文化状态下的生存样态，其实质是一种文化人格，即个体在接受特定文化熏陶时，通过对特定文化的内化及个体社会化所形成的稳定的心理结构和行为方式。[①] 肖川（2002）认为，所谓道德人格，即作为具体个人人格的道德性规定，是某个个体特定的道德认识、道德情感、道德意志、道德信念和道德习惯的有机结合。[②]

沙莲香（1990）参照历史上有关中国人研究的基本观点和现实中常见的中国人的人格特点，以仁爱、气节、狭义、忠孝、理智、中庸、私德、功利、勤俭、进取、实用、嫉妒、屈从、欺瞒 14 种特质对全国 13 个省市的 1 815 名被试者进行了测试。结果表明，被试者对于 14 项人格特质，评价最高者是气节，最低者是欺瞒。其序列依次是：气节、仁爱、忠孝、理智、勤俭、进取、狭义、中庸、实用、功利、私德、屈从、嫉妒、欺瞒。这表明了中国传统文化对人格的深刻影响。[③]

王登峰（2005）在分析西方“大五”人格结构模型和中国人格结构已有研究成果的基础上，对中国人人格结构进行了探索，提出了“七维度”人格结构理论。我们根据其《解读中国人的人格》[④] 归纳列表如表 7–1：

表 7–1　中国人人格特质与行为表现详细分析表

外向性	既包括人际情境中的活跃和积极行为，也包括个人自身的乐观和积极的心态	
	高外向性者	在人际交往中表现活跃、积极，擅长与人交往，容易与人沟通，受人欢迎，个人方面乐观并充满生机活力
	低外向性者	在人际交往中被动、拘束、不易接近，个人方面消极低落

① 杨秀莲．文化与人格关系研究的若干问题［J］．教育研究，2006（12）：79–83+96.
② 肖川．主体性道德人格教育［M］．北京：北京师范大学出版社，2002：22.
③ 黄希庭．人格心理学［M］．杭州：浙江教育出版社，2002：28.
④ 王登峰，崔红．解读中国人的人格［M］．北京：社会科学文献出版社，2005：80–83.

续 表

<table>
<tr><td rowspan="3">因素一</td><td rowspan="3">活跃</td><td colspan="2">反映的是在人际交往中的主动性</td></tr>
<tr><td>高活跃者</td><td>与人交往主动、积极、活跃、自然，擅长组织协调</td></tr>
<tr><td>低活跃者</td><td>不善言辞，社交场合表现拘谨、沉默</td></tr>
<tr><td rowspan="3">因素二</td><td rowspan="3">合群</td><td colspan="2">反映的是人际交往的亲和力</td></tr>
<tr><td>高合群者</td><td>亲切、温和，易于沟通，受人欢迎</td></tr>
<tr><td>低合群者</td><td>不易亲近，不受人欢迎</td></tr>
<tr><td rowspan="3">因素三</td><td rowspan="3">乐观</td><td colspan="2">反映的是个体积极乐观的特点</td></tr>
<tr><td>高乐观者</td><td>积极，乐天，精力充沛</td></tr>
<tr><td>低乐观者</td><td>消极，低落</td></tr>
</table>

<table>
<tr><td colspan="2" rowspan="3">善良</td><td colspan="2">反映的是沟通诚信、正直的内在品质特点</td></tr>
<tr><td>高善良者</td><td>温和，利他，诚信，重感情</td></tr>
<tr><td>低善良者</td><td>挑剔，虚假，注重利益</td></tr>
<tr><td rowspan="3">因素一</td><td rowspan="3">利他</td><td colspan="2">反映的是动机特点</td></tr>
<tr><td>高利他者</td><td>在人际交往中对人宽容、友好，顾及他人</td></tr>
<tr><td>低利他者</td><td>容易迁怒、自私，不顾及他人</td></tr>
<tr><td rowspan="3">因素二</td><td rowspan="3">诚信</td><td colspan="2">反映的是信用的特点</td></tr>
<tr><td>高诚信者</td><td>坦率，言行一致，表里如一</td></tr>
<tr><td>低诚信者</td><td>虚伪，欺骗</td></tr>
<tr><td rowspan="3">因素三</td><td rowspan="3">重感情</td><td colspan="2">反映的是对情感联系或利益关系的看重程度</td></tr>
<tr><td>高重感情者</td><td>重感情，情感丰富，正直</td></tr>
<tr><td>低重感情者</td><td>注重目的和利益</td></tr>
</table>

<table>
<tr><td rowspan="3">行事风格</td><td colspan="2">反映的是个体在做事中表现出的稳定的个人特点</td></tr>
<tr><td>高行事风格者</td><td>做事认真谨慎，行事目标明确，切合实际、合乎常规</td></tr>
<tr><td>低行事风格者</td><td>做事浮躁、冲动、不合常规</td></tr>
</table>

续　表

因素一	严谨	反映的是工作态度和自我克制的特点	
		高严谨者	做事认真、踏实、有条理
		低严谨者	做事马虎、容易出错、不切实际
因素二	自制	反映的是安分、遵守规矩的特点	
		高自制者	克制，安分，随和
		低自制者	做事不按常规，别出心裁，与众不同
因素三	沉稳	反映的是做事小心、谨慎的特点	
		高沉稳者	小心谨慎，谋定而动
		低沉稳者	粗心，冲动

才干		反映的是一个人的工作能力和态度	
		高才干者	坚定、积极，肯动脑筋
		低才干者	犹豫、松懈，回避困难
因素一	决断	反映的是个体的决断能力	
		高决断者	遇事敢作敢为、敢于决断，思路敏捷
		低决断者	遇事犹豫不决，难以作出取舍
因素二	坚韧	反映的是毅力的特点	
		高坚韧者	做事目标明确，坚持原则，有始有终
		低坚韧者	做事难以坚持，容易松懈
因素三	机敏	反映的是自信、敏锐的特点	
		高机敏者	工作投入、肯钻研，积极乐观
		低机敏者	回避困难，遇事退缩

情绪性		反映的是个体情绪性的特点	
		高情绪性者	急躁、冲动，情绪不加掩饰，情绪难以控制
		低情绪性者	情绪稳定平和，情绪表达委婉可控
因素一	耐性	反映的是情绪控制能力和情绪表现态度	
		高耐性者	情绪稳重、平和，能够很好地控制自己的情绪
		低耐性者	急躁、冲动、冒失，不能控制情绪

续 表

<table>
<tr><td rowspan="3">因素二</td><td rowspan="3">爽直</td><td colspan="2">反映的是情绪表达的掩饰性特点</td></tr>
<tr><td>高爽直者</td><td>心直口快,不加掩饰</td></tr>
<tr><td>低爽直者</td><td>情绪表达委婉、含蓄</td></tr>
</table>

<table>
<tr><td colspan="2" rowspan="3">人际关系</td><td colspan="2">反映的是人际交往中的基本态度和特点</td></tr>
<tr><td>高人际关系者</td><td>友好,温和,与人为善</td></tr>
<tr><td>低人际关系者</td><td>冷漠,计较,拖沓,盲目</td></tr>
<tr><td rowspan="3">因素一</td><td rowspan="3">宽和</td><td colspan="2">反映的是对他人的基本态度</td></tr>
<tr><td>高宽和者</td><td>温和,友好,宽厚</td></tr>
<tr><td>低宽和者</td><td>计较,易怒,冷漠</td></tr>
<tr><td rowspan="3">因素二</td><td rowspan="3">热情</td><td colspan="2">反映的是主动和与人为善的特点</td></tr>
<tr><td>高热情者</td><td>对人积极主动,行事成熟、坚定</td></tr>
<tr><td>低热情者</td><td>拖沓,盲目</td></tr>
</table>

<table>
<tr><td colspan="2" rowspan="3">处世态度</td><td colspan="2">反映的是个体对人生和事业的态度</td></tr>
<tr><td>高处世态度者</td><td>目标明确,理想远大,坚定追求卓越</td></tr>
<tr><td>低处世态度者</td><td>得过且过,安于现状,不思进取</td></tr>
<tr><td rowspan="3">因素一</td><td rowspan="3">自信</td><td colspan="2">反映的是对理想、事业的追求</td></tr>
<tr><td>高自信者</td><td>对生活、未来充满信心,对工作积极进取</td></tr>
<tr><td>低自信者</td><td>无所追求,懒散</td></tr>
<tr><td rowspan="3">因素二</td><td rowspan="3">淡泊</td><td colspan="2">反映的是对成功的态度</td></tr>
<tr><td>高淡泊者</td><td>无所期求,安于现状</td></tr>
<tr><td>低淡泊者</td><td>永不满足,不断追求卓越</td></tr>
</table>

王登峰的研究,为我们考察农业转移人口融入城市社区的观念和行为选择提供了心理学和伦理学上的依据,也是我们论述农业转移人口文化人格嬗变和重塑的理论上的参照。

二、社会与人格

人是社会的人，具有社会属性。人的行为和人格正是个体所处社会环境的产物。同时，社会是由人构成的，不同的社会形态正是人类历史发展的产物，是在各种历史条件下由人类创造的。在一定程度上，人可以根据自己的意愿选择环境，对来自环境的信息进行有效的加工，并有目的、有意图地通过行为影响社会。在此过程中，人格作为个体内在动力组织和行为模式的统一体，对他人和社会的影响也是不容忽视的。因此，人格和社会是一种复杂的双向作用关系：社会通过各种宏观和微观的社会环境塑造着人的人格，人格又通过社会成员的具体行为影响社会。[①] 结构功能主义提出，个体的社会人格是由社会赋予和塑造的。

米德（G.H.Mead）认为，人的行动受他人的感受和周围的环境影响。人类与社会的相互作用是由文化意义规定的，而许多文化意义是象征性的，人类与社会的相互作用就是以有意义的象征符号为基础的行动过程。荷兰德（E.Hollander）指出，人的社会化是作为获得特有的人类特征的手段而开始的。人的社会化过程也就是人适应社会生活的过程。这种适应是使人的行为表现符合所属的社会文化的规范。[②]

人格的发展是一个过程。每一个阶段都须完成一个特定的受文化制约的任务。完成这一任务主要是解决一个发展中的主要问题。这个问题解决得好，个体就相应地形成人格结构中好的特质；解决得不好或不能解决，人格就不能得到很好的发展，形成不良的特质，会产生心理 — 社会危机或情绪障碍。马斯洛认为，社

---

① 郭永玉．人格心理学：人性及其差异的研究［M］．北京：中国社会科学出版社，2005：169.

② 埃德温·P. 霍兰德著．社会心理学原理和方法［M］．冯文侣等，译．广州：广东高等教育出版社，1988.

会文化对人有影响,但人的内在力量更重要。社会文化对人的价值体系起促进作用。[①] 在学校或社会背景中,个体经社会学习而形成的人格具有认知的性质,是以后行为的基础。班杜拉(1986)运用双向因果关系模型分析了人格与情境间的互动,指出不仅环境事件会影响个体行为,个体也可能影响其所处的环境。[②] 米歇尔(Mischel,1995)指出,个体人格的差异是认知建构能力、解码策略、结果预期、结果价值和自我管理系统等认知层面的人格变量共同作用的结果。个体稳定而独特的人格结构是个体经验、社会学习史与决定气质和遗传的生化因素交互作用的产物。这一人格系统不断地与外部环境发生动态的交互作用:由人格系统产生的行为影响着社会环境,影响着个体对即将面临人际情境的选择;这些情境反过来又影响人格系统。[③]

行为规范社会化是通过社会各种形式的教育、社会舆论的引导、使用强制性的手段,使人们逐渐形成一种信念、习惯、传统,用以约束自己的社会行为,调整个人与他人、个人与社会之间的关系。道德社会化是个体学习和掌握特定社会所认可的道德准则和道德规范并表现出相应的道德行为的过程。行为规范社会化主要指的是道德社会化。

库利(C.H.Cooley)认为,人格是社会的产物,只能通过社会互动产生。[④] 沙利文(H.S.Sallivan)也指出,人格是不断重复的人际情境的一种相对持久的模型。[⑤] 弗洛姆(Erich Fromm)认为,人

---

① 马斯洛.动机与人格[M].许金声等,译.北京:华夏出版社,1987.

② 班杜拉.思想和行动的社会基础[M].林颖,皮连生等,译.上海:华东师范大学出版社,2001.

③ Mischel W. & Shoda Y. *A Cognitive-Affective System Theory of Personality: Reconceptualizing Situations, Dispositions, Dynamics, and Invariance in Personality Structure*[J]. *Psychological Review*, 1995(102), 246-268.

④ C. H. Cooley, R.C. Angell. *Sociological Theory and Social Research : Being Selected Papers of Charles Horton Cooley*[M]. New York: Henry Holt, 1930.

⑤ H.S.Sallivan. *Personal Psychopathology*[M].New York: W.W.Nortoneco., 1972: 88, 89.

格就是人将能量引向同化和社会化的过程中相对固定的方式。社会化过程对性格的形成更为重要。[①]

在长期社会化过程中,个体人格的发展集中体现在自我意识的形成上。作为人格核心的自我是具有社会性的,是社会化的产物。人格在很大程度上是由社会背景塑造的,社会背景在过去和当前对人格的形成和发展都有重要的作用。[②]

历史和社会事件作为一种宏观社会背景,对人格会产生一定作用。不同时代的人,由于历史经历和发展途径不同,人格特征也会有所不同;而同一时代人的人格都会受到发生在这一时代的重要社会、历史事件的影响。较低社会经济阶层的人在工作中则更看重安全感,而且对人性往往持宿命和悲观的看法。

社会与人格发展的关系依赖于人与环境的互动。对个体发展最具影响力的环境,实际是以复杂方式与人互动的社会系统。个体在这个社会系统中,通过社会化过程,持续地与他人发生相互作用。

三、文化人格的嬗变与重塑

人的行为和人格也是个体所处文化制度的产物。人格受文化影响要求其成员承担角色。克洛宁格(Cloninger,1996)指出,人格是文化的。[③]韩庆祥(1996)认为,人格主要是由文化所塑造的。文化价值观念影响人的行为倾向,塑造着人的人格。[④]有学者更直接认为,人格是个体在特定文化状态下的生存样态,它的形成和发

---

① Erich Fromm. *Man for Himself*[M]. New York: Rinehart, 1947.

② 郭永玉. 人格心理学: 人性及其差异的研究[M]. 北京: 中国社会科学出版社, 2005: 173-176.

③ Cloninger S. C. *Personality: Description, Dynamics, and Development*[M]. New York: W. H. Freeman & Company, 1996: 453.

④ 韩庆祥. 新时期人的问题研究的清理与总结[J]. 社会科学战线, 1996(03): 23-35.

展受物质文化、制度文化、精神文化的影响和制约。人格实质上是一种文化人格,即个体在接受特定文化的熏陶,通过对特定文化的内化及个体社会化后所形成的稳定的心理结构和行为方式,表现为气质性格、个性特征、价值观念、思维方式。文化对人格的影响、选择、塑造,包括给人提供完整的价值观和意义体系,以及一套有效的行为规范,影响到人的身份和角色认同,塑造着人的心理态度和倾向气质。文化给人提供了作为人类一员的行为方式和内容,使人能把自己的人格提高到真正存在的水平。

人格的形成和发展主要取决于个体加入的社会生活,取决于个体经历的社会化过程。选择是人格形成的关键机制。个体的选择受其心理状态、文化背景、生活经验等因素影响。个体的社会化过程就是个体人格的文化生成过程,也是文化对人格的塑造过程。个体的社会化就是人格的文化生成路径,就是社会文化具体作用和影响每一个人人格的途径;个人接受社会文化的规范并依据自己的文化精神和价值原则来选择人格的途径。文化人类学叫“濡化”,社会学叫“社会化”。社会化的目的并非塑造“标准的”人格类型,社会化是要增加个人行为的多样性。社会化是一个双方面的过程:一方面包括个体通过进入社会文化环境、社会关系体系,掌握社会文化经验;另一方面包括个体积极介入社会文化环境,对社会关系体系积极再现。

如果没有形成制度化,就需要人格力量,需要文化人格的规范来引导。人与人之间的各种不同的密切相互作用,是人格生成的前提和基础。人的行为的人格意义产生于社会的生存环境之中,人们的行动和发展方式、目的和价值观、自我概念等,都根植于我们的家庭和社会关系之中。个人的社会化过程是以个人之间的社会差异为前提的,而不是对这种社会差异的抹杀。个人的社会化过程,就是个体人格的建构过程。不同文化中的不同经验影响着人格的发展,人格是存在于文化背景中的。内化是指外在的行为标准变成个体指引其以后行为的内在过程。在此过程中,行为逐渐建立在内化的标准的基础上,而不再受奖惩可能性的左右。内化是一种重要的社会化过程,导致了自我控制的运用。实现了内化,即使没有他人的监督和奖励,个体仍会表现出该种行为。

市场也存在人格。李健英(2002)指出,即使在市场逐渐组织化、制度化,非人格市场大量出现的时候,人格市场仍然存在,即市场中的人格。具体表现为,一是个性化或服务化的产品市场,二是不同组织间的交易合作的各种产权交易。权利转移的复杂性,使不同组织间的每次交易都是一种个性化的过程。所谓人格市场无非是无外生因素干扰,由内生、自发的习俗和惯例等非正式制度来约束,谈判、履约由双方自行实施的市场。而非人格市场则是经过国家或企业科层等制度修正,由公开的、标准化的正式制度约束的市场。在人格市场中,或由于正式制度的介入程度低,或由于交易的差异性、复杂性使正式制度无法介入,市场交易要么靠习俗、惯例来降低交易的合作成本,要么就付出较多的搜寻、谈判、履约成本。在这两种情况下,空间距离都会作为一个重要因素影响合作成本。如前所述,在前一场合,靠习俗、惯例来提高交易效率的情况下,因习俗、惯例的非编码性,只有在交易合作者空间上同聚一地时才生效。在后一场合,空间聚集则有利于降低搜寻、谈判、履约的时间和费用。在人格市场的条件下,空间聚集会作为合作成本最小化的一个重要因素,影响交易双方的区位。① 鲁献慧(2001)认为,市场经济要求公民以平等主体的独立资格进行社会交往和行动,职业的选择、人才的流动、权利义务的独立承担、新型生产关系和家庭关系的确立等,都要求人们以独立的主体身份投身其中,进而成为具有自立能力、自主意志、自律素质和自由状态性质的个人。②

---

① 李健英.论分工制度演进与城市经济聚集[D].华南师范大学,2002:100-102.

② 鲁献慧.人的主体性和现代人格建构[J].郑州大学学报(哲学社会科学版),2001(03):49-53.

人在构建自己的人格。刘承华（2002）认为，中国人是以人际自我为核心来铸造自己的人格的。以人际自我为核心，是说人在构建自己人格、决定自己将要成为一个什么样的人时，主要不是从自己的内在自我，而是从他人对自己的要求出发，进行自我设计。中国人的人格则是他律的，因为它是以人际，即以同他人的关系为核心建构出来的人格，是由外到内的。他律人格的优点，是容易建立人与人之间的和谐关系，使人际交往显得温馨、富有人情味；但是由于缺乏内在自我的支撑，故而依赖性太强，容易安于现状、不思进取，不利于社会的发展，同时，也缺乏一种激发个人创造力的机制，难以对每个人的潜力进行充分的开发。中国的他律人格则是从农业文明中产生出来的。在中国，人与人之间是互相依赖、互相定义的，所以习俗便倾向于拉近人与人之间的关系，使之达到彼此不分的“互渗”状态。中国的伦理是以家庭伦理为出发点，然后才扩展到社会的各种关系当中的。中国伦理的基本性质则是家族伦理。中国伦理从家族推及社会，使家族伦理社会化。甚至21世纪的今天，仍然留有种种或明或暗的印记，仍然在不同程度地支配着今天中国人的道德意识与道德实践。①

现代化与文化人格相互影响。韦伯（Max Weber，1920）认为，像信仰、动机和价值观这样一些微观的心理现象可以独立地影响宏观的社会结构。新教伦理就是加尔文主义的教义不断激起的焦虑，从而产生人格影响。这些焦虑使得新教徒们克己、节俭并努力工作，使他们得以积聚财富，即新教伦理直接影响了资本主义精神。② 在与新教伦理相一致的养育环境中成长的个体，渴求成功的动机激励了他们的创业行为。

---

① 刘承华．文化与人格——对中西方文化差异的一次比较［M］．合肥：中国科学技术大学出版社，2002：30-31，52，150-153.

② 马克斯·韦伯．新教伦理与资本主义精神［M］．于晓和，陈维刚，译．北京：生活·读书·新知三联书店，1987.

人的现代化与人格的转型，首先应是人的精神特质的转型，人格的跨世纪也就首先意味着民族精神和民族文化的跨世纪。如果脱离民族的文化传统来谈现代化，如果不从人的主体形态的转型、人的价值本质的实现来谈人的“现代性”的获得，那么，这种现代化最后只能是西方文明中心主义的推销而已。

对现代化的种种误解和偏见根源于人们在认识现代化时失落了自身，失落了人的发展的价值尺度，从而忽视或遮蔽了现代化的真正实质。从人的价值实现的视角观之，现代化的实质既不能理解为物质化程度的不断提高，也不能理解为人们的心理水平随工业化水平的增长而提高，而应理解为现代化是“人化”程度的不断提高，是“人性水平”的逐步发展，是人格境界的日益提升。概括地说，现代化的实质是人的价值的不断实现和人性的不断解放与提升。所谓现实人格的“失范”，则是指由于社会改革和重组引发的种种道德冲突、价值困惑，导致普遍性的边际人格乃至病态人格的生存状况的出现。由于与市场经济相配套的法律秩序和道德规范尚未完全定型、确立，刚开始从依附性人格状态中摆脱出来并开始获得了独立发展的可能性空间的人们，往往会因种种规则冲突和目标无序等原因，导致一定程度的人格“失范”。

社会主义市场经济的“社会精神气质”的主要内容就是以责任伦理观为核心的现代道德品位、现代观念意识、现代价值取向与现代生活风格。现代道德品位体现在社会公德、职业道德和家庭美德上，且以职业道德为其根本；现代观念意识的主要内容就是自立意识、竞争意识、效率意识、民主法制意识和开拓创新意识；现代价值取向的目标指向是以人的现代化为宗旨，实现市场经济主体的生成，确立充分社会化的与“普遍性独立个人”相应的主体形态；现代生活风格则是一种体现社会现代化程度的以现代经济理性为杠杆的生活态度、交往方式与行为时尚，它不仅应具有现代化的“物质包装”，而且更应具有体现现代性的“精神特质”与“文化教养”[①]。

朱力（2004）指出，从文化与社会的视角研究农业转移人口也是有重要意义的。农业转移人口进城不仅仅是农村人口在空间上移民城市，也是现代化意义上的“文化移民”，更是指个人从农村人向城市人的转变过程。它涉及农民生活方式、价值观念和社会心理等方面的转变过程。城市不仅仅是一群人共同居住的地域，它还是一种“城市性”的心理状态和生活方式。城市文化的渗透和影响在农业转移人口城市化进程中起着关键性作用。城市化是一个“以人为核心的多因素、多层次、多变量的综合观念”。农业转移人口的城市化，基本的含义是指农业转移人口进城后的转变及对城市的认同、适应过程。个人城市化进程与个人现代性的获得基本上是同步的。农业转移人口的转变是以城市为参照系的，正如传统的变迁方向是现代一样。[②]

借助社会心理学的人格理论，本研究着重提供了一个分析农业转移人口融入城市社区过程中人格嬗变的分析框架。农业转移人口个体在社会化过程中形成了具有特色的心身组织，这主要体现在他们的能力、情绪、需要、动机、价值观、气质、性格等方面的综合行为表现上。在此基础上，我们提出了文化人格的概念，即行为主体或群体在适应特定的聚落环境过程中，接受特定文化熏陶，通过对特定文化的内化及人的社会化所形成的稳定的思维方式和行为模式。农业转移人口的文化人格总体上存在一个从受农村聚落文化影响向受城市聚落文化影响逐步嬗变的过程，而农业转移人口的人格特质表现出比较稳定的传统文化和风俗的规定性内涵，农业转移人口融入城市社区也表现出自主适应性特征。

---

① 鲁献慧．人的主体性和现代人格建构［J］．郑州大学学报（哲学社会科学版），2001（03）：49-53.

② 朱力．农民工阶层的城市适应［C］// 周晓红．中国社会与中国研究．北京：社会科学文献出版社，2004：589.

第二节　融入城市的职业伦理与践行社会主义核心价值观

职业,从个体的角度言,指个人所从事的作为主要生活来源的工作;从社会的角度言,则指个人服务社会并作为主要生活来源的工作。根据文化人类学对人的定义,人是能够使用语言、具有复杂的社会组织与科技发展的生物,他们能够建立团体与机构,来达到互相支持与协助的目的。因此,人的职业在满足自己生活需要的同时,就不可避免地带有服务他人、服务社会的性质。职业是连接个人与社会的重要媒介。伦理是人和人之间应有的关系、要求及其理由。[①] 因此,职业伦理指在个人服务他人、服务社会,满足自己生活需要的工作中要体现人与人、人与社会的关系、要求及其理由。

职业是伴随社会分工产生的。分工创造了职业,职业产生出产品与服务,作为商品的产品和服务适应社会需求促成了交换。交换可以以货币为中介,但公平(对等)交换必须有职业伦理作为保障。

最初存在的是自然分工,随着社会的发展变化,社会分工逐渐出现。奴隶社会、封建社会由于生产规模小、经济和科学技术发展水平不高,社会分工处于不发达的较低级的阶段。随着近代工业的出现以及经济和科学技术的发展,整个社会形成了一个复杂的分工体系。

现代社会分工打破了传统"自给自足"的自然经济状态,分工和合作互为条件,形成了社会化的生产和交换。因此,社会分工促

① 宋希仁 . 伦理与人生[M]. 北京:教育科学出版社,2000.

进了以合作为基础的社会交换关系的发展。在这种关系中,一方面人们主张自己的权利,另一方面则强调义务。对权利和义务的保障需要一种制度安排,即社会契约。

经济学文献中,存在一种对现代城市社会交换关系的理解,即认为现代城市社会是匿名化社会,人与人之间是契约型、非人格化的交换关系。这无疑是以发达的西方社会为样本的推论。所以,约翰·V.C.奈(1997)对此总结说,只有在一个较发达的社会中,个人不会因为自身较弱或有助于个人控制的技术而被他人占有,才会如巴泽尔设想的那样,出现契约安排的可能性。如果契约不完善,又没有获取权力机会不同的各集团之间契约的执行方式,专业化不可能以那种有助于生产但又给予弱者和被剥削者以较大自主权的方式出现。交易的兴起和市场的增长使得更大规模的管制成为可能,但也给所有逃脱和放松管制的人提供了机会和好处。[①]

在转型期,我国城市社会某种程度上就存在这样的问题:一方面,农业转移人口自身能力较弱;另一方面,对农业转移人口的控制技术容易受制于人,也没有一个正式的、成熟的契约执行方式。所以,农业转移人口在职业选择上没有多少自主权,只能寄希望于政府有关部门对城市方权利的约束和对农业转移人口权利的保障。同时,城市方的主导性身份没有为农业转移人口谋求权利留下多少腾挪的余地。农业转移人口唯一能够获得喘息机会的领域是那些适应城市方需求的生产和服务行业。正如费孝通所言:

> 社会分工的结果使得每个人都不能"不求人"而生活。分工对于每个人都是有利的,因为这是经济的基础,人可以花费较少劳力得到较多收获;劳力是成本,是痛苦的,人靠了分

---

① 约翰·N.德勒巴克,约翰·V.C.奈.新制度经济学前沿(第2辑)[C].张宇燕等,译.北京:经济科学出版社,2003:165.

工,减轻了生活担子,增加了享受。享受固然是人所乐从的,但贪了这种便宜,每个人都不能自足了,不能独善其身,不能不管“闲事”,因为如果别人不好好地安于其位地做他所分的工作,就会影响自己的生活。这时,为了自己,不能不干涉人家了。同样的,自己如果不尽其分,也会影响人家,受着人家的干涉。这样发生了权利和义务,从干涉别人一方面说是权利,从自己接受人家的干涉一方面说是义务。各人有维持各人的工作、维持各人可以互相监督的责任。没有人可以“任意”依自己高兴去做自己想做的事,而得遵守着大家同意分配的工作。可是这有什么保障呢?如果有人不遵守怎么办呢?这里发生了共同授予的权力。这种权力的基础是社会契约,是同意。社会分工愈复杂,这权力也愈扩大。如果不愿意受这种权力的限制,只有回到“不求人”的境界里去做鲁滨生。(《乡土中国》)

因为农业转移人口职业的技能含量较低,所以,以观念为核心的道德成分在农业转移人口职业活动中占了较大的比重。

上述所谓社会契约约定“好好地安于其位地做他所分的工作”,就是对职业伦理中道德成分的强调。当然,对这样的约定有一整套的社会规则进行激励和约束。这些社会规则包括法律这样的硬性规则,以及习俗这样的柔性规则。它们共同维护社会交换的正常运行。无论是硬性规则,还是柔性规则,它们都依托于社会的伦理道德基础。正如涂尔干所言:“共同生活归根结底就是一种共同的道德生活。”①

彼得·布劳对社会交换与一次性经济交换作了区分:“基本的和最关键的区别是,社会交换带来未作具体规定的义务……一

① 涂尔干.社会分工论[M],北京:生活·读书·新知三联书店,2000:27.

个人给另一个人施恩，尽管对于某种未来的回报有一种一般的预期，但它确切的性质在事前并没有作明确的规定。这样未作具体规定的特殊意义，回报的性质不能讨价还价，而须留给作回报的人自己决定。社会交换的过程——它可能以纯粹自身利益的形式出现——通过它的周期性和逐步扩大的特性在社会关系中产生信任。只有社会交换会引起个人的责任、感激和信任感。"① 可见，社会交换强调交换伦理。布劳的分析很有启发性。经济交换通常的方式是以货币易物或服务。然而，如何确保对方的商品或服务具有相应的价值？我的商品或服务是否被贱卖了？你的货币值钱吗？也就是说，货币与商品或服务是否等值？怎样保证它们的品质？怎样防止对方"掺水"？所以，社会交换不能简单地用价格进行衡量，它必须有道德伦理的保障。那么，社会交换怎样引起个人的责任、感激和信任感？

布劳认为社会交换中的社会规则是"一种互惠规范"。这种规范对社会交换起约束作用。"这是对一个破坏道德准则者作出的惩罚性反应和为了保护他们自己的利益而采取的行动。如果他最终没有履行他的义务，那么一项内化了的互惠规范将使他感到内疚，使他遭受与其他人的任何行动无关的惩罚。不履行社会义务所引起的多重惩罚构成了履行义务的压力。"② 可见，这种"履行义务的压力"是基于道德伦理基础上的压力。布劳揭示的是一种约束机制。

涂尔干却揭示出一种激励机制。他认为，如果责任感依然是我们牢固的根基，那么我们的生存环境就必然会使其保持积极的姿态。"要想完全实现职能之间的互助，必须确认互助双方之间的

① 彼得·布劳：社会生活中的交换与权力［M］．孙非，张黎勤，译．北京：华夏出版社，1988：110–111.

② 彼得·布劳：社会生活中的交换与权力［M］．孙非，张黎勤，译．北京：华夏出版社，1988：114.

团结感，确认精神和道德之间的同质性。”“在职业群体里，我们尤其能够看到一种道德力量，它遏制了个人利己主义的膨胀，培植了劳动者对团结互助的极大热情。”①

事实上，布劳和涂尔干共同认识到了“社会交换引起个人的责任、感激和信任感”的问题。涂尔干“团结感”和“精神和道德之间的同质性”就是布劳的“责任、感激和信任感”，并且他们对社会规则的认识也相当一致：

> 分工的各个部分的功能都彼此充分地联系在一起，倾向于形成一种平衡，形成一种自我调节机制。但这种解释是很不充分的。因为尽管各种社会功能总想共同求得相互间的适应，达成彼此固定的关系，但这种适应模式要想成为一种行为模式，就必须靠某个群体的权威来维持。所谓规范不仅仅是一种习惯上的行为模式，而是一种义务上的行为模式，它在某种程度上不允许个人任意行事。只有建构完整的社会才能拥有道德和物质的最高地位，它不可避免地要为个人立法，同样，也只有集体构成的道德实体才能凌驾于私人之上。而且，除了人们日复一日形成的短期关系以外，唯有连续性才能维持规范的存在。②

布劳对于经济交换与社会交换的区分无疑对二者的理解更清晰。但经济交换无疑内含在社会交换之中，即使是一次性经济交换也能引起人对“责任、感激和信任感”的判识。它的积累必然会对社会规范产生影响。信任危机有时候就是长期漠视“责任、感激和信任感”，丧失了职业伦理所致。

---

① 涂尔干．社会分工论[M]，北京：生活·读书·新知三联书店，2000：14，38，22.

② 涂尔干．社会分工论[M]，北京：生活·读书·新知三联书店，2000：16-17.

伦理道德与因社会分工导致的,处于社会结构不同位置的组织、个人的具体职能密切相关。正如涂尔干所言,渗透在经济活动中的观念和需求不只是个体的观念和需求,而应该是社会化的观念和需求。而且,它的目的是,各种职业应该变成许许多多的道德环境,所有这些还会不断强化职业道德。对规范来说,不仅仅是这些基本原则的外在表达,不仅仅通过外在和机械的方式将所有变化协调起来,而且要促使人们的内心相互理解。[①]

职业伦理规定了社会交换关系中的价值取向。“满足自己生活需要”的权利,必须与“个人服务他人、服务社会”的义务对等。“有多少种不同的天职,就有多少种不同的道德形式。”[②] 但不论职业道德的形式有多少种,它们都应该合于道德的本质“善”。

职业伦理从服务他人的角度言,其内涵是诚心诚意;从服务社会的角度言,其内涵是尽责合法;从自身权利言,其内涵则是有理有节。

詹姆斯·C. 斯科特在其经典名著《农民的道义经济学:东南亚的反叛与生存》中提出了农民“生存伦理”概念。他认为,生存伦理根植于农民社会的经济实践和社会交易之中,农民面对着非常严重的自然风险和经济风险,却往往缺乏应对这些风险的资源,因此很少会按照新古典经济学所阐述的收益最大化原则进行生产。更为普遍的情况是,他们并不想通过高风险、高收益的途径来获得更多的收入,而是尽量避免可能会威胁到生存的危机的发生。也就是说,在作决策的时候,他们首先考虑的是保证生存的需要,即遵循“安全第一”的原则。[③]

如果说过去由于灾患而背井离乡是一种无奈的生存选择,那

---

① 涂尔干 . 社会分工论[M],北京:生活·读书·新知三联书店,2000:32.
② 涂尔干 . 社会分工论[M],北京:生活·读书·新知三联书店,2000:7.
③ 詹姆斯·C. 斯科特 . 农民的道义经济学:东南亚的反叛与生存[M]. 南京:译林出版社,1976.

么从 20 世纪 80 年代末 90 年代初兴起的农业转移人口潮流，显然区别于这样一种无奈的生存选择，而是一种比之在农村务农收益更高的理性选择。如果是出于“安全第一”，按照农村的传统和习俗，那是“出门一日难，在家千日好”，不会选择冒违反城市管理部门规定而被遣返的大不韪。在城市方以为是“盲流”，在进城农民自己看来就是希望通过“高风险－高收益”的途径来获得更多的收入。所以，农业转移人口进城是一种理性主动的自发行为。他们暂时摆脱了务农的职业，希望在城市找寻“务工”的职业。随着时间的推移，“农业转移人口”这个群体本身由一开始主要从事拾遗补阙之工作的，被人们（特别是相关的政策制定者）误以为不可能成为城市社会之基本成分的“游兵散勇”，逐步成长为我国的一个“新产业工人阶层”[①]。因此，农业转移人口首先面对的是职业的转换。所以，对于农民进城，不应该停留在对其生存问题的关注，更应该关注其职业转换。这样，农业转移人口进城就不是“安全第一”的生存伦理问题，而是涉及希求获得更多的收入或进一步发展的“职业伦理”。

当然，职业也是人谋生的渠道。因为，只有职业问题才可能是农业转移人口立足的根本。但这里应该注意的是，农业转移人口从农民向产业工人、商人等转变的现象。承认、同情农业转移人口的弱势地位，对农业转移人口的一些正当权益给以道义上的支持，无疑具有一定的积极意义，但对于农业转移人口融入城市社区的帮助作用不大。

劳动经济学理论已经研究证明，影响劳动力作用发挥程度的因素，除了劳动者的智力和体力外，还有劳动态度、劳动观念等职业道德水平。没有良好的劳动观念，没有献身精神，不遵守劳动纪

---

① 王小章．从“生存”到“承认”：公民权视野下的农民工问题［J］．社会学研究，2009（01）：121-138+244-245.

律,即便有较高的文化知识和技术水平,或暂时增加了收入,也不会自发产生经济效益。

王桂新等(2010)的研究指出,农业转移人口所从事职业的不同类型会影响其市民化意愿,所从事职业的层次和声望越高,农业转移人口市民化意愿越强。[①]结合农业转移人口非正规化就业的特点,与王桂新等的研究视角不同,本研究没有考虑农业转移人口的职业层次,主要强调影响其城市融入的职业伦理。我们认为,农业转移人口有必要通过对于职业伦理的自觉认识,明确其"满足自己生活需要"的权利与"服务他人、服务社会"的义务,逐渐增进其职业道德,通过职业道德塑造其文化人格。只有树立起农业转移人口的文化人格标识,培育起农业转移人口的道德市场,才能消除城市方对农业转移人口的偏见与歧视,进而有利于农业转移人口融入城市社区。

正如马克思所言,"在大多数生产劳动中,单是社会接触就会引起竞争心理和特有的精神振奋,从而提高每个人的工作效率"[②]。我们探讨农业转移人口的职业道德问题,就是试图通过分析农业转移人口与城市市民的关系、与城市社会的关系,分析其融入城市社区的要求及理由。因为正向、良性的城市体验越多,越容易融入城市社区;负向的、不良的城市体验越多,越容易遭受排斥,从而越不容易融入城市社区。良好的职业道德更可能成为农业转移人口体现其"责任感",从而赢得城市方"感激和信任"的文化人格标识。

一、在失范中越轨:农业转移人口被边缘化和排斥的解释

在转型期中国的现代城市社会,存在较多的失范现象。所谓

---

① 王桂新,陈冠春,魏星.城市农民工市民化意愿影响因素考察——以上海市为例[J].人口与发展,2010,16(02):2-11.

② 马克思,恩格斯.马克思恩格斯全集(第23卷)[M].北京:人民出版社,1962:262,263.

规范,就是明文规定或约定俗成的标准。涂尔干(1996)讲:“个人是依赖于社会的,或至少是依赖社会中个别群体的,因为共同的信仰和价值给予生活以意义和目的,而规范则引导和调整人的行为。社会联系的任何削弱都会损害共有的信仰,降低道德的价值和侵犯规范性的结构。其结果是导致失范,或者是导致一种无意义无规范的状态。”[①] 按照涂尔干的思想,所谓失范指社会规范对什么事情可以去做、什么事情不可以去做处于无所适从的状态。

莫顿(1990)认为,社会结构在价值上包括目标和手段,目标即社会主流价值体系、道德准则和信念等所提倡的普遍追求的合法目标;手段即为达到目标社会所允许的实施途径。如果社会成员达不到其目标,就会产生越轨行为。[②]

根据我们的观察,特别在转型期,个人的观念、行为之车常常越出社会规范之轨。广义地讲,不仅仅一些重要的、突出的观念和行为模式存在越轨,一些小小的生活态度和行为习惯也常常在越轨之列,事实上,也同样是一种失范的行为。一种观念或行为不符合一定的标准,形成越轨,就构成失范。规范是一种界限,失范是冲破了这样的界限,形成两种观念、行为的冲突。所以越轨的观念及行为常常不能被标准(社会规范)所接纳。

在不少对于农业转移人口文化认知层面的社会排斥的研究当中,人们认为农业转移人口表现出的如不讲究卫生、言语粗鄙、扰乱治安、污染环境等行为造成了城市方对农业转移人口的排斥。当然其中包含了城市方对农业转移人口的偏见与歧视。少数农业转移人口文化水平较低,道德素质、法律意识相对落后,其越轨行为给城市秩序与生活带来消极影响,并容易引起城市对其产生“晕轮效应”,无疑对农业转移人口融入城市社区造成了极为不利的影响。

---

① 埃米尔·涂尔干:自杀论[M].冯韵文,译.北京:商务印书馆,1996.

② 罗伯特·金·顿:论理论社会学[M].何凡兴等,译.北京:华夏出版社,1990.

涂尔干在总结失范可能原因时，就指出“强制的社会分工带来不平等”就是其中之一。农业转移人口的失范源自城乡二元体制的长期分割。城乡生活习惯不同，导致了生活上的态度和行为模式不一致。不过，在我们的访谈过程中，不少农业转移人口也表现出对城市规范（标准）极大的认同。比如从福建来到上海来的农业转移人口小陈，对于城市社区的卫生规范就不吝赞叹：

上海的小区丢垃圾很讲究，不同颜色的垃圾桶收不同的垃圾。我到现在还搞不清楚什么是可回收垃圾什么是不可回收垃圾。不过大城市就是不一样——讲卫生。

除了以上一些生活观念和行为模式以外，农业转移人口工作中的“越轨”现象也很常见。当然，这类问题多种多样，包括工作过程中的违法行为，如盗窃、违规操作、造假卖假等，以及一些不正当的工作，如非法讨债等。尽管非正规经济为穷人提供了一种在用其他途径无法谋生时的生计，也为社会提供了一定量的廉价商品和服务，但职业“越轨”仍然表现出了农业转移人口追求个人利益时与城市社会规范之间的激烈冲突。

正如涂尔干认为的，道德能够把伦理的基本原则变成具有神圣起源的戒律，社会群体的规模越大，就越有必要制定道德规范。每个个体首先要辨别整体或他人的利益，以及整体及他人利益与个人利益之间的关系。如果道德规范没有规定他应该怎样做才能符合集体或他人的目的，那么这些目的本身就不可避免地会成为反社会的。①

① 涂尔干.社会分工论［M］.北京：生活·读书·新知三联书店，2000：17.

案例：从福建来到上海贩卖"打口碟"（盗版光盘）的外来人员小陈

小陈，福建人，30来岁，来上海已有5个年头，所从事的工作是贩卖"打口碟"。小陈凭着在上海卖"打口碟"过上了不错的生活。

一到周末，国和路两边的人行道上都会摆出许许多多的小地摊，绵延一公里以上；而这里又是上海居民的聚居区之一，因此人来人往，好不热闹，颇有点赶集的味道。小陈便是构成这道"风景"的摊贩之一。城管从来不赶这些摊贩走，于是他便可以毫无后顾之忧地在那里设摊。

他看上去挺懂行，我从没见过任何一个卖"打口碟"的外地人说起外国歌手的名字来这么溜。他向我推荐了几张市面上不多的专辑，开出的价格也出人意料地便宜，第一次交易便很愉快地完成了。从那以后，每周或者隔周我都会去他那里淘淘货，谈谈当下的行情；他也会为我预留几张符合我口味的CD，号称"不赚钱"地卖给我。

老乡领路

小陈说自己有一个关系很铁的老乡，他先于小陈出外打工，来到上海摸爬滚打之后，做起了"打口碟"的生意，两年之后回老家便盖了新房。在家乡工厂上班的小陈也因此萌发了去上海赚钱的念头。那位老乡当时就告诉他，到上海打工虽然有钱赚，但是也很辛苦，不如自己投点小本钱，和他一起做"打口碟"的生意，一本万利，他还可以为小陈和初级批发商牵线。就这样，小陈来到了上海，高额的房租给了他一记当头棒。为了节约，他决定暂住在老乡租的一室一厅的家中。房子位于黄浦区的文庙附近，属于上海第一批的老式公房，没有独立卫生间，也没有独立的厨房，但由于周围的老城区已经发展得非常成熟，生活还算方便。也就是在那里，他开始体验到了上海的社区生活。

小陈回忆起刚来上海时的社区生活给他带来严重不解的两

件事。一件是居委会阿姨几乎每到傍晚都会拿着个喇叭，用上海话在小区里嚷嚷。小陈听不懂，老乡告诉他这是在宣传防火防盗。当时小陈心里就很不舒服，他对上海人排斥外地人的情绪早有耳闻。小区里明明住着不少外地人，难道都听得懂上海话吗？况且用上海话宣传防盗，不就是要你们上海人小心我们外地人吗？

另一件是小陈不明白为什么上海人有那么多闲工夫聊天。初到上海的时候，由于货还没有拿到，小陈就一个人留在住处。那段时间里，他发现每到上午 9 点左右，都会有几个中年妇女搬个小凳子在居民楼下围坐在一起。她们织毛线、聊天，聊到 11 点左右，各自回家吃午饭，然后下午出来接着聊，到了晚饭时间才回家，第二天又是如此。我告诉他，这群人不是全职太太就是下岗工人，而从年龄来说，我猜想多半是后者。他说自己一开始以为这群人都是大款，富有得不用工作，但是后来听老乡说，才知道上海人找不到工作的也很多。只是小陈无法明白，如果换成他找不到工作，他会整天愁眉紧锁，焦躁不安，而不会像那些经历了大半人生的中年妇女那样，悠闲地在楼下织织毛线，话话家常。

在初来乍到的小陈看来，上海社区的环境和经济实力都令他惊叹。他很想融入其中，但是也感觉到了上海人和外地人之间有着无形的差距。那时他认为，这种差距是经济原因造成的，他以为在这个金钱至上的社会里，外地人只要有钱就不会再被唤作“乡下人”。于是他开始拼命地工作，转战于文庙、福州路、襄阳路等几处“打口碟”商贩聚集的地点。由于来上海前充分的准备工作以及来上海后老乡的照应，半年后小陈就有了些积蓄，于是他决定不再麻烦老乡，开始自己寻找住处。

通过中介，小陈在虹口区找到了一处价格合适的居所。在这个规模不大的旧社区里，居住的人群以中老年人为主，小陈是为数不多的外地人兼年轻人。为了寻求社区居民的认同，小陈以主动的姿态尝试与他人接触。

“我是卖盗版的”

或许是因为半年来生意上的往来，小陈接触了各式各样的上海人，再加上赚了点小钱带来的底气，他在与社区居民的交流中，一点也不像一般外地人那样表现得手足无措，有时他甚至可以成为谈话的中心。面对一群比他年长的上海人，他表现得格外真诚和自信。交谈时，难免有人会问及他的职业，他毫不避讳地说自己是卖“打口碟”的，然后再向别人解释“打口碟”究竟是怎么回事。渐渐他开始嫌这样解释太麻烦，就干脆和别人说自己是卖盗版的。“到后来，那个小区里几乎没有人不知道我是卖盗版的。”小陈自嘲地说。

这时的小陈觉得自己已经完全融入了上海的生活，甚至有些飘飘然。福建话与上海话在某些语音上的相似性，使他很容易听懂上海话。通过攀谈，他发现上海人并没有想象中的那么难打交道，不过见钱眼开的倒是不少。听说小陈靠卖碟赚了不少钱，当时就有几个人缠着小陈，想让他带他们一起入行，隔三岔五地送点水果、小菜给他，说是小陈一个人也挺辛苦的，邻里照顾照顾他是应该的。做生意的小陈自然知道世上没有免费的午餐，但是他始终没有答应他们的入伙要求，因为要加入这种行当光付钱是不够的，一定要是绝对信得过的人才行。对于邻居别有用心的“照顾有加”，小陈虽然心知肚明，但一来二去地，推搪丝毫不起作用，他只能接受下来，心里想着怎么才能偿还邻居们的这些人情。

就这样，小陈度过了一段挺满足的小日子。有一个夏日，他和往常一样6点收工，从文庙回到住处。刚把装碟片的箱子搬进屋，歇下没多久，就有沉重的敲门声响起，伴随着敲门声而来的是一个陌生而严厉的声音：“开门，我们是稽查队。”小陈说他当时就傻了，脑子一片空白，因为空荡荡的屋子里根本没有任何地方可以藏匿这些非法光碟。敲门声越来越急促，小陈只得开了门。几个城管进来转了一圈，把屋中的五箱“打口碟”全部收缴了。小陈在旁边一动不敢动。"我当时真害怕,就想如果把我抓去坐牢就死定了,碟什么的早就不管了。"虽然情节不算严重,小陈没有受到更严重的法律制裁,但他的碟片被全部没收了,并被处以1 000元的罚款,损失总计接近10 000元。

起先他认定是那几个要求入伙的人干的——小陈迟迟不肯答应他们的要求,因此他们恼羞成怒告发了小陈;后来小陈又觉得住在底楼的中年男子也有极大嫌疑,因为那人对待外地人的态度一向不友好,好几次都当着他的面用很鄙夷的口气说住在同一栋楼里的一个江苏人是"乡下人"……但是他想得越多,便觉得"嫌疑人"也越多,因为在和社区中的人接触的时候,他从没保持过戒心。为了能够融入这个社区,他几乎把有关自己的所有信息都告诉了这个社区里的人,正像他自己说的那样,整个小区几乎无人不知他是做盗版的,那么每一个人便都有可能是举报他的人。因为这件事情他开始怀疑,无论外地人有多善良,有多努力,上海人终究还是要排斥他们。

"这就是教训"

现在回忆起这件事,虽然他试图表现得轻松一些,但仍看得出他心有余悸:"这就是教训啊!片子被收了之后我真的有些灰心。"小陈的"灰心"来自两方面,一方面是好不容易赚到的钱一夜之间全没了,另一方面是平时有说有笑的社区邻里竟然会举报自己。

后者无疑是伤害他最深的,这从他现在的生活态度中便可见一斑。这事发生后不久他就离开了那个小区,借了些钱继续做其他生意。在新的住处,他不再跟除顾客以外的其他人主动接触,和邻里偶尔的交流也只是闲话二三;他对自己的职业讳莫如深,别人问起就只说"混口饭吃"……

农业转移人口进城一个较大的理由是赚钱。想获得财富,无可厚非,然而,是否采用正当的途径和手段获得财富,则涉及职业伦理问题。合法赚钱才道德,但“人无外财不富,马无夜草不肥”这一中国传统谚语,就形象地揭示出了人们获取财富时的机会主义心理。再加上“资源的稀缺”,即使在机会很多的大城市赚钱也并不如想象得那么容易。特别是,当农业转移人口在大城市里看到现实的、巨大的贫富差距时,他们发财致富的欲望会变得更加迫切。只要能赚到钱,通过什么手段、什么途径,在一般农业转移人口眼里并不重要;或者对于能赚到钱的营生,只要不是杀人越货,他们很少考虑它是不是正当;即使知道它不正当,他们会想:“别人能卖,我为什么不能卖?我卖我的东西,我的东西是从别人手里批来的、别人生产的,我花了钱买来,转手就挣个辛苦钱,有什么不可以?要违法,也是别人(生产者)违法,我有什么违法之处?我是做生意呀!”他们没有“侵权”的意识,也没有“侵权行为是一种不道德的行为”的认识。我们收集的访谈案例就反映出在社会失范的环境中农业转移人口的越轨行为。

在上述关于卖盗版光碟的农业转移人口的访谈案例中,实际上农业转移人口很清楚盗版碟不允许卖,但他没有相关的法律知识,或了解得不深入。或许农业转移人口的心理是:只要不被抓去“坐牢”,即使被没收光碟或罚一些款,也没有什么大不了的。他对于法律规定盗版违法这一事实不关心,对社会因盗版而受到的危害也不关心,对为什么实施知识产权保护也不关心。

事实上,1986 年 4 月 12 日,第六届全国人民代表大会第四次会议就通过了《中华人民共和国民法通则》,该法于 1987 年 1 月 1 日起施行。知识产权作为一个整体首次在中国的民事基本法中被明确,并被确认为公民和法人的民事权利。该法也首次明确公民、法人等享有著作权(版权)。1990 年 9 月 7 日,第七届全国人民代表大会常务委员会第十五次会议通过了《中华人民共和国著作权法》,该法于 1991 年 6 月 1 日起施行。1992 年 7 月 10 日和 7 月 30 日,中国政府分别向世界知识产权组织和联合国教育、科学、文化组织递交了《保护文学和艺术作品伯尔尼公约》(简称伯尔尼公约)和《世界版权公约》的加入书。分别从 1992 年 10 月 15 日和 10 月 30 日起,中国成为伯尔尼公约和世界版权公约的成员国。1993 年 1 月 4 日,中国政府向世界知识产权组织递交了《保护录音制品制作者防止未经许可复制其录音制品公约》(简称录音制品公约)的加入书。从 1993 年 4 月 30 日起,中国成为录音制品公约的成员国。我国在健全、完善法律制度,严肃执法、坚决打击侵权违法行为的同时,针对知识产权制度在中国建立的时间较短、公民的知识产权意识比较薄弱等情况,大力开展知识产权保护的法制宣传教育,并加速知识产权领域专业人员的培训。在我国,随着每一部知识产权法律的颁布,广播电台、电视台和报刊等新闻传媒都会广为宣传,并大量出版单行本和有关录像教育片等。同时,各级政府有关部门通过举办法律知识讲座、培训班等,在广大公民中迅速普及知识产权法律知识。《中华人民共和国著作权法》及其实施条例,明确了保护文学、艺术和科学作品作者的著作权以及与其相关的权益。依据该法,中国不仅对文字作品,口述作品,音乐、戏剧、曲艺、舞蹈作品,美术、摄影作品,电影、电视、录像作品,工程设计、产品设计图纸及其说明,地图、示意图等图形作品给予保护,而且把计算机软件纳入著作权保护范围。中国是世界上为数不多的明确将计算机软件作为著作权法保护客体的国家之一。国务院还颁布了《计算机软件保护条例》,规定了保护计算机软件的具体实施办法,作为著作权法的配套法规,于 1991 年 10 月施行。国务院于 1992 年 9 月 25 日颁布了《实施国际著作权条约的规定》,对保护外国作品著作权人依国际条约享有的权利作了具体规定。我国具有完备的知识产权保护法律措施。中国的知识产权法律规定了违反法律规定的行为应承担的法律责任,包括民事责任、行政处罚和刑事责任。中国的著作权法规定,未经著作权人许可,以营利为目的,复制发行其作品的;未经录音、录像制作者许可,复制发行其制作的录音录像等侵权行为，根据情况，应承担民事责任，并可以由著作权行政管理部门给予没收非法所得、罚款等行政处罚。

法律有明文规定，但利益的驱动仍然促使一些人敢于违反法律，比如生产者。但农业转移人口贩卖盗版光碟是一种投机心理，他们关心的是能否赚到钱。他们首先想的是：省事，不费力——来钱快。小陈的老乡就告诉小陈，到上海打工虽然有钱赚，但是也很辛苦，不如自己投点小本钱，和他一起做“打口碟”的生意，一本万利。特别是老乡用两年时间就回老家盖了新房，说明这个营生赚钱。“我是卖盗版的！”小陈，甚至其他一些卖盗版光碟的，都觉得这是他们的职业、工作，因为能赚钱，所以他很得意。他也不会轻易让周围的人加入，怕抢了他的“饭碗”。

因为小本经营，单个小贩的活动社会危害不大，加之他们常常与监管部门“捉迷藏”，这样小规模的地下非法经济活动很难禁绝。此外，消费者对盗版光碟的较大需求，也导致大众舆论对这类违背职业伦理的行为表现出一定程度的宽容。这样的合谋关系也使这种不道德的职业活动得以免受谴责。按照格伦斯基（2001）的观点，这也是造成社会失范的一个原因：“允许和禁止、公平和不公平之间已经没有了固定的界限，个人完全可以武断地改变这些界限。道德变得模糊不清，缺乏一致性，它不能形成任何纪律。因此，整个集体生活的大部分都不受任何规范的调节作用的控制。正是这种失范状态，造成了经济领域中冲突和混乱等不幸现象的频繁发生。”①

王登峰、崔红（2002）关于中国人的人格的研究有一个“外向型”的维度，包括活跃、合群、乐观等特征。他们的研究结论认为，外向型在不同职业群体中的差异非常明显。合群的压力与合群的倾向成正比，乐观则与他们的生存状态、对自己或他人的控制感相

---

① 格伦斯基．社会分层［M］．北京：华夏出版社，2001：160.

关。[①] 我们的访谈案例也显示出相似的结果。比如小陈的合群、乐观与否,完全与他的职业性质及社会环境有关。

在进入小区之初,他是“外向型”的,为了融入小区,他表现出异常的“活跃、合群、乐观”。但是,最终他的经验告诉他,“无论外地人有多善良有多努力,上海人终究还是要排斥他”。他的经验结论无疑是偏执的,他几乎认为“每一个人都有可能是举报他的人”。所以后来“在新的住处,他不再跟除顾客以外的其他人主动接触,和邻里偶尔的交流也只是闲话二三;他对自己的职业讳莫如深,别人问起就只说‘混口饭吃’”,他的外向型特征荡然无存。农业转移人口的这种人格嬗变,是在职业越轨行为不为社会环境所接纳的情况下表现出来的。我们假设,即使他愿意拉几个小区内的本地人一起从事他们的职业越轨活动,也难保没有被稽查队发现的一天。也许到那时,他的拉人下水的“罪过”更大,他要承受的埋怨与责备更多,甚至别人的损失最终会算到他头上,他将更加处理不好小区内的人际交往。可见,外向型特征的消失不是他内在品格的体现,比如传统农民的“狭隘”等特质的影响相反,它是因为职业性质与职业伦理的冲突,引起了社会环境的反应。因此,这种现象可以视为一种职业伦理引发的文化人格的“封闭”。道德是由规范构成的,规范既能够支配个体,迫使他们按照诸如此类的方式行动,也能够对个体的取向加以限制,禁止他们超出界限之外。[②]

因此,农业转移人口的这种职业态度和职业行为,侵犯了他人利益,为法律所不容。他们即使暂时赚到钱,也很难融入城市社区。上述案例就显示了经济实力的提升并没有让小陈融入城市社区,他在与城市市民的接触过程中,对自己的职业讳莫如深。此前,尽管在金钱诱惑的基础上形成了一些人际关系,但这些基于不

① 崔红,王登峰.中国人的事物指向、他人指向和自我指向特点[J].北京大学学报(哲学社会科学版),2002(04):79-85.

② 涂尔干.社会分工论[M],北京:生活·读书·新知三联书店,2000:9.

正常的社区关系的联系很快就分崩离析了。

可见,农业转移人口融入城市社区还需要遵循职业伦理,在态度上增强服务意识,在行为上提高服务质量。

二、融入城市社区的自我实现与践行社会主义核心价值观

社区最重要的本质是“在血缘、地缘、情感和自然意志之上的富有人情味和认同感的传统社会生活共同体”[①]。社区分为三种类型:空间社区、精神社区、亲缘社区。共同的生活方式、行为规范和社区意识是社区群体的主要特征。[②]

它是一个“具有某种互动关系和共同文化维系力的群体活动区域”。[③] 城市社区两委,既是国家权力的代理人,也是居民利益的代言人。它既要代表国家行使好权力,又要代表居民维护好他们的权利,还要让社区的多元治理力量参与到“共建共治共享”中来。政治主体就需要运用丰富多样的政治技术。在我国,政治技术能够将我国社会主义制度的优势渗透到日常的治理运行当中,决定着如何实现“美好生活”的实践,促进传统文化与现代价值的融合。[④]

党的十八大报告正式提出:倡导富强、民主、文明、和谐,倡导自由、平等、公正、法治,倡导爱国、敬业、诚信、友善,积极培育和践行社会主义核心价值观。十九大报告对“培育和践行社会主义核心价值观”明确要求,要“强化教育引导、实践养成、制度保障,发挥社会主义核心价值观对国民教育、精神文明创建、精神文化产品创作生产传播的引领作用,把社会主义核心价值观融入社会发展各方面,转化为人们的情感认同和行为习惯”。二十大报告要求

---

① 滕尼斯 . 共同体与社会[M]. 林荣远,译 . 北京:商务印书馆,1999:45.

② 斐迪南·滕尼斯 . 共同体与社会:纯粹社会学的基本概念[M]. 北京:北京大学出版社,2010.

③ 郑杭生 . 社会学概论新修[M]. 北京:中国人民大学出版社,2003:272.

④ 王谢平 . 城市社区治理中的政治技术及其运用研究[D]. 华东师范大学,2021.

"广泛践行社会主义核心价值观",并提出具体要求:"社会主义核心价值观是凝聚人心、汇聚民力的强大力量。用社会主义核心价值观铸魂育人,完善思想政治工作体系。把社会主义核心价值观融入法治建设、融入社会发展、融入日常生活。在全社会弘扬劳动精神、奋斗精神、奉献精神、创造精神、勤俭节约精神,培育时代新风新貌。弘扬诚信文化,健全诚信建设长效机制。"

2013 年 12 月,中共中央办公厅印发的《关于培育和践行社会主义核心价值观的意见》强调指出,社会主义核心价值观的培育要"坚持联系实际,区分层次和对象,加强分类指导,找准与人们思想的共鸣点、与群众利益的交汇点,做到贴近性、对象化、接地气"。

2019 年 8 月,《中共中央、国务院关于支持深圳建设中国特色社会主义先行示范区的意见》中指出,要"作城市文明典范,践行社会主义核心价值观;全面推进城市精神文明建设,把社会主义核心价值观融入社会发展各方面,不断增强认同感和凝聚力"。

城市社区是市民日常生活最终归属的场域。社会主义核心价值观的践行离不开城市社区居民的生活和工作。践行社会主义核心价值观需要融入市民日常生活,需要生活化的载体、生活化的平台、生活化的场域。城市社区是资源丰富的主体交往实践空间,是社会成员物质生产实践基础上存在的另一种实践领域,其中立足于公民个人层面的要求——爱国、敬业、诚信、友善就体现在城市社区居民的生活和工作的点点滴滴。城市社区应该成为社会主义核心价值观培育的重要场域。

习近平指出:"培育和弘扬社会主义核心价值观必须立足中华优秀传统文化。牢固的核心价值观,都有其固有的根本。抛弃传统、丢掉根本,就等于割断了自己的精神命脉。博大精深的中华优秀传统文化是我们在世界文化激荡中站稳脚跟的根基。"[①]"任何时

---

① 习近平. 习近平谈治国理政[M]. 北京:外文出版社,2014:164.

代的文化，都离不开对文化传统的继承，任何民族的文化，都不可能抛弃民族的传统而重新开始。"[①]"要通过教育引导、舆论宣传、文化熏陶、实践养成、制度保障等，使社会主义核心价值观内化为人们的精神追求，外化为人们的自觉行动。""要按照社会主义核心价值观的基本要求，健全各行各业规章制度，完善市民公约、乡规民约、学生守则等行为准则，使社会主义核心价值观成为人们日常工作生活的基本遵循；建立和规范一些礼仪制度，组织开展形式多样的纪念庆典活动，传播主流价值，增强人们的认同感和归属感；要把社会主义核心价值观的要求融入各种精神文明创建活动之中，吸引群众广泛参与，推动人们在为家庭谋幸福、为他人送温暖、为社会作贡献的过程中提高精神境界、培育文明风尚。要利用各种时机和场合，形成有利于培育和弘扬社会主义核心价值观的生活情景和社会氛围，使核心价值观的影响像空气一样无所不在、无时不有。"[②]

爱国、敬业、诚信、友善既是中华优秀传统文化的价值内涵，也是社会主义核心价值观在道德准则上的基本规定。就个人层面的核心价值观言，中华文化具有爱国主义的文化传统。所谓"家国一体"，意味着个人、家庭、社会是一种相互依存、相互依赖的关系。传统文化强调"天下兴亡，匹夫有责"，体现出以天下为己任的爱国主义精神，这已经成为中华民族的文化基因，其中就包含了服务人民、积极进取、刻苦学习、掌握本领、努力工作、甘于奉献、建功立业等内涵。

践行爱国的核心价值观，就要从观念和行为上将其具体化、实践化，这包括对中国特色社会主义制度优势的深刻的价值认同，对民族文化和历史的深刻的文化自信，对社会主义国家建设创造了

---

① 习近平．社会主义核心价值体系读本［M］．北京：中央党史出版社，1990：38.

② 习近平．习近平谈治国理政［M］．北京：外文出版社，2014：164，165.

世所罕见的经济快速发展奇迹和社会长期稳定奇迹——“两大奇迹”伟大成就的高度认同。这些价值观应具体体现在实践和工作之中，真正承担起社会责任，忠于国家、忠于职守、爱岗敬业，为中国特色社会主义现代化建设作出应有贡献。

职业是个体与他人、与社会连接的中介和载体。一方面，从业者依托一定的职业，获得生活必备的生产资料，提高自身的生活质量和生命质量，为社会创造物质财富和精神财富；另一方面，从业者在从业过程中，因工作态度、工作业绩等获得群体和社会的认可。

个体的职业态度和职业精神是个体世界观、人生观、价值观的外化过程，对职业实践的结果产生着重要的影响。良好的精神状态和认真负责的工作态度，是完成敬职敬业的前提。个体应在从业过程中坚守诚信原则，怀着友善的态度对待周围的人，形成和谐的人际关系，更好地调动力量，完成既定职业目标，服务人民、服务社会。

职业精神是指从业者在职业活动中应遵循的行为准则，敬业是全身心投入工作角色中的一种积极状态。敬业是职业道德建设的核心。敬业精神体现着人们对职业的热爱、对职责的重视、对职业价值的认同，是情感、精神和实际行动的综合。

诚信是人类普遍的道德原则。诚信不仅体现在人际关系中，还体现在职业实践、社会秩序中。中华传统文化中重视言行一致，践行承诺、笃守信用的诚信思想，是中华民族的文化基因，是中华民族的优良品德。诚信既是保持经济持续健康发展的必要条件，也是构建和谐社会的道德基石。诚信原则关系到每个人生活、工作。

友善指对待他人的态度。中国的文化传统中，强调“仁者，爱人”“宽则得众，信则人任焉”，要以友善的态度对待他人，践行仁爱、友善的价值理念。将“友善”纳入核心价值观，以“友善”为导向，有利于创造团结友善、乐于助人的社会氛围。

农业转移人口有一个职业的转换，即从农民转变为农业转移人口。农业转移人口职业是转型期城市化进程中，城市在吸引、消化农村剩余劳动力时，因政策力的影响而出现的一类职业群体。随着城市社区的生产、生活需求的增长，农业转移人口成为城市化进程中城市发展的有力支撑。对于那些希望融入城市社区共同生活的人来说，他们需要考虑社区的需求。拿什么与社区人员进行交换，能不能补足社区生活需求存在的空缺，这些都是社会分工与交换关系的重要组成部分，同时也反映了他们的职业角色。

职业伦理的内涵是职业道德。伦理是就人类社会中的人际关系的内在秩序而言，道德则就个人体现伦理规范的主体与精神意义而言；伦理侧重社会秩序的规范，而道德则侧重个人意志的选择。就具体行为和目标言，伦理和道德没有根本差异。就个人与社会的相互关系而言，伦理与道德可视为代表社会化和个体化两个不同的过程：道德是社会伦理的个体化与人格化，伦理是个体道德的社会化与共识化。透过社会实践，个体道德才能成为社会伦理；透过个人修养，社会伦理才能成为个体道德。伦理与道德的相互影响决定了社会与个人品质的提升与下落。一个社会中的伦理规范教育与道德修养教育是维护一个社会中的内在秩序及其健全发展的枢纽。[①] 就此而言，农业转移人口在其职业伦理关系中体现出了以职业道德为内容的文化人格特质。

基于前述约翰·V.C. 奈对现代城市社会契约型交换的论述，我们想分析的问题主要集中在我国城市的社会环境方面的非人格化交换和不成熟的转型期。因为社会的文化和伦理构成了社会普遍交易的不可逃避的“场景”或背景。普遍信任的社会伦理不仅依赖于公民个体的信任美德的培养（主体内在化），而且也对后者有着巨大的促生作用。[②] 在此基础上，我们将文化人格作为社会交换的信任标识，分析城市社会方与农业转移人口方交换的可能性。

---

① 成中英．文化·伦理与管理——中国现代化的哲学省思［M］．贵阳：贵州人民出版社，1991：128.

② 万俊人．道德之维：现代经济伦理导论［M］．广州：广东人民出版社，2000：223.

在我们的具体访谈过程中,农业转移人口的一部分有着融入城市社区积极性的"精英们"更能表现出一种融入城市社区的自我实现的特征。

按照马斯洛的人格理论,自我实现者的兴趣、价值观、态度和选择不是建立在相对、外在的基础上的,而是在很大程度上建立在内在的、现实的基础上的,因此,他们追求的是真善美,而不是假恶丑,他们生活在稳定的价值观念体系中。[①]

那么,这种"稳定的价值观念体系"在转型期城市社会中主要依靠什么制度力量来规定?管制显然不能提供这样一种自觉的价值观念。涂尔干《社会分工论》中有一个能解释我们观察到的情形的论述。他说,失范只是暂时的规则匮乏状态,社会习俗仍旧可以规定和协调新的社会器官和功能及其相互关系。转型期中国的现代城市究竟承接了多少属于传统的社会习俗,这个恐怕较难量化。据我们的观察分析,社会习俗在城市方与农业转移人口的交往过程中,的确起了关键的黏合作用。

城市社区生活也同样遵循一般社会共同体的规范。基于职业的劳务交换,不单纯是一种商品的交换,它内含了更多的人际交往。与城市市民相比,由于农业转移人口大多具有低教育程度和低技能的特征,这就决定了他们多数从事低技能的工作;在中国城市劳动力市场所具有的一个普遍特征就是农业转移人口的供给大于需求。他们所面临的劳动力市场具有较高的竞争性。从城市方的需求以及农业转移人口中间的同质性严重的竞争状况分析,体力与职业道德无疑是农业转移人口得到工作岗位和提升工资水平的竞争优势。

农业转移人口适应城市社区的需要,产生了他们所谓的"生意",也就有了他们赖以谋生的职业。无论是为市民修车,还是在

① 恩泽.马斯洛:展现人格力量[M].北京:中国社会出版社,2013:8.

社区做钟点工，均为适应城市社区中居民的生活需要。正如我们的访谈对象木师傅、木大婶所言：

> 木师傅：外地人跟上海本地人生活的条件不一样，受的教育也不一样。出身条件好、受教育高的人当然能够得到好的工作，但是我们没法选择自己的出生环境。不是说了吗？人和人是平等的，我们应该相互尊重，我们在上海工作不是也给上海的人民带来了好处吗？拿我老伴来说，她给别人做钟点工，别人自己就可以少干一点。要是没有我们这些提供劳动的人，本地人就要自己去干，就算有钱也不行。
>
> 木大婶：我在上海做钟点工很好赚钱，很多人家都要钟点工，钟点工现在很吃香。我现在做钟点工的家庭差不多有十多家，跟他们讲好了时间，这么多家庭安排在不同的时间，每家一次做两到三个小时，一天差不多八到十个小时。以前他们给我八块钱一个小时，现在时间做长了，给我十块钱一个小时。

木师傅说得很清楚，职业确实有收入多少的区别，但收入少不意味着“低贱”，收入多也不意味着“高贵”。即使在世俗看来有高低贵贱之分，人与人之间也“应当相互尊重”。前述所谓社会分工导致以合作为基础的社会交换关系，即农业转移人口的工作也给城市方带来了好处。木师傅的话正与前述费孝通先生所言相合。

在此基础上，交易作为一种“社会互动形式”，其社会本质在于它是不同经济行为主体之间的权利交换和相互性义务承诺。交易的价值意义不单体现为交易双方的互利及其带来的市场效率，而且也体现为参与交易的人们相互间形成的社会道义联系。作为“社会互动形式”的交易行为不仅有其价值目的论意义，而且也有其普遍的社会道义论意义。[①]对于庞大的社会、国家和分类日繁的工作职事专业，必须以平衡互持的权利和责任意识来尽一己之长。德性与理性必须并重，智慧与组织必须兼顾，目的必须寓于生活，自由必须寓于责任。[②]这也就是涂尔干所谓的“共同的道德生活”：“在文字的背后，还有体现它的精神，还有能够将个体维系于由个体组成的群体的纽带，将个体维系于所有与群体有关的事物的纽带；所有这些，都是社会情感，都是集体期望，都是我们共同持有和尊重的传统，它们可以为规范赋予意义和生命，照亮个体运用规范的路径。”[③]

在此意义上，借用关系营销理论，要提升建立在交易观念基础上的价值理念。不要以为提供了生产或服务的结果就已达到了目的，还必须考虑接受方的感知价值，即价值是提供方与接受方在保持互动关系的过程中创造出来的。提供方应该关注的是接受方的价值生成过程，以及接受方如何创造并感知价值。关系观念强调了提供方与接受方在保持互动关系的过程中创造并支持接受方消费与使用服务的过程。我们考虑，木师傅所谓的“相互尊重”不仅仅是城市方不得歧视和排斥农业转移人口方，更重要的是，如果从农业转移人口方希望被城市方接纳的角度言，农业转移人口方要主动地争取赢得城市方的尊重。这可能不是政策力所能够保障的问题，是农业转移人口作为服务提供方主动争取的问题。这绝不是单方面对弱势的农业转移人口一方的过多要求，而是确实关系到农业转移人口能否取得城市方的接受。这是他们融入城市社区的重要通道，也是农业转移人口的利益所在。

正如罗素（1963）所说的：“人类并不借助于外在的财货才

---

① 万俊人．道德之维：现代经济伦理导论［M］．广州：广东人民出版社，2000：182.

② 成中英．文化·伦理与管理——中国现代化的哲学省思［M］．贵阳：贵州人民出版社，1991：135.

③ 涂尔干．社会分工论［M］，北京：生活·读书·新知三联书店，2000：31-32.

能获得或保持德行，反而是外在的财富要借助于德行。”[①] 齐格蒙特·鲍曼（2002）也认为，美德是自由社会秩序不可或缺的黏合剂，在一个存在匿名关系和残缺社会网络的经济市场，即使从纯功利的角度出发，对个人来说，拥有道德和高尚的人品总的来说也可能比总是追求个人利益最大化带来更大的益处。[②] 因此，培养美德和个人品德也是符合理性的。

王登峰、崔红（2005）关于中国人的人格的研究有一个“外向性”的维度。[③] 所谓外向性，既是人际情景中的活跃和积极行为，又是个人自身的乐观和积极心态。我们的访谈对象维修天然气燃具的黄先生也说：

> 我的成长历程中让我改变最多的岁月就是在上海的这十六年，我明白了，很多事情一定要靠自己积极争取才能获得最好的效果。

农业转移人口有他们最朴素的表达，比如修车人王先生认识到：

> 当被问及他生意好不好的时候，他笑着说：“生意靠人做。”

言外之意，就是尽心尽力、全心全意去做，就没有做不好的生意。

维修天然气燃具的黄先生也表达了同样的意思：

---

① 罗素：西方哲学史［M］. 何兆武，李约瑟，译 . 北京：商务印书馆，1963：245.

② 齐格蒙特·鲍曼 . 个体化与社会［M］. 范祥涛，译 . 上海：上海三联书店，2002.

③ 崔红，王登峰 . 中国人的事物指向、他人指向和自我指向特点［J］. 北京大学学报（哲学社会科学版），2002（04）：79-85.

> 黄先生从事的是直接面对客户的燃具维修工作。由于工作的性质,黄先生和上海人有着很多打交道的机会。在提到他的工作时,黄先生总是很自豪地说,他的原则是以诚待人、优质服务。

“外向性”人格维度应该是农业转移人口从事职业的根基,也是考量其职业发展的关键性标准。只有活跃、合群、乐观才能正确对待每一份工作;只有正确对待每一份工作,才能立足于城市;只有立足于城市,才有融入城市社区的可能。

“核心价值观,其实就是一种德,既是个人的德,也是一种大德,就是国家的德、社会的德。”[①] 道德体验是一种交往实践活动,通过言语的交流,达到道德体验与情感共鸣的交互。社会主义核心价值观践行养成过程也是一种人与人之间的交流体验。

河南来沪打工者小于所从事的职业是废品回收。在从事其工作的过程中,小于体现出了“外向性”人格维度的活跃、合群、乐观等积极特质。小于在观念和行为上均表现出了其职业道德的积极意义:

> 在小区收废品的打工者搬家了,岗位就空了下来。小于非常积极地找物业商量,在众多竞争者中脱颖而出,得到了这份工作。小于认为是她人老实本分,孩子在小区又积极参加作文比赛等活动,赢得了物业的好感和信任。这份工作直到现在,小于一直做得很好,得到了包括物业和业主在内的肯定,我以为她谦卑的态度是非常重要的原因。

① 习近平 2014 年 5 月 4 日在北京大学师生座谈会上的讲话。

1. 对物业

从去年1月起，新上任的物业经理要求小于每个月上交800元作为管理费。小于不忿，但沟通无果——经理只说了句："要么交钱，要么换人做。"小于只得放弃抗议。有相熟的业主提出要帮她说说，可她也拒绝了："提了意见不一定有用，反而会让经理印象不好，所以就算了。"交了管理费，这种本来就薄利的生意可能就更挣不到什么钱了，好在这个来之不易的岗位到底仍然属于她。

废品生意不同于自家的生意，涉及了与小区中的权力机构和权力主体的交往。无权者为了生存，不得不表现出殷勤的态度或作出利益的让渡。这成为小于之谦卑的内在原因之一。

2. 对业主

这个总占地面积达10万平方米的小区是一个相当大的垄断市场，因为只有经过物业批准的人员才能进入小区回收垃圾。而所有业主都是小于的顾客——哪家哪户会没有废品呢？

小于明白跟这些顾客们的关系对她来说是至关重要的。她正是通过简单地"尽量满足每个业主要求"的态度做着这份工作。所以在本文的开头，小于对每个邻居如此爽快地给予帮助，也恰恰因为他们是这个小区的一员。

康德说："每个人都知道应当如何来理解它们（指殷勤和礼貌）……这些最初是善意和尊重的空洞符号的东西会逐渐导致对这种方式的真实信念。"当小于因不愿得罪人而养成了一种谦和有礼的性格后，无论她自己还是业主，都因之收获了真情，加深了交往。

农业转移人口付出了努力，承担了义务，通过一种长期互动的关系，实现了被城市方接受和社区融入的目标。借用涂尔干所言：

> 如果人们在相互结合组建群体的过程中没有产生一定的感情，如果人们不关心这种感情，不顾及自身的利益，不考虑自己的行为的话，那么他们彼此的共同生活、彼此固定的交往关系就不可能形成。因此，这种关注已经超出了个人的范围，已经把特殊的利益归属于普遍的利益，这正是所有道德作用的源泉。如果这种感情在诉诸更普遍的生活境遇的过程中，变得更加明朗、更加确定，那么我们便会逐渐看到一个道德规范总体的出现。[①]

关于职业伦理的道德作用，从事家政服务工作的小朱也取得了同样的认识。装修工小徐的职业经历也很有说服力。“做生意就是要讲信用，做好自己的事”是小徐的信条：

> 小徐最早的客户是笔者的阿姨，而这已经是将近十年前的事了。在做完那一次生意以后，小徐一直和她家保持着良好的关系，如果家里的房子出了什么问题，不管是不是他的责任，他都会做好售后服务。于是阿姨便开始给他介绍生意，从娘家的、婆家的亲戚，到亲戚的亲戚、亲戚的同事和朋友……随着人际关系网络的不断扩大，小徐的装修范围也越来越大，客户的来源也越来越多元化。而小徐也很懂得“做人”，每次老客户为他介绍生意，之后他都会以各种形式表达谢意。

开米店的朱小姐同样重视职业道德，并通过职业道德建立人际关系网络：

---

① 涂尔干．社会分工论[M]．北京：生活·读书·新知三联书店，2000：26.

朱小姐的店面和住的地方是连在一起的。因此，平时除了做生意之外，还免不了要和周围的居民打交道。刚搬过来时，很少有周围的居民和她来往。但是，朱小姐很敏锐地观察到居住在这里的居民是一个很有潜力的“市场”。如何从中争取到客户呢？必须和居民搞好关系。如何与居民搞好关系呢？那就必须从成为好邻居开始。

朱小姐回忆，开始的时候生意好做，因为菜场刚开业，卖米的人少，一个菜场顶多一个人做。但是现在就不一样了，卖米的人多了，竞争也激烈起来了。“以前，即使你只有一种米，不负责送货，也有人会来买，因为没得挑，只有你一家。但现在，你必须保证大米的品种多，而且态度要好，要负责送货上门。”

上海的某阿姨之所以愿意去朱小姐那里买米，主要是因为朱小姐待人的态度好。周围常住的邻居来买米，她在收钱的时候经常抹去零头。而且在大家买米的时候，她会很主动地告诉大家，哪种米的口感好，哪种米价钱实惠，哪种米不好吃，等等。有一次，某阿姨看到他们进了一种泰国米，刚想买来试试的时候，被朱小姐阻止了。朱小姐告诉某阿姨，这种泰国米价钱太高，但口感不好，而向她推荐了另外一种便宜又好吃的米。除了做生意以外，平时朱小姐对周围的邻居总是非常客气，邻居有什么生活上的问题，她也总是很热情地加以帮助。渐渐地，她在居民们中建立起了良好的口碑和声望，来她的店里买米的居民也越来越多。

上述农业转移人口职业伦理体现出的规范性特质说明，职业伦理规范同时有其传统性和时代性。它的传统性指向它的文化根源，它的时代性指向社会进化中的文明和理性标准。所以，伦理规范不但提供了一套人际关系与个人行为的规范，也隐含了此套规范作为规范的理由以及其指向的理想目标，因而彰显了个人存在于社会存在的共同意义。在此意义下，伦理规范紧密地联结着社会中的各项秩序系统，为社会的发展同时提供推动力与制约力。[①] 现代市场是由大量的并通常是复杂的相互关系的行为模式所构成的。所有这些行为模式起初都是由自主的行为者创造的，尽管这些行为模式通常都是习惯性的。这些相互关联的行为模式组织并构成了交易活动。[②] 分工和专业化需要的职业或工作的角色定位，加上特定的工作的服务质量，共同塑造了市场经济中特有的人格特征，使它带有明显的交易性质。职业角色和服务质量等内涵显著地表现了人格特征，这些特征在交易中传递了丰富的信息量。

文化人格实质上是主体的一种自主特征，其嬗变过程就是其自主能力、自主程度提高的过程。同样，社会主义核心价值观的践行养成，是一种"以行动为导向"的养成。主体需要将内化于心的社会主义核心价值观转化为具体行为；也需要以自身体验为出发点，在具体的行为活动中检验和体验。

王登峰、崔红（2005）关于中国人的人格的研究有一个"善良"的维度。他们指出："善良人格维度反映的是中国文化中'好人'的总体特点，包括对人真诚、宽容、关心他人以及诚信、正直和重视感情生活等内在品质。"持这种积极观念与行为的人对人真诚、友好，顾及他人，诚信、重感情；反之，则对人虚假，欺骗他人，利益为先，不择手段。"善良"维度主要包含利他、诚信、重感情三个因素。利他表现为个体对人友好，关注他人。积极者对人宽容、友好，顾及他人；反之，则易迁怒，自私，为达目的不择手段。诚信表现为个体的信用。积极者诚实，言行一致，表里如一；反之，则在人际交往中虚情假意，

① 成中英．文化·伦理与管理——中国现代化的哲学省思［M］．贵阳：贵州人民出版社，1991：128.

② 杰弗里·M. 霍奇逊．制度与演化经济学现代文选［C］．贾根良，译．北京：高等教育出版社，2005：26.

善于欺骗。重感情表现为看重感情联系。积极者重感情,情感丰富、正直;反之,则看重个人目的和利益。他们的研究结论认为,中国人的善良人格维度与个体的成就动机与幸福感存在显著的相关。[①]

在我们的访谈案例中,被访者的行为较好地反映了善良包含的温和、利他、诚信和重感情等因素。比如钟点工潘阿姨,用她自己的话说就是:“再怎么辛苦,我都是靠自己的一双手挣钱。别人不愿意做的事情,我都能做。”这样温和的特质是她在自己的职场打拼的过程中慢慢体会和培养出来的,即她自身的能力和品格受到社会环境影响,形成了一种适应性的文化人格特质。正是这样的文化人格特质,增强了像潘阿姨这样的低端劳动力的职业竞争力。潘阿姨利他和重感情的人格表现,是感情和利益的融合,不是纯粹的感情,也不是纯粹的利益。因为感情的付出能够为其赢得长远的利益。虽然潘阿姨说,“你们在国外也不容易,再说了,谁家里没有个老老小小的,我自己的父母和子女都在农村。平时如果家里出点什么事,左邻右里的肯定会来帮忙的。帮个忙不是图你的钱,我挣的钱够花”,但从理性的角度言,这不失为一种策略。潘阿姨最终没有要老人子女给的 2 000 块钱,但潘阿姨因此也换得了老人亲近和信任的礼遇。与潘阿姨后来在工作中能与老夫妇亲近、平等、快乐地相处相比,2 000 块钱确实算不了什么。而且,这对潘阿姨融入城市社区起到了至为重要的作用。

从事家政服务的木大婶的善良人格中的诚信和利他的因素,也体现出一种善良和利益融合的文化特质:

> 我在那些人家做钟点工时,他们对我也很好,都很尊重我们这些钟点工。有的人家我都干了快七八年了,他们不在家的时候就把钥匙给我,让我自己开门进去做钟点工。我们在

---

① 王登峰,崔红.中国人的人格特点(Ⅱ):善良[J].心理学探新,2005(03):52-58.

人家家里做钟点工，也不会拿人家什么，该是自己的就是自己的，不是自己的拿了良心也不安。他们信任我们，我们也该对得起他们。

木大婶同样成功地融入了城市社区，并赢得了较好的礼遇：

木大叔说："我老伴以前在复旦一个领导家做钟点工，干了好多年。2002年，在他的介绍下，我也来了上海，到复旦光华公司教育超市当送货员，每天把三家超市要的货从仓库里拉出来送到店堂，现在超市的纸板箱也是我收的。学校把一个小房间给我住，不用花钱，水电都是免费的，这就给我们省了很多租房子的钱。我小妹现在也在上海当钟点工，自己在外面和别人一起租房子，要花掉400多块钱。"

善良的文化人格无疑帮助农业转移人口融入城市社区建立起了人际网络，这也成了他们非常难得的社会资本。社会主义核心价值观的践行养成，要重视情感对社会成员价值观形成和发展的影响。"感人心者，莫先乎情"，情感是主体在判断客观事物是否符合其需要的过程中产生的态度体验。情感是一种"主观社会现实"，既包括"个人意义的主观体验"，也包含"社会行动的现实性"[①]。情感认同与个体密切相关，还与人类社会的发展息息相关，是推动社会变革的重要力量。人们对社会主义核心价值观的情感认同，就是他们形成的一种肯定性感受或体验。

通过对以上访谈案例的分析，可以得出，农业转移人口的善良人格维度与他们的个体的成就动机与幸福感存在显著的正相关。不少农业转移人口表达了"生意靠人做""做事好坏别人都知道

---

① 郭景萍．情感社会学：理论·历史·现实［M］．上海：上海三联书店，2008：19-20.

的”等诚意与诚心，并表现出“老实本分”的善良人格。

王登峰的中国人人格七因素论中有一个行事风格的积极因素，具体包括：严谨、自制、沉稳。我们的被访者黄先生就表现出了严谨（反映的是工作态度和自我克制的特点）和沉稳（做事小心、谨慎）的特质：

宝山区××路62号501，他是之前我们改装过的燃气灶用户，现在报修说天然气灶不点火。其实他那种型号的燃气灶市场上已经没得卖了，当时改装难度很大，我们工人是想办法从反面拆给他改装好的。因为我们做的是市政工程，不允许产生费用，不然就有一个帽子扣到我们头上——“强行推销”。虽然很难改，但我们工人还是帮他改了。

我去了一看，他这个机器以前就修过，气垫、安全阀都没有了。他说是我们当时改造时工人弄坏的，但我以专业眼光一看，肯定不是我们弄坏的。我想，如果他保修卡齐全的话，就不会找我们这些事情了。他就赖着我们，我也知道他的意思。我说，你看这样行不行，我帮你拉到我们公司去修。他说，那我烧饭怎么办？我说，我们公司有台新的天然气灶，先给你拿去用，绝对不影响你烧饭。我们公司花了200块，帮他基本全部调成新的了。我打电话跟他说，师傅你的煤气灶我们修好了。他说，修好了是吧，那你拿过来，我要检查的。我一听他讲“我要检查”，就知道这后面一定有问题，不像别人都说“修好了那拿过来就好了”，他说要检查。

（我拿过去之后）他说，你把天然气灶拆开来。他一看，说，你这个配件和我们家原来那个不一样的。我说，如果不一样，螺丝孔都对不上。可他说就是不一样，他要投诉。我们公司最怕投诉了，感觉不值得。我打电话跟上级请示，我们老板让我自己来处理，他也没办法，因为他平时不亲自处理这种事的。我说,不然这样吧,这个新的天然气灶我们就送给你,这个旧的天然气灶我们也给你。他也蛮精的,想也不想,就递了一支香烟给我。我知道那就是默认,就 ok 了。

黄先生的人格特质中还体现出了“低情绪性”的特征,其中的两个因素——耐性和爽直也是黄先生的人格优势。

我们的被访者木阿姨和小朱均表现出了“自制”(安分、遵守规矩)的特质。高自制者也表现得“随和”,例如我们的被访潘阿姨就具有随和的特质。

王登峰的中国人人格七因素论中有一个才干的积极因素,具体包括一个人的工作能力和态度。高才干者坚定、积极,肯动脑筋。上述被访者黄先生是一个典型。我们的另一个被访者——创业的农业转移人口小张也表现出了这样的积极的人格特质。

小张的人格特质中还有七因素中“处世态度”的积极表现,即目标明确,理想远大,坚定追求卓越。

上述被访者小朱、小张、潘阿姨、黄先生和前述的小于等均表现出王登峰七因素中的“人际关系”中的积极人格特质,即高人际关系中的友好、温和、与人为善等特质。

总之,积极的文化人格特质,不仅是农业转移人口就业的优势,而且是他们构建良好的人际关系、赢得社会资本的优势,也是他们较好、较快融入城市社区的根本优势。

由上述分析可知,农业转移人口在融入城市社区的过程中,基于职业伦理,与城市方的社会交往大致可以概括为两种方式:

一、利益冲突博弈。博弈支付所体现的是参与方之间的利益冲突,即农业转移人口方或城市方,一方获得越多,通常意味着另一方获得越少。在我们关于卖盗版光碟的农业转移人口的访谈案例中,这种职业态度和职业行为侵犯了他人利益,为法律所不容。即使暂时他们赚到钱,也很难融入城市社区。

二、共同利益博弈。按照博弈论的观点，在一个博弈中，如果只有一个策略组合的支付是帕累托最优的，并且所有策略组合的支付都可以进行帕累托排序，那么这种博弈就被称为“纯共同利益博弈”。即一个结果相对于所有其他结果，对至少一位参与人来说是更优的，而对其他任何参与人来说不是更差的；同时存在一个次优结果，它在帕累托意义上不如最优结果，但优于其余结果，以此类推。

在城市化进程中，农业转移人口和城市方对城市的现代化均作出了应有的贡献。在正向的城市化进程中，双方的收益均为1，但如果使得城市化不发展或向负向发展，双方的收益均为0。城市化成功的概率取决于双方的行动。城市方有权选择是否更好更快地发展城市，农业转移人口选择进城后是否努力更好更快地为城市现代化工作和服务。如果城市方选择更好更快地发展城市，而农业转移人口方选择进城后努力更好更快地为城市现代化工作和服务，那么，结果必然是城市化进程正向发展，农业转移人口较为顺利地融入城市社区。反之，则城市化进程向负向发展，农业转移人口不能融入城市社区。如果城市方决心更好更快地发展城市，而农业转移人口方却选择不积极配合，不努力工作，不提供良好的服务，采取机会主义的态度，只追求赚钱而不顾及城市更好更快的发展，赚钱后即刻返回农村，用完资源再来，像老鼠搬家一样把进城仅仅当作自利的生意，那么城市化发展的概率是S1。如果反过来，城市方没有积极地推进城市化进程，农业转移人口方却愿意为城市化进程努力工作，好好服务，城市方必将强化对农业转移人口方的进城阻隔，加大对他们的社会排斥，那么城市化发展的概率就是S2，且S2＜S1。如果双方均选择促进城市化进程以最大化他们的支付，在对方选择的每个策略下产生的支付的加权和，其中权重是双方为每件事设定的可能性，那么不难证明，在纯共同利益博弈中存在占优策略均衡，即帕累托最优结果。

因为城市方和农业转移人口共同受传统和习俗影响下的职业

伦理的影响，设双方采取的该k策略的习俗为k-均衡，相对的策略为k'。设k-均衡的风险因子为一个最小的概率p。如果任意一方认为另一方采取k的概率大于p，即采取k'的概率小于1-p，那么k就是该方将采取的严格最优反应。这一具有最低风险因子的均衡，就是风险占优均衡。

合意的帕累托最优结果应该这样实现：假设双方决定遵守合作规范，并有一套责任规则作为保障。如果一方违反规范导致支付减少，那么他在下一期需要合作时必须提供比上一期更多的支付，以补偿对方。这个假设有民工荒的现实例子作为支撑。改进后的规则实现了一个合意的结果。合作不仅是对不合作的最优反应，也是对合作的最优反应。因此，合作是占优策略，共同合作构成了占优策略均衡。这样，通过引导每一方考虑自己的行动对对方的影响，社会最得以实现。

三、道义支持：农业转移人口融入城市社区的权利与保障

社会主义核心价值观在社会层面倡导"自由、平等、公正、法治"的价值要求和价值规范。要实现个体对社会主义核心价值观的认同，关键是社会主义核心价值观要能满足个体的现实需要，从解决人的生存和发展的问题的角度来契合其认同逻辑。①

社会主义核心价值观能够满足大众生存和发展的需要。"自由"既是马克思主义的核心命题，也是社会主义的核心价值，它旨在确保绝大多数人都有生存发展和自我实现的机会。"平等"体现了社会主义对主体人格的尊重，切合了人类社会整个斗争历史的追求，体现出人类心灵深处最为重要的呼唤。公平正义是人的基本需求，是人类社会的共同愿景。只有建立了公正社会，才能有安

① 曾琰．社会主义核心价值观认同的制约因素及其破解［J］．思想理论教育，2015（10）：23-27.

宁的生活。法治是现代社会治理的基本方式,也是大众的根本愿望。只有在法治社会,才能保证工作和生活的安定有序。

经济社会最理想的形态是社会经济组织能够有效、合理、有序地运行。为了这种有效、合理、有序的运行,需要将利益动机和爱的动机相结合。但是,在农村劳动力的大规模流动、转移中,农村劳动力现实与合理的选择往往是把非正规化就业作为主要就业途径。而非正规就业自身的属性使得农业转移人口在享受其带来的城市化文明"红利"的同时,也面临着劳动力市场中的制度性障碍和歧视、社会保障缺失等一系列的问题。① 即使农业转移人口具备了积极的文化人格特质,并尽到了符合他们身份角色的义务,他们在融入城市社区时,在权利和保障方面与城市市民相比,仍存在一定的距离。在城市化进程中,我们看到的不公正结果是:农业转移人口往往干了工人的活,却没有取得工人的身份。现行的农业转移人口制度导致农村将青壮年劳动力输送到城市,而城市却把劳动后伤残、病弱、年老的人退回农村。

由于没有城市户口,农业转移人口不能够进入城市的正式就业体系,他们所从事的往往是脏、累、险、重的粗活,大多为技术含量较低的劳动密集型工种,如泥工、力工、搬运工、街头巷尾和农贸市场的小摊贩、收废品者,等等。这些工作往往为一般的城市劳动者所不屑,从而成为城市农业转移人口最为集中的工种。农业转移人口的工资收入一般要比城市工人低。还有很多农业转移人口的工资报酬与城市劳动者之间不具有可比性,因为在许多城市中,一些工作条件恶劣的工作几乎已完全由农业转移人口承担。另外,在实行计件工资制度的情况下,有些农业转移人口收入似乎不算低,但这种情况往往与农业转移人口的超时工作有关。②

① 周海波.农民工非正规化就业问题研究[J].农业经济,2005(07):41.
② 樊小钢.流动人口与社会保障机制的构建[J].经济学家,2004(03):117-118.

农业转移人口与城市工人的工作待遇差异，主要在社会保障方面。如在养老保险方面，农业转移人口拥有养老保险的占16.3%，城市工人占67.3%；在失业保险方面，农业转移人口拥有失业保险的占6.2%，城市工人占44.5%；在医疗保险方面，农业转移人口能够报销部分或全部医疗费的占28.4%，城市工人占66.3%。城市工人享有养老保险、失业保险和医疗费报销的机会分别是农业转移人口的2.99倍（1∶0.335）、3.22倍（1∶0.311）和1.62倍（1∶0.619）。[①]

造成农业转移人口社会保障权利缺失的原因是多方面的。制度的排斥，特别是城乡分割的户籍制度是造成目前这种不公正、不平等状态的根源。农业转移人口缺乏表达利益的工具和途径。[②]我国已经建立起来的社会保障制度，依然保持了城乡分割的格局，即便是那些已经在事实上实现了非农化的人口，也依然被排斥于城镇的社会保障体系之外。因此，真正阻碍农村人口城市化进程的最大障碍并不是户籍制度，而是我国社会保障制度的不完善。[③]文化程度能在一定程度上影响进城农民对社会保障制度的认识水平，能够提高进城农民对社会保障权利的诉求。进城农民对自己的身份定位对社会保障权利诉求有显著影响。[④]

尽管社会各界对农业转移人口社会保障问题越来越关注，也提出了一些针对性的建议，但面向农业转移人口群体的社会保障制度的建设仍然显得异常苍白。部分地区虽然出台了与农业转移

---

① 李培林，李炜．农民工在中国转型中的经济地位和社会态度[J]．社会学研究，2007(03)：1-17+242.

② 薛天山．城市农民工社会保障中的社会排斥问题研究[J]．理论界，2007(11)：9-11.

③ 樊小钢．论城市农民工的社会保障问题[J]．农业经济问题，2003(11)：14-18+79.

④ 安月兴，胡宏伟．进城农民社会保障权利诉求及相关因素分析[J]．中国地质大学学报(社会科学版)，2009，9(02)：83-87.

人口有关的一些社会保障政策措施，但实践效果并不理想。[①]

下面就是一个社会保障制度缺位的典型案例：

> 2003年12月24日，安徽庐江县农民周岱兰在上海为雇主家擦窗时，不慎从四楼坠落，腹腔大出血，脾脏破裂，腰椎粉碎性骨折，生命垂危。好心的雇主及时将她送上海普陀区中心医院急救。经脾脏切除和肝脏修补手术，周岱兰虽然挽回了性命，但一贫如洗的她根本无力支付巨额的医疗费，更无力筹措下一步治疗腰椎骨折的医疗费用。猴年新春万家喜庆之际，周岱兰却只能滞留在医院，躺在病床上强忍剧痛，内心充满了生不如死的绝望。
>
> 雇主是一对并不富裕的老夫妇。在周岱兰抢救过程中，他俩始终守在医院。年近60岁的女雇主流着泪给医生下跪，恳请他们一定要将周岱兰救回来，并在第一时间先垫付了6 000元手术费。此后的一个星期里，他们又支付了约2万元医疗费用。即使如此，周岱兰的手术费还欠费2万元；接下来的腰椎手术，估计还要花费4万元。老夫妇俩显然已力不从心。贫病交加的周岱兰走投无路，其家属只能要求雇主承担所有费用："如果不出钱，就把周岱兰送到你家里来。"雇主与保姆之间原来建立的良好感情已荡然无存。
>
> 医院方面显然也已竭尽全力。在拖欠2万多元医疗费的情况下，普陀区中心医院还是帮周岱兰办了出院手续，还四处奔波，为她联系有能力做脊椎手术的医院。
>
> 周岱兰最终借助舆论的力量改变了命运。新华社等媒体的报道，在上海激起了一股爱心热流，一笔笔捐款帮助周岱兰进入了中国民航上海总医院，接受了深入的骨科治疗。

---

① 郑功成．农民工的权益与社会保障[J]．中国党政干部论坛，2002(08)：22-24.

雇主夫妇不富裕,周岱兰又伤势严重。雇主不是不尽义务,而是无力负担。在这种情况下,周岱兰只能依靠社会救助,通过社会捐款来获得医治。

在农业转移人口的工伤事故中,即使雇主有能力承担医疗费用,多数雇主仍然不情愿赔偿农业转移人口的损失。

张某,女,35 岁,由某农村到 N 市区做保姆。几个月前,经某中介介绍到王先生父母家里工作。王先生因为工作忙碌,无法照顾两位老人,于是就请了张某照顾他们的生活起居。张某每天的工作就是给两位老人做饭、打扫卫生,以及给家里的两条大狼狗喂食。张某觉得这份工作还算轻松,就答应了,而且现在工作也不好找。

第一天,王先生带着张某去了其父母家,两位老人都很客气,态度也很好,身体也不错。张某觉得很好,毕竟现在的老人越来越不好伺候,自己碰到这样的两位老人真的很幸运。可是当王先生带她去看那两条大狼狗的时候,张某着实吓了一跳。这两条狗很大,而且对张某很不客气,让张某感到很恐惧。王先生又解释说,狼狗认生,所以才会这样,以后熟悉了就会好了;而且狗还关在笼子里,不会对她造成什么威胁。张某想到来之不易的工作机会以及王家两位老人的和善,就没有多说什么了。

张某前两天的工作大体顺利,除了第一天喂狗时不小心被狗牙刮伤了手,尽管她已非常小心。为了方便工作,王家还给她配了钥匙。事情就发生在第三天。张某下午来到王家,用钥匙打开门后发现两位老人不在,估计是出去散步了。张某没有多想,直接开始打扫卫生,根本没有注意到房子里还有两条狼狗。当她要从厨房出来时,突然发现两条狼狗堵住了门口,怒目而视。这让张某感觉很害怕,可是两位老人还要一段时间才能回来。就在她不知所措时，两条狗突然向她扑来。慌乱中，她摸到一根木棍，拼命地胡乱挥舞着。不知何时，两条狗被打跑了，但张某也因惊吓和劳累而昏厥过去。当两位老人散步回来，发现家门开着，起初以为是盗窃，进屋后却发现张某全身是伤地倒在厨房的地板上。他们急忙将张某送进医院。医院诊断显示，张某全身多处被狗咬伤，伤势比较严重。

王先生赶到医院看望受伤的张某，但对医疗费用未置一词。这时，张某才得知，原来是两位老人出门前没有关好狗笼，才导致了这场意外。几个星期后，张某出院，她找到王先生，要求支付自己医疗费、误工费、营养费等。王先生却坚称此事与他无关，是其父母的责任。张某又去找王家的两位老人，却发现他们也拿不出来钱，因为他们的生活费都是王先生给的。张某终于意识到，王先生明知道两位老人没有钱，却故意让她去找两位老人要钱，就是不想承担责任。而且自己的确应该向王先生要求赔偿，因为她当时也是与王先生签订的劳务合同。

此时的张某，已身无分文，而且自己从农村过来打工，本来就没有带多少钱，这次意外的花费，都是她向老乡借的。几千块钱的费用啊！张某想想都觉得头晕。找了几次王先生后，王先生竟然消失了。最后张某不断地恳求两位老人，终于又找到了王先生。王先生也终于同意为王某支付一定的费用，但只限于医疗费。对于此事，张某已筋疲力尽，不想再折腾下去，而且欠老乡的钱已经有两个多月了，毕竟在外面打工的工友都没什么钱，也只好默认了。

我们的另一个被访者冯阿姨则通过劳务中介的调解，最终达成了赔偿协议。冯阿姨的解释是：我不想讹人家，人家先前对我不错。

2008年年初,冯阿姨结束了四处打游击的卖菜生活,进入了一个模具厂打工。还没到一个月,她的一根手指就在工作中不幸受伤,失去了半截。她在洗衣服时,主动讲了她手指的故事。当我问她手用起来是否方便时,她说道:"碍事倒不怎么碍事,就是有时候抓东西不方便,比如抓黄豆就会漏。而且少了半截指头,手不漂亮了。"说这话时,她停下洗衣服,不停地摆弄她那根只剩下半截的手指。我安慰她说,不仔细看是看不出来的,我一开始就没看出来。她有点不好意思地说,她以为我注意到了。接着,她讲述了她与模具厂老板娘的故事。

"我的手受伤时,有人对我讲一根手指头值几万。但老板娘从前对我很好,我刚去打工时,弄坏了模具,值几千块钱。老板娘安慰我说:'不要紧,不要内疚,开始总有不会的时候。'受伤后,老板娘带我去医院看门诊。老板娘对我这么好,我也不好讹她。我也没找什么劳动局。但等我从医院出来回家养伤时,她不提工资的事,意思是她帮我治好了手指,我的工资也就不给了。后来我去职业介绍所找他们的号码,准备告到劳动局。但介绍所的人从中调解。他们问我想要多少钱,我说随便。他们说那就要15 000块吧。到老板娘那,她说要扣掉医药费2 000块钱,我说:'你要是要扣这2 000块钱的医药费,这钱我就不要了。我清楚这些医药费值多少钱,你也别糊弄我。'老板娘害怕我上告,赶紧说好话,最后给了我10 000块钱。我也同意了,本来就没想怎么要钱,没有争吵,也没有跟她讨价还价。我不想讹人家,人家先前对我不错。"

我们的三个案例典型地反映了农业转移人口权利保障的现实。然而,保障他们的权利在现实中面临诸多挑战,并非简单的几个对策就能完全解决。

不少研究者注意到了农业转移人口在职业伤害中的自身因素。他们发现,外来务工人员、农业转移人口及文化程度较低者更易遭受职业伤害。这主要是因为这些群体由于自身条件限制,往往难以拒绝危险性较大的工作。此外,文化程度较低者可能在技术操作方面存在困难,较易忽视安全行为。同时,这些人员很少接受职业培训,自我保护意识差,缺乏改善不良劳动条件的能力也是一个重要原因。①

对于解决农业转移人口职业伤害的医治和赔偿问题,研究者的建议主要集中在:

1. 制度保障。政府应转变重管理、轻服务的观念,为进城务工农民建立工伤保险制度,并提供医疗和大病保障。同时,政府应正确认识进城农民群体的社会保障权利,从以人为本、构建社会主义和谐社会、促进社会公平正义的高度,确保这些权利的普遍实现。

2. 调动各种非政府部门力量来协助满足农业转移人口的社会保障需求。

3. 鼓励建立利益诉求渠道。

4. 增强农业转移人口的法律保障意识。

但现实中,农业转移人口面对职业伤害还是显得那么无奈和无助。我认为,弱势是问题的根源所在,而不公正和不公平的现象可能会成为常态。农业转移人口对制度保障的看法可能和我一样悲观。因此,我们所能提供的可能仅限于道义上的支持。

综上所述,只有当农业转移人口的户口问题得到解决,他们享有与城市市民同等的社会保障,以及住房、工作、教育等基本权利时,我们才能认为他们真正融入了城市社区。然而,实现这一目标的道路还极其漫长。政府作为理性博弈的一方,在农业转移人口

---

① 刘新荣,杨建国,姜文忠等.职业伤害与社会经济影响因素的关系[J].中华劳动卫生职业病杂志,2004(02):10-13.董金妹,罗有忠,吴福龙.职业伤害社会影响因素的回归分析[J].中国卫生统计,2007(02):224.

融入城市过程中究竟能起怎样的作用,现在下结论还为时过早。

显然,我们不能以城市化完成的那一天作为农业转移人口融入城市社区的终点。我们都认同,城市化和农业转移人口的融入是一个长期的进程。因此,如果我们采用一个更灵活的标准来衡量农业转移人口的融入,即他们与城市形成了一种长期的互惠共生关系,那么讨论农业转移人口融入城市社区将更现实、客观,也更具操作性。

低端就业难以融入城市社区,这是一个表象,还是一个至关重要的决定性因素?经营书报亭的王先生就反复说道:“我和你们不同(指拥有高学历的大学生),你们以后是可以留在上海的,我既没有技术也没有文化,而且年纪也越来越大,我们这样的(人),是没有什么公司会要的,而且只能赚这点钱。你们的潜力大啊!”

当然,高职业技能和高学历无疑对融入城市社区有一定作用。但对于农业转移人口而言,这个是奢望。我们的访谈对象木师傅的认识更接近实际、更清醒些:“我们没办法选择自己的出生环境。”但话说回来,城市的职业是不是全部需要高技能、高学历?是不是成为白领才算融入城市社区?现在由农业转移人口从事的苦、脏、累、险等的低端工作,是不是一定会受到城市的排斥,一定就不能融入城市社区?城市需要高端人才,也需要对职业有清醒认识的农业转移人口。

社会主义核心价值观践行养成是农业转移人口日常生活和工作中的行为写照,它关乎个体的主体意识、生命价值和生活体验。这一过程涉及理论认知、行动体验、双向互动、情感认同及养习成德在工作生活中的融入。社会主义核心价值观践行养成,要重视情感与理智的统一。理论认知既承接行动体验得来的认识,又实现情理交融,优化人们的认识,保证养习成德建基于情感和理智之上。主体一旦认识到社会主义核心价值观是经过自身自觉思考的“好”的价值观,对社会主义核心价值观践行养成就会实现由自发向自觉的跃升。正如费孝通所言:“意义在于生活在一定文化中的人对其文化有‘自知之明’,明白它的来历、形成的过程,所具有的特色和它的发展的趋向。”① 只有经过理论认知才能超越情感,实现养习成德。

小　结

本章借助社会心理学的人格理论,通过个案分析,主要探讨农业转移人口对城市文化认同问题。在社会化过程中,农业转移人口个体形成了具有特色的心身组织,特别是在适应城市环境时,他们在能力、情绪、需要、动机、价值观、气质、性格等方面展现出综合的行为模式。农业转移人口的文化人格总体上存在一个从受农村聚落文化影响向受城市聚落文化影响逐步嬗变的过程,同时,他们的人格特质也表现出比较稳定的传统文化和风俗的规定性内涵,他们在融入城市社区的过程中,也表现出自主适应性特征。

通过对一系列访谈案例的深入分析,我们探讨了农业转移人口融入城市的职业伦理与践行社会主义核心价值观问题。职业伦理是指个人服务他人、服务社会,满足自己生活需要的工作中体现的人与人、人与社会的关系、要求及其理由。职业伦理从服务他人的角度言,其内涵是诚心诚意;从服务社会的角度言,其内涵是尽责合法;从自身权利言,其内涵则是有理有节。

农业转移人口作为向“新产业工人”或“新商人”转型的群体,有必要通过对于职业伦理的自觉认识,明确其“满足自己生活需要”的权利与“服务他人、服务社会”的义务,逐渐增进其职业道德,通过职业道德塑造其文化人格。只有树立起农业转移人口的

① 费孝通.关于“文化自觉”的一些自白[J].学术研究,2003(07):5-9.

文化人格标识，培育起农业转移人口的道德市场，才能消除城市方对农业转移人口的偏见与歧视，进而有利于农业转移人口融入城市社区。

城市社区是市民日常生活最终归属的场域。社会主义核心价值观的践行与城市社区居民的生活和工作息息相关。在个人层面，如爱国、敬业、诚信、友善等价值观体现在居民日常生活和工作的方方面面，成为社会主义核心价值观培育的重要场域。在社会层面，社会主义核心价值观倡导“自由、平等、公正、法治”的要求和规范。要实现个体对社会主义核心价值观的认同，关键是社会主义核心价值观要能满足个体的现实需要，从解决人的生存和发展问题的角度来契合其认同逻辑。

第八章　农业转移人口市民化的文化认同机制构建

当前,加快推进新型城镇化既是关系到我国现代化全局的大战略,也是经济发展的最大结构调整;既是释放最大内需潜力的重要途径,也是供给侧结构性改革的重要内容。我国的新型城镇化是“以人为核心”的城镇化,因此推进农业转移人口市民化也就成为新型城镇化的首要任务。

影响农业转移人口市民化的因素很多,如户籍、社保待遇、住房、工作、子女教育,等等,城市化过程中社会的现代化转型不可能一蹴而就,传统仍然起着不可或缺的纽带作用。习近平总书记强调:“增强中华文化影响力,发挥文化引领风尚、教育人民、服务社会、推动发展的作用。”转型过程中,必须将传统文化中的优秀要素发挥出来,经济社会才能可持续发展。市场经济中的交易往往并非像教科书所描述的那样是“一次性”“非人格化”的,而是经常带有人格印记的重复博弈。我们认为,农业转移人口市民化是一个渐进的过程,其中不容忽视的问题是如何使农业转移人口有效地融入城市社区。这本质上涉及城市文化对农业转移人口的接纳,以及农业转移人口对城市文化的认同。农业转移人口从乡村传统与习俗向城市现代化和现代契约文明过渡时,需要优秀传统文化与社会风俗对农业转移人口文化人格的塑造,构建典型的文化认同机制,借此有效地融入城市社区。

第一节　农业转移人口市民化的信任机制

一、文化人格内涵是促发信任行为的一个标识

一般认为，城市社会由陌生人组成，且人口众多，人与人之间的关系不像乡村熟人社会和小群体那样，依赖于个人身份与关系型自我治理；城市社会形成了非人格化与契约型规则治理。特别是我国现代城市社会吸收了西方的城市性和现代性，又经过了近现代对传统的“革命”，传统与习俗对现代城市社会的影响已经不那么深刻了。对城市社会人与人之间的信任关系的认识，也倾向于非人格化与契约型规则治理。一些社会变迁理论，甚至将发达国家作为参照系，认为发展中国家的经济、政治、文化乃至价值观都落后于前者，发展中国家的历史传统是落后的、需要改变的；沿着传统轨迹进行的社会变迁都是不合理的。究其原因，一方面是受到西方个体主义文化以及西方对城市社会研究结果的影响，另一方面是将兴起于西方的城市性和现代性作为普遍化的标准，没有注意到我国城市化进程中的传统文化根基，对城市社会人与人之间的信任关系，特别是现阶段城市方与农业转移人口间的信任关系缺乏调查和深入分析，忽视了传统与习俗影响下自下而上的观念和行为演进对城市化进程的作用，这无疑对认识城市化进程中农业转移人口融入问题及城市发展相关政策的制定造成了影响。事实上，中国人之间的信任关系，无论城乡，都有一种文化特质作为联系人与人之间关系的纽带。无论是城里人上推三代就能找到农民的根，还是揶揄中国现代城市的“土气”，实际上都凸显出了中国现代城市的文化基因——传统与习俗在行为主体的观念及行为模式中的涌动。

尽管心理学、社会学、经济学等学科从不同角度对信任进行了深入研究,但对信任的表现、功用等认识得并不一致,却又殊途同归地揭示了信任的文化特质。所谓文化特质,指文化作为成套的行为系统,其核心由一套传统观念,尤其是价值系统所构成。

心理学关注认知。该学科的研究普遍认为,信任是内在的人格特质,在人际交往过程中,个体经过社会学习形成的对人的可信度的概括化的期望,是一种非理性预期。如霍斯默(Hosmer,1995)认为,信任是对合乎道德的行为的期望。[①] 罗特(Rotter J.B.,1967)认为信任是将对方的言辞、承诺、口头或书面陈述视为可靠的一种概括化的期望。[②] 萨贝尔(Sabel,1993)认为,信任是交往双方共同持有的对于双方都不会利用对方弱点的信心。梅耶(Mayer,1995)等认为,信任是指信任方基于对被信任方会依照其期望行事的预期,而不考虑自身的防范能力,愿意使自己处于易被被信任方伤害的境地。[③] 卢梭(Rousseau,1998)认为,信任是一种心理状态,是基于对另一方行为的正面预期而愿意暴露自身弱点,愿意接受被损害的风险。[④] 巴伯(Barber,1983)认为,信任是个体在社会交互中习得的一种对他人的期望,信任形成于其所在的社会、组织中,影响个体对于生活和社会的理解。他认为,人的信任行为源于一种对自然和社会能够持续运作的预期(基础预期),即对于规则、规范、制度的一种信任。其次是对人能够称职的履行角

---

① Hosmer L. T. *Trust: The Connecting Link between Organizational Theory and Philosophical Ethics*[J]. *The Academy of Management Review*, 1995(02): 379-403.

② Rotter J. B. *A New Scale for the Measurement of Interpersonal Trust*[J]. *Journal of Personality*, 1967, 35(4), 651-665.

③ Mayer R. C., Davis J. H. & Schoorman F. D. *An Integrative Model of Organizational Trust*[J]. *Academy of Management Review*, 1995, 20(03), 709-734.

④ Rousseau D. M., Sitkin S. B., Burt R. S., and Camerer C. *Not So Different after All: A Cross-Discipline View of Trust*[J]. *Academy of Management Review*, 1998, 23(03): 393-404.

色的预期(能力预期);再次是对人能够完全尽心尽责的预期(善意预期)。[①] 布罗米利和卡明斯(Bromiley & Cummings, 1996)指出信任是一种更加复杂和多维的心理状态,除态度外,情感和动机也值得重视。[②] 法恩和霍利菲尔德(Fine & Holyfield, 1996)认为,文化成分、情绪反应、社会背景等同样影响到了信任,个体并不仅仅通过有意识的思考去进行信任判断,信任也可能源于无意识的直觉。[③] 达什和滕(Das & Teng, 2004)将信任分为能力信任和意愿信任。[④] 信任对方是因为相信对方有良好的意愿,具备实施期望行为的能力。

社会学强调社会规范的作用。该学科将信任视为社会制度和文化规范的产物。如朱克(Zucker, 1986)认为信任是在特定的法律制度和社会规范基础上形成的,可以分为三类:其一,基于互惠的信任;其二,基于文化共性的信任;其三,基于制度的信任。[⑤] 鲁曼(Luhmann, 1979)将信任区别于人际信任和制度信任。[⑥] 人际信任依托于熟悉程度和感情联系;制度信任依赖于预防式或惩戒式机制。如彼得·布劳指出,信任是"稳定社会关系的基本因素"[⑦]。

对于信任这样的社会现象,塔尔科特·帕森斯(Talcott Parsons, 1951)给出了一种简单的关系。他认为,社会系统间的"交换"需要"约定"作为媒介,信任正是约定的结果,它的作用是根据基本

---

① Barber B. *The Logic and Limits of Trust*[M]. New Brunswick, NJ: Rutgers University Press, 1983: 12.

② Cummings L. L. & P. Bromiley. *The Organizational Trust Inventory* (OTI). *Trust in Organizations*: *Frontiers of Theory and Research*[M]. California: Sage Publications, 1996.

③ Fein S., Hilton J. L. *Judging Others in the Shadow of Suspicion*[J]. *Motivation and Emotion*, 1994, 18: 167–198.

④ Das and Teng. *The Risk-Based View of Trust: A Conceptual Frame-Work*[J]. *Journal of Business and Psychology*, 2004, 19(11): 85–115.

⑤ Zucker L. G. *Production of Trust: Institutional Sources of Economic Structure, 1840–1920*[J]. *Research in Organizational Behavior*, 1986(8): 53–111.

⑥ Luhmann N. *Trust and Power*[M]. Chichester: John Wiley, 1979.

⑦ 彼得·布劳. 社会生活中的交换与权力[M]. 孙非,张黎勤,译. 北京:华夏出版社, 1988: 99.

规范和价值标准来诉诸责任。[①] 尼古拉斯·卢曼认为,信任是一个社会复杂性的简化机制。信任将包围着我们的复杂性和不确定性转化为一个二元选择:可以相信还是不可以相信。[②] 伯纳德·巴伯(1983)将信任作为一种社会机制进一步研究,认为社会关系中的一些人靠信任来控制另一些人的技能行为,并使他们的技能得到有效且公正的使用。信任源于社会给具备技能的人灌输合乎道德的信用责任感。这种控制机制不是十分充分或完全有效,还需要一套功能上的替换机制和补充机制。[③] 巴伯将信任作为一种社会机制,至少指出两方面的重要作用。其一,信任对技能的控制作用;其二,技能的价值不仅表现在其"有用",而且表现在"好用"。言下之意,"有用"且"好用"的技能才能获得信任。

梅耶(Mayer,1995)等认为,被信任方值得信任主要在于被信任方的能力、诚实和仁慈。[④] 所以,也正是在此意义上,科尔曼(1999)指出,给予信任以及恪守信用对社会关系的建立和解除都很重要。[⑤]

信任是经济交易所必需的公共品德。经济学分析效用最大化。该学科从经济人假设出发,认为个体选择是根据其价值观对潜在收益进行精确计算的结果,所以是一种计算型信任。如艾罗(Arrow,1974)认为,信任是经济交换的润滑剂,是控制契约的最有效的机制,是含蓄的契约,是不易买到的独特商品。[⑥] 米斯兹塔尔

---

① T. Parsons and E. Shils. *Toward a General Theory of Action*[M]. Cambridge: Harvard University Press, 1951: 82.

② 尼古拉斯·卢曼. 信任:一个社会复杂性的简化机制[M]. 瞿铁鹏,李强,译. 上海:上海人民出版社,2005:30.

③ Barber B. *The Logic and Limits of Trust*[M].New Brunswick, NJ: Rutgers University Press, 1983: 17.

④ Mayer R. C., Davis J. H. & Schoorman F. D. *An Integrative Model of Organizational Trust*[J]. *Academy of Management Review*, 1995, 20(3): 709–734.

⑤ 詹姆斯·S. 科尔曼. 社会理论的基础(上、下册)[M]. 北京:社会科学文献出版社,1999:210.

⑥ Arrow K.J. *The Limits of Organization*[M]. New York: W.W.Norton, 1974.

认为,社会信任可以沿着从人格化到抽象这样一个连续统排列。[①]

社会信任结构分为三类:一是人格化的深度的社会信任结构。这种社会信任结构是前现代社会或传统社会的社会信任结构,它建立在传统社会中内聚性的日常互动的基础上,起源于亲密的人格化关系,同一宗族成员之间的社会信任是它的主要组成部分。由于传统社会中同一宗族成员之间的深度的社会信任是"机械团结"的基本组成部分,因此,这种社会信任结构也称"迪尔凯姆型"社会信任结构。二是较为非人格化的浅度的社会信任结构。这种社会信任结构是现代社会的社会信任结构,它建立在发生于工业社会中相互交叠的正式组织内部的较为有限而且稀疏的社会接触的基础上,起源于志愿性组织中的次级关系,同一志愿性社团和共同体组织成员之间的社会信任是它的主要组成部分。由于现代社会创造的不是"机械团结"的深度的社会信任,而是"有机团结"的浅度的社会信任,因此,这种社会信任结构也称"托克维尔型"社会信任结构。三是抽象的社会信任结构。这种社会信任结构是后现代社会的社会信任结构,它起源于"想象的""移情的"或"反思性的"共同体中的"熟人类型"的社会关系。所谓熟人(acquaintance)不是指一般意义上的认识并有相当了解的人,而是指可能不认识或者了解相当少,但在某些重要方面却被认为是与自己相近的个体。熟人关系就是这样的熟人之间的关系,抽象的社会信任就是这样的熟人之间所产生的相互信任。因此,后现代社会中的抽象社会信任可能存在于同一国家内的两位陌生人之间,还有可能存在于不同国家的两位陌生人之间。抽象的社会信任是后现代社会的抽象社会信任结构的主要组成部分,它通过教育和大众媒体获得。[②]

---

① Barbara A.Misztal: *Trust in Modern Societies :The Search for the Bases of Social Order*[M]. Cambridge : Polity Press, 1996: 72.

② 董才生 . 社会信任的基础:一种制度的解释[D]. 吉林大学,2004: 47.

当代中国社会的人际信任仍然维持着传统社会亲疏有别的“差序性格局”，而对血缘家族关系以外的人际信任表现出极大的不确定性。随着城市化、工业化进程的加快和社会流动的加剧，当代民众对生人交往关系的信任水平呈现上升的趋势，中国人的人际信任特点由对熟人和生人关系的两极分化逐步转向趋同，表现为“完全信任者”群体（高熟人—高生人信任）比例的增加和“部分信任者”群体（高熟人—低生人信任和低熟人—高生人信任）比例的减少。“经济化”在社会流动（除户籍流动）影响人际信任（熟人信任和生人信任）的过程中起到了显著的积极作用，而“道德化”在社会流动影响人际信任的过程中起到了显著的消极作用（仅对于生人信任而言）；社会流动通过分配“公正”观而非分配“均等”观对人际信任起间接影响作用。社会流动通过“人际互惠”而非“人际冲突”对人际信任起到间接影响作用。人际互惠水平的增加能够提升对他人的信任水平。[①]

哈丁（Hardin，1992）认为，通过了解对方可信度的信息和其履行信任内容的动机（被信任者的偏好）信任对方。[②] 布莱恩·乌兹（Brian Uzzi，1997）证明了在信息不完备的条件下，信任具有启发式决策的特点，这样信任就具备了降低交易成本的功能。博弈论范式下的信任建立除了外在规范外，还强调内在规范（信誉）和社会关系（重复交易），并强调关系中感情成分的重要性。[③] 郑伯壎（1999）研究认为，企业中上司对下属的信任关键在关系的基础、忠诚度、才能。[④] 张维迎（2002）认为，信任被普遍认为是除物质资本和人力资本之外决定一个国家经济增长和社会进步的主要

---

① 高学德．社会流动与人际信任关系研究［D］．南京大学，2014：1，2.

② Hardin Russell. *The Street-level Epistemology of Trust*［J］. *Politics and Society*，1993（04）：505–529.

③ Brian Uzzi. *Social Structure and Competition in Inter Firm Networks：The Paradox of Embeddedness*［J］. *American Science Quarterly*，1997（42）：36–67.

④ 郑伯壎．企业组织中上下属的信任关系［J］．社会学研究，1999（02）：22–35.

社会资本。信任跟人们之间的交易被重复的可能性、交易的发达程度、教育水平等因素有关。[①]张维迎(2003)认为,长期交往会增进相互间的感情,重复博弈从信誉和感情两个方面有助于信任的建立。[②]

信任是本社会文化密码的一部分,而文化密码像基因一样是以某种神秘的方式世代相传的。[③]吉登斯(1991)认为,占有大量资源可以使人具有一种更加开放、更加乐观、更富同情心、更加自在的人生态度,而这种人生态度可以增强对他人的信任感。[④]

上述对信任的文化特质的关注,有三方面值得注意:1. 对道德的强调,即把道德作为衡量信任的一个尺度。2. 重视价值判断,强调信任的功用。3. 对规范信任的柔性力量的重视,比如文化、情绪、感情等。诸如此类的文化特质恰好反映出区别于西方的东方信任的文化内涵。对中国人而言,关系因素优先于个人因素,如忠诚度是指对另一个人的"私忠",是私人关系的产物。所以,信任是内化于关系中的一种道德规范义务。虽然人们不无偏私地认为,西方人的义务责任感是一种比较一致的人格特质,与具体的交往对象无关,具有普遍适用性;但仍然不能排除西方信任也存在对道德的强调,重视价值判断,也掺杂了文化、情绪、感情的成分。

值得注意的是杨中芳等(2001)有关人际信任的本土社会学研究,很好地表现出了有关信任的中国文化特质。这里有必要对

---

① 张维迎,柯荣住. 信任及其解释:来自中国的跨省调查分析[J]. 经济研究,2002(10):59-70+96.

② 张维迎. 企业家与职业经理人:如何建立信任[J]. 北京大学学报(哲学社会科学版),2003(05):29-39.

③ 王绍光,刘欣. 信任的基础:一种理性的解释[J]. 社会学研究,2002(03):23-39.

④ Giddens Anthony. *Modernity and Self-Identity*[M]. Stanford:Stanford University Press,1991:79.

杨中芳的研究作一下梳理。首先他对人际信任的内涵作了描述，认为人际信任是指在人际交往中，双方对对方能够履行其所托付的义务及责任的一种保障感。用日常用语，就是“放心”，不必担心对方是否会按照自己的期望、托付去为自己做事。其次，总结了三种诚信保障：1. 老实，指个人的基本品格——诚实及按规矩办事；2. 诚意，有意进入相互满足对方需求的工具交换活动，不完全自私地只顾剥削对方，为对方的利益着想，不斤斤计较，相互礼让；3. 诚心，专心关怀对方，尽心地为对方的利益着想，情愿为对方服务，在这个过程中，损失了自己的利益也在所不惜。值得注意的是他对信任进展条件的陈述：在人际关系与人际信任这一循环链中，起点是人品好；并得出结论：在这一以义务为基础的信任模式中，人品的评价是唯一最重要的个人信任因素。① 可见，杨中芳的人际信任仍然是既有人际关系中的信任，即熟络了的人际关系或至少有一定了解了的人际关系中的信任。但仍须追问的是，人与人最初发生交往关系，有没有信任？这个信任行为从哪里来，如何发生？

我们的研究也希望从文化、社会、历史根源来探寻中国人信任行为的归因。我们是接着杨中芳所提出的“人品好”这个重要的“起点”继续深入推进的。我们要研究的是：是什么规定了人品好坏的评价标准？信任的文化内核是什么？我们的研究总结表明：文化人格内涵是促发信任行为的一个标识。

二、传统与社会习俗作用下的社会认同机制

现代社会，信任已经不再仅仅局限于朋友之间的关系，而成为一种普遍的人与人之间的关系，特别是在交换或合作过程中。正如齐美尔（1950）所言：“没有人们相互间享有的普遍的信任，社

---

① 杨中芳．中国人的人际关系、情感与信任［M］．台北：远流出版公司，2001.

会本身将瓦解。”[①] 但这只是对信任保障了社会秩序的解释。同样对信任功用作出解释的还有卢曼(1979),他说:“靠着简化复杂,信任打开了许多的可能性,没有信任这个行动是不可能和无吸引力的。只有在行动之后,可能的成果才能实现,必须先行动。信任为时间问题架了桥,它为成果作了预付。”[②] 郑也夫(2006)也指出,信任在人的心理活动中发挥着简化复杂的功能。[③] 关注“信任保障了什么”当然重要,但我们还要追问,是什么保障了信任?即,信任在保障人与人之间关系的时候,在稳定社会秩序的时候,它依赖于怎样的价值观念、心理模式?它体现出了怎样的文化内涵?

几乎没有谁会否认传统与社会习俗对社会变迁的作用,但更多时候是揭发和批判传统与社会习俗的负面影响,这几乎成了中国近现代史上对传统文化理性检视的一道独特景观。林尚立(2001)对此分析说:“近代中国现代化发展战略的选择模式,严重误导了人们的认识,使人们无法从中国社会发展的历史逻辑和现实逻辑去把握实现现代化的关键,而简单地从中西文化比较中去寻求解决现代化问题的途径。这种战略选择模式注定了现代化的努力都将以失败告终,更为重要的是它使中国人在一次又一次的现代化挫折中失去了对自己文化的基本认同,直至全面、彻底地否定传统文化。”[④]

对传统合理成分的认识也要经历一个过程,最终会对传统与社会习俗对现代化进程的意义与作用达成一个比较一致的清醒认识,即逐渐认识到,传统和习俗是一种历史的文化积淀。它的“约

---

① G. Simmel. *The Sociology of Simmel. ed*[M]. by K. Wolff. New York: Free Press, 1950: 326.

② Niklas Lumann. *Trust and Power*[M]. NewYork: John Wiley & Sons, 1979: 25.

③ 郑也夫. 信任论[M]. 北京: 中国广播电视出版社, 2006: 98.

④ 朱国宏,林尚立,张军. 中国社会变迁: 反观与前瞻[G]. 上海: 复旦大学出版社, 2001: 45.

定俗成”成为人们自觉遵守的一类行为规范，它的作用是柔性地规范社会秩序。“传统是社会所累积的经验。文化本来就是传统，不论是哪一个社会，绝不会没有传统的。”[①]“习俗是自发地产生的，是一个巨大无朋的复合体，衣食住行，礼节称谓，乃至举手投足，无所不包。因为习俗无所不在，便将社会生活的每一细节同社会秩序的每一经纬，相互渗透。水乳交融。”[②]正如有学者指出：“中国文化的基本价值并没有完全离我们而去，不过是存在于一种模糊笼统的状态中。中国人一般对人、对事、处事、接物的方式，暗中依然有中国价值系统在操纵主持。”城市化背景下的现代社会新秩序，已远远不再是传统儒家所倡导的“秩序观”。传统以儒家为主导的文化形貌已经破坏，但许多传统的文化元素仍然或隐或明、或多或少地保存着。[③]

这种传统的文化元素，无论成为城市化背景下的现代社会新秩序构建过程中的阻力还是助力，都可能成为人与人之间交往过程中影响其信任行为的重要文化内容。以周长城为代表的“新现代化研究”的观点甚至指出，传统与现代并不一味地相互排斥，传统与现代不仅可以共存，而且还相互渗透，相互促进。传统某些时候并非现代化进程的阻力，传统对现代是有益的。

林尚立（2001）则从社会发展趋势的角度，对现代化进程中传统价值的回归作了分析：

> 对传统文化的关注在改革开放后不久就已形成。社会主义市场经济确立后，随着社会日益独立于国家，道德日益成为市场经济发展的重要需求，文化认同中对传统文化的关注也越发强烈，不仅体现在社会大众的文化认同之中，而且体现在

① 费孝通．乡土中国［M］．上海：上海人民出版社，2019：73.
② 郑也夫．信任论［M］．北京：中国广播电视出版社，2006：117.
③ 金耀基．从传统到现代［M］．北京：法律出版社，2017：109.

整个国家意识形态对传统文化价值的充分肯定上。

对于今天的中国人来说,对传统文化的关怀,并不是关怀传统文化的成就,而是关怀传统文化合理的精神内核,因而,这种关怀虽有一定的功利色彩,但更多是从民族精神的塑造和生命价值的追求出发的。因此,虽然这种关怀对现代化发展的作用现在还体现得不是很明显,但是随着现代化发展的深入,尤其是整个社会在现代化过程中的日益成熟,其深刻的影响作用必将日益显现。可以说,我们能不能基于这种关怀把被反传统反掉的传统文化的合理内核重新注入现有的文化认同结构,并使其成为精神层面文化的重要组成部分,直接关系到中国现代化发展的最终走向和命运。[①]

为什么传统价值系统仍然会在暗中操纵主持我们对人、对事、处事、接物的方式?哈耶克说:“良好的社会不是简单地依赖于在政府所提供的法律框架内追求私有制,相反,它依赖于一套复杂的法律、道义传统和行为规则的框架,这套框架的特点应该为大多数社会成员所认同。”借用功能主义的解释,这是一个民族发展过程中的实践经验的总结,然后形成一种路径依赖,最终形成一种能够节约人与人之间交易费用,能够节约稳定社会秩序成本的、较为经济的文化价值系统。所以它是一种社会性共识。毕竟,“社会化的个人只是通过群体认同才得以维持”(哈贝马斯语)。所以,群体认同还需要一种社会认可机制。

所谓文化认同机制,是指一种行为的正当性在社会成员心目中的性质。这种社会性认识表达着一种社会性共识,是社会成员

① 朱国宏,林尚立,张军.中国社会变迁:反观与前瞻[G].上海:复旦大学出版社,2001:55.

对人的某种要求所处的性质和状态、人的行为所处的性质和状态、人际关系所处的性质和状态的赞赏性、认可性的判断。[①]

传统与社会习俗作用下的社会认可机制是怎样运行的？文化作为一种教化，它首先确立一个价值标准。这种价值标准在不同的时空条件下可能有很大区别，但它的轴心地位无法替代，各种文化类型都以它的方式对是非善恶作出判断，以此给人提供生活指引。接着，通过价值理念的传播或社会化与再社会化，从而得到人们的信奉与遵循。价值理念经过传播或社会化，最终为一定范围的人群或族群所接受，并成为他们深刻的文化记忆，以致当他们按照这种价值观念去行动的时候，就像出自他们的本能一样，最后展现为一种品格、趣味、风尚、思维方式、体验方式、行为方式和生存方式。[②]

中国传统价值体系极其复杂，但其道德价值却贯彻于社会的方方面面。人的观念和行为无不受其影响、制约。[③]传统与社会习俗的价值理念是一种“孝－忠”一体的文化心理模式。在以“宗法制为本位，血缘亲情关系为纽带”的中国传统社会，是一种“家－国”同构的社会结构模式。中国传统文化正是以此为背景，构设“孝－忠”一体的传统心理模式的。可以说，正是这样的角色规范柔性地规范着直到21世纪的中国的社会秩序。“孝－忠”一体的文化心理模式（包括以此为中心的传统文化的各种各样的角色规范）正起到了这样的一种维护人与人之间关系，以及稳定社会秩序的作用。对长辈孝，推及对上司（领导）忠、对朋友的义和信、对其他人的爱等诸多伦理关系。可见，以角色规范为核心的传统心理模式构成了中国的传统价值系统，成为维护人与人之间关系的

① 强昌文．契约伦理与权利——一种理想性的诠释［M］．济南：山东人民出版社，2007：146.
② 张凤阳．现代性的谱系［M］．南京：南京大学出版社，2003：7.
③ 文崇一．中国人：观念与行为［M］．南京：江苏教育出版社，1988：505.

重要文化纽带。由此也就不难理解有些学者所说的，“中国人一般对人、对事、处事、接物的方式，暗中依然有中国价值系统在操纵主持”。

强昌文（2007）认为，诚信是以底线伦理为根基的。何谓底线伦理？我们认为，“孝－忠”一体的文化心理模式就是底线伦理。在此基础上，“诚信作为一种责任和义务，涉及普遍的社会交往关系。在现代社会生活中，谁想实现自身的价值，谁就必须讲诚信；谁要不断提高自身的素质，谁就必须在提高自身的诚信度的过程中不断地改进态度、改善方法、提高质量、提高水准”[①]。这无疑指的就是行为主体的文化人格的嬗变与塑造。

一般认为，现代城市社会是由陌生人组成的社会，人与人之间彼此不相熟悉。信任何以产生？西方学者认为是凭借契约和制度。杨中芳（1999）就指出，个人对社会制度的总体认可及相信也并不能告诉我们在一个具体的交往中双方有没有信任存在。信任是在人际交往中建立起来的。在一个社会中对人的信任有个别差异。[②] 当然，可以凭借人与人之间交往过程中所收集到的有关对方的信息。但完全由陌生人组成的社会环境，显然不像熟人组成的生活环境那么容易获得对方的有关信息，那么只能通过交往而“听其言观其行”。对于对方的言行，又凭借什么标准或尺度，给予信任？是“交往对象的认可及回报”吗？能不能对这种交互作用的信任行为在普遍性与特殊性间找到一个契合点？我们的讨论就是希望能将这个契合点放在传统和习俗框架下行为主体的文化人格信任上（见图 8-1）。

---

① 强昌文．契约伦理与权利——一种理想性的诠释［M］．济南：山东人民出版社，2007：133.

② 杨中芳．中国人的人际关系、情感与信任［M］．台北：远流出版公司，2001：1.

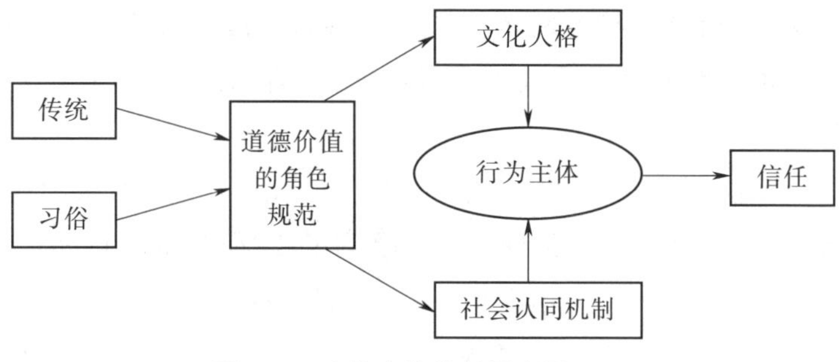

图 8-1　文化人格信任示意图

三、案例分析：行为主体的文化人格对信任行为的影响

信任行为是文化人格的重要组成部分。非人格特征的对象在交换或合作中具有可替代性，其匿名性意味着对象的同质性，即非人格特征在交换或合作中具有无差异性。区别于非人格的匿名性、同质性特征，文化人格传达出了一种异质性特征，即一类对象与另一类对象存在一些显著的差别。而信任行为在交换或合作中就显示出了一种特有的文化标识或符号。为什么信任 A 而不信任 B？无论 A 表现出令人信任的行为，还是其具备了值得人信任的其他特征，均传达出一种契合信任行为的文化符号。该文化符号正是社会氛围中的一个识别符号。所以，信任作为一种普遍的社会文化和价值，在一定的范围内，被固定下来。同时，信任又进行着主体的内化和不断的训练——通过文化的再生产和价值的传播——最终成为主体的文化资本。[①] 这类似于迪尔凯姆的“集体表象”。信任具有强化社会团结、维护社会秩序的作用。

所谓文化人格，是指行为主体或群体在适应特定聚落环境的过程中，接受特定文化熏陶，通过对特定文化的内化及人的社会化所形成的稳定的思维方式和行为模式。所谓文化人格信任，指人

① 林南．社会资本：关于社会结构与行动的理论［M］．张磊，译．北京：社会科学文献出版社，2020：16.

际交往过程中，特定的价值系统对行为主体的角色规范，通过社会认可机制对其文化人格进行识别、接纳、认同，进而产生的信任行为。

我们在研究一些典型访谈案例时发现，农业转移人口融入城市社区的信任行为，某种程度上受到了传统与习俗的较为明显的影响；在保障人与人之间关系和稳定社会秩序的时候，有着传统文化影响下的价值观念和心理模式，体现出了信任行为的文化内涵。我们以人类学田野调查中收集到的有关第一代农业转移人口中具有典型性的案例（从事家政服务工作的潘阿姨）和第二代农业转移人口中具有典型性的案例（销售小张），来具体分析农业转移人口在融入城市社区的过程中，在传统和习俗框架下行为主体的文化人格对信任行为产生的影响。

案例一：从事家政服务工作的潘阿姨

每当提到自己每个月的薪水，潘阿姨都会露出开心和自豪的笑容。挣钱多不是凭运气，全靠潘阿姨的勤奋和辛劳。多年来，潘阿姨基本上保持每天早上6:30起床，晚上9点钟下班。一天接2—3家的活，算下来平均每天都要工作12个小时以上。双休日和节假日更是潘阿姨最忙的时候。现在潘阿姨每个月能挣到3 000多块的工资，这在同水平的保姆中算是很高的。她自己也搬到了条件相对好一点的小区。

“再怎么辛苦，我都是靠自己的一双手挣钱。别人不愿意做的事情，我都能做。经常在我住的地方楼下看到很多上海妇女整天坐在外面打麻将，东家长西家短。看她们的经济条件其实也不好，至少不比我好到哪里去。可是她们没有人愿意出去做事，更不用说做保姆了。有时候就觉得城里的人自己太爱面子，脏点累点的活只能我们外地人来干。”

有段时间，潘阿姨给在上海工作的两个外地小姑娘做保姆，每天就负责帮她们收拾房间并准备晚饭。两个小姑娘知道潘阿姨不识字,就把要做的事情画在纸上,并贴在显眼的地方。

"那时候我还没有手机,有时候晚上她们不回来吃饭也没有办法通知我。不过她们如果知道自己下班晚,在出门前会把要交代的话画在纸上。例如,在电饭锅上画一个大叉,就是说晚上不用煮饭了。看到冰箱上画了苹果和西瓜,我就知道她们让我买菜的时候买些苹果和西瓜回来。她们要吃什么菜,也会跟我详细说,咸了淡了也会知会我。"

两个小姑娘都很活泼,出去旅行时会拍一些照片,回来后拉着潘阿姨看。因为潘阿姨的女儿不在身边,她就把两个小姑娘当成自己的女儿一样对待。她们的家长偶尔会来上海看望女儿,每次都给潘阿姨带很多家乡特产,直说潘阿姨把自家的女儿养得白白胖胖的。后来其中一个小姑娘结婚之后就搬出去了,本来她还要潘阿姨到她家去帮忙,但是因为地点在浦西,潘阿姨就非常遗憾地拒绝了。

在上述访谈案例中,潘阿姨在交往过程中所表现出的影响其信任行为的传统文化元素主要集中在几个方面:

1. 勤劳

多年来,潘阿姨基本上保持每天早上6:30起床,晚上9点钟下班。一天接2—3家的活,算下来平均每天都要工作12个小时以上。双休日和节假日更是潘阿姨最忙的时候。

"别人不愿意做的事情,我都能做。"

2. 慈祥

因为潘阿姨的女儿不在身边,她就把两个小姑娘当成自己的女儿一样对待。

也许,城市性和现代性与传统和习俗不是截然分割和对立的,城市文化中早已渗透进了传统和习俗,这也许就是文化之功!因此,现代城市社会也不尽然完全与传统社会相对立,我们的观察发现,至少城市社区还保留有传统亲密社群的那种人与人之间的伦理关系。这种伦理关系,即情谊关系,亦即相互间的一种义务关系。伦理社会所贵者,一言以蔽之曰:“尊重对方。”何谓好父亲?常以儿子为重的,就是好父亲。何谓好儿子?常以父亲为重的,就是好儿子。何谓好哥哥?常以弟弟为重的,就是好哥哥。何谓好弟弟?常以哥哥为重的,就是好弟弟。客人来了,能以客人为重的,就是好主人。客人又能顾念到主人,不为自己打算而为主人打算,就是好客人。一切都是这样。所谓人伦者无他义,就是要人认清楚人生相关系之理,而与彼此相关系中,互以对方为重而已。[①]冯友兰更以“忠恕之道”概括传统中国的人与人之间的关系[②],即在一个伦理本位的社会,你尊重别人,导致别人才会尊重你。费孝通也认为,亲密社群的团结性就依赖于各分子间都相互地拖欠着未了的人情……来来往往,维持着人与人之间的互助合作。亲密社群中无法不互欠人情,因为如果互不欠人情,也就无须往来了。[③]因为欠别人的人情,或感恩戴德,或进行人情投资等,正意味着受惠人将有义务为投入者提供服务。这完全符合杨中芳所谓“人际信任是指在人际交往中,双方对对方能够履行其所托付的义务及责任的一种保障感”的概括。

案例二:销售小张

来自东北黑龙江的小张,初中毕业。2000 年来上海,开始主要是在工厂打工,半年后开始思考自己的出路。

“我虽然没读过多少书,但我还是一个比较喜欢看书的孩子。

① 梁漱溟.中国文化要义[C]// 梁漱溟全集(第三卷).济南:山东人民出版社,1990:81,90.

② 冯友兰.三松堂全集(第二卷)[M].郑州:河南人民出版社,2001:312.

③ 费孝通.乡土中国[M].上海:上海人民出版社,2019:75.

我喜欢逛路边的旧书摊,一元钱可以买一本《读者》等杂志。我那时候才20岁,特喜欢看那些介绍富豪成功经历的杂志。每到夜深的时候我都睡不着。我也想成为人上人,我也想过上锦衣玉食的生活。但我不知道自己的路在哪里。

"到2002年7月,我找到了答案。我要改变生存状况,我必须先要找到一份有足够时间供我学习和能给自己存点余钱的工作。我就为自己的下一步作了规划:我要跑业务。为什么跑业务?因为我分析了那些成功的人的经历,他们大部分都是从跑业务起家的,所以才有了'要想富,跑业务'的说法。我心里就只有一个念头,我一定要找一份销售的工作,别的工作无论给我多高的工资我都不会干。2002年上海的工作也不是很好找,不过招销售的公司多,但是对于我这个初中毕业生和没有任何经验的人,招聘的人的头摇得像个拨浪鼓一样。那时候我老乡劝我做一个假毕业证,说这样好找工作一些。我说做销售成功的人都是很诚实的,用诚恳去打动客户,而不靠蒙。我绝不作假,我相信一定有人会认可我的。

"我跑了几个人才市场,最后花了20元钱人家请帮我推荐到一个工厂。老板问:'你为什么一定要做业务呢?'我答道:'我想发财,我想让我父母过上好日子。'老板笑了:'哈哈,够坦白。'我就这样进了这家公司。刚开始,我在工厂里面熟悉产品。老板说过,要推销自己的产品,首先要了解产品。所以我先在工厂待了一个星期,和公司里面的其他业务员聊天。我问他们,我们的产品最适合哪些客户,有些什么优势,需要我们产品的客户在哪里集中得多。我一一作好记录。第二天我起了个大早,七点多就从天桥坐331到另一个工业区去。到了那个工业区,我一栋楼一栋楼地跑,从最顶层开始,一层一层地跑。只要觉得这家工厂需要我们的产品,我都走进去问人家前台,采购我们产品的负责人是谁。皇天不负有心人!终于,在我的努力之下,我接到了订单。这极大地增强了我的自信心。上苍不会辜负那些努力的人的。

“我的业绩在我的努力之下越来越好。当然,我的生活水平也提高了,公司老板对我不错,提成也给得不错。

“一次偶然的机会,我结识了某家公司的负责人——刘董。他告诉我说:‘这个社会有很多人也在很努力地工作,却没有成功。那是因为他们是蛮干,没有用自己的大脑去工作。那些成功的人,他们的智商并不高,那为什么他们能够成功呢?是因为这个社会没有多少人愿意真正努力去工作。那些真正努力去工作的人们,他们总有一天能够成功。’也就在他的教导之下,我在2003年3月份开始负责公司的市场部了。

“我要有自己的事业。2003年下半年这个念头,一直在我的脑海中萦绕着。老板对我很关照,对于市场部,老板几乎是交给我一个人管。老板给我的工资对于我这样一路走过来的人来说,是很不错的了。每个月差不多有8千左右,够我自己开销了。但是我是一个很难满足的人,我的下一个目标就是要有自己的事业。于是,在2004年的7月份,我找老板谈了离职。我的老板对我真的很不错,他还给我结工资。我当时不要,他硬塞给我的。他说:‘我们以后还可以做朋友。晚上我们俩一起吃个饭。’那一顿饭我俩喝个烂醉。至今我和老板还是好朋友。后来,到我自己公司出现困难的时候,他还是毫不犹豫地出手相助。

“我不想单枪匹马,做就做正规一点。当时我有一个铁哥们儿,他是我在公司跑业务的时候认识的。他就想和我一起干点什么。这次我出来了,就找他一起商量。我和这哥们儿身上加起来也就30万。我想堂堂正正地开公司,我就找到了刘董。刘董说,只要你觉得可以搞,我大力支持。刘董一个人出了25万,然后送了5万的股份给我。终于,我走向了创业之路,拥有了自己的公司。”

上述访谈案例,小张在交往过程中所表现出的影响其信任行为的传统文化元素主要集中在几个方面:

1. 真诚(老实)。

“那时候我老乡劝我做一个假毕业证,说这样好找工作一些。我说做销售成功的人都是很诚实的,用诚恳去打动客户,而不靠蒙。我绝不作假,我相信一定有人会认可我的。”

2. 仁孝

“你为什么一定要做业务呢?”“我想发财,我想让我父母过上好日子。”“哈哈,够坦白。”

3. 好学

我虽然没读过多少书,但我还是一个比较喜欢看书的孩子。我喜欢逛路边的旧书摊,一元钱可以买一本《读者》等杂志。我那时候才 20 岁,特喜欢看那些介绍富豪成功经历的杂志。

4. 拼搏

我是一个很难满足的人,我的下一个目标就是要有自己的事业。于是,在 2004 年的 7 月份,我找老板谈了离职。

我不想单枪匹马,做就做正规一点。当时我有一个铁哥们儿,他是我在公司跑业务的时候认识的。他就想和我一起干点什么。这次我出来了,就找他一起商量。我和这哥们儿身上加起来也就 30 万。我想堂堂正正地开公司,我就找到了刘董,刘董说只要你觉得可以搞,我大力支持。刘董一个人出了 25 万,然后送了 5 万的股份给我。终于我走向了创业之路,拥有了自己的公司。

可以说,上述文化元素所彰显出的文化人格魅力,是小张赢得“老板”和刘董信任的关键。其一,因为真诚,不欺骗,给人一个极好的第一印象,极易使得对方相信自己。其二,因为孝顺——为了让父母过上好日子,既容易从情感上打动对方,又显得坦白而真诚,再一次赢得对方的信任。更重要的是"孝-忠"一体的传统心理模式,一般对父母的孝,很容易让人联想到对上司的忠,通过这样的心理模式极易赢得老板的信任。其三,尊老、热心助人,极易让人赋予其孝、义、善等文化品格。尊老,这是从中国家庭内的关系与行为模式扩展到社会上的关系和行为模式。所以,尊老成为长幼关系的重要纽带。加上热心助人的义和善,这些均为交往过程中从可交到喜欢其人再到信任其人逐步升华的重要文化心理因素。其四,好学。夸张点说,小张的成长契合了儒家"志—学—思—行"的道德成长理路。志:坚定理想——做销售,自我完善,孝顺父母,坚持不懈;学:看有关杂志,学习那些成功的富豪,并且善于从实践中总结学习;思:遇到问题,爱动脑,勤思考,想办法;行:脚踏实地,不达目的不罢休。当然,小张给人留下的诚信印象,不单单是靠一张嘴说说而已,他还有不懈努力的行动。所以,对方也是"听其言而观其行"(孔子)、"合其志功而观"(墨子),将其动机和效果结合起来对其人、其行为进行评价,最终促成对他的信任。

上述两个访谈案例反映出,城市化进程中城市社区中的城市市民与农业转移人口间的交往关系,或说人与人间的交往关系,已经突破了传统乡土社会以血缘为纽带的关系型模式,从而转变为以交换为核心的工具型模式。但完全用"陌生人社会"的"非人格"特征来概括城市社会,或许失之偏颇;至少没有注意到文化传统对于城市社会的影响,同时忽略了人的精神特征,过分强调了人被物化了的非人格特征,在工业文明快节奏工作和生活的喧嚣中把人与人之间的关系简单化了。彭泗清的研究对现代中国人交往关系给出了一个颇有见地的总结:

> 中国人的交往关系发展并非以既定的关系为基础,纯粹以工具性交换为目的。事实上,个人性格特点和交往行为是

> 关系发展的重要影响因素。关系发展过程中,不仅有工具性交换,还有感情交流;而且,关系发展的最深阶段是情感利益紧密相连的一体化阶段。利益一体化和情感相融两者反映的都是人与人之间高度的相互依赖,如果其中的一个因素被破坏,相互依赖关系就会被破坏,另一个因素也就难以保全。关系的情感层面与工具层面是不可分割地联系在一起的。[①]

值得注意的是,这个结论要调和关系的"情感层面"与"工具层面",但调和之后的"关系"与"既定的关系"是冲突的。彭的结论显然有些自相矛盾。我们分析一下:既定关系代表的是乡土社会的纽带关系(用"熟人关系"单独称谓"乡土社会"的人际关系可能不准确),而工具性交换更具现代性。但单纯的工具性特征不符合中国人交往关系的实际,所以"还有感情交流",还有"个人性格特点和交往行为"。如果说工具性交换是交往的起点,那么这个起点从人类社会有分工那天起就开始了,或者从女娲造出第二个人那时起就开始了,所以人与人间的关系是"依存"或"合作",情感和工具同时存在,不好断定就是以哪一方面为基础、为目的。一次性的交换关系无疑是工具性的交换,但能否把"一次性的交换关系"视作"交往"?如果就限定在"一次性的交换关系",那完全可以撇开"情感",完全可以不顾及对方。这样就陷入了"囚徒困境"。然而,现实社会不是针对陌生人就不交换了,仍然交换。但交换首先要有一个判断。比如,你买我的东西,你给的是不是假钞?你卖我的东西,有没有质量问题?所以,不能将依存关系当作"纯粹以工具性交换为目的"。这样,我们有必要对中国社会的人际关系理路作一个抽象概括:听其言观其行→形成"正面"或"好"

① 彭泗清.关系与信任:中国人人际信任的一项本土研究[C]// 中国社会科学院社会学研究所编.中国社会学年鉴(1995-1998).北京:社会科学文献出版社,2000:290-297.

的印象→“熟”或“了解”→信任。

从上述梳理可知,中国社会的人际关系信任除了来自“熟”或“了解”之外,一个很重要的判别标准就是“正面”或“好”的印象。为什么印象是“正面”或“好”的?这是因为文化心理认同!文化心理是文化积淀和社会选择的结果,在此基础上,形成一个“相互一致、自我证实预期的系统”。“正面”或“好”的印象包含了传统和习俗所规定的中国伦理关系中积极、正面的文化内涵,它附着在个人性格特点和交往行为上,它是感情交流的催化剂。正由于此,“正面”或“好”的印象也就有了“似曾相识”的效果。“熟”不是乡土社会所独有的,城市社会同样存在“熟”关系。“熟”关系是社会交往关系(并非一次性的交换关系)的内在规定。“熟”关系是一种社会资本,熟到极致,它可能会产生负面影响,成为“潜规则”。所以,不能将“熟”关系的负面影响与正常的熟关系相混同。中国社会有“人情”“关系”,但并非中国社会的秩序完全靠这样的“潜规则”运行。由于“这种状况与现代化大生产对工作关系的要求是不相吻合的”①,就否定城市社会存在“熟”关系的合理性,人为地将“城市人”“物化”,是不符合社会实际的。

“一个习俗界定了一个相互一致、自我证实预期的系统。”②文化传统与社会风俗对行为主体的文化人格作出规定,作为协调主体行为的制度,它成为人们节约信息费用的文化标识。通过它,人们得以判断一个人的行为。制度和行为模式可以被视作很多个人决策的产物或结果,并且是通过长期对各种形式进行试验形成的前例。于是,在“前例→预期→行动”这样一个反馈回路中,完成了对人与人之间关系的保障和对社会秩序的稳定。这与现代性工作、生活关系大概不相冲突。所以,信任行为在此更表现为人际交

① 张志学.人情在中国人社会互动中的表现:一项关键事件的研究[C]// 杨中芳.中国人的人际关系、情感与信任.台北:远流出版公司,2001:265。

② 杰克·J.弗罗门.经济演化[M].北京:经济科学出版社,2003:48.

往过程中文化传统与社会风俗对行为主体文化人格的影响。从上述行为主体文化人格对人际交往过程中信任行为的影响看，文化人格本质上属于一种声誉。

四、农业转移人口市民化的文化声誉机制

在中国社会，人们常常通过他人的行为判断其是否“有人情”，这一品质在相当大程度上影响着人们对别人的态度和行为，成为印象形成的核心要素。人情归因倾向的实质是自我中心的，即以个人感受的好坏去推测他人的内在品质，不会考虑他人所处的情境是否给予其行动上的自由。人情归因倾向表现为中国人在社会交往中，透过交往伙伴发出的资讯而对其是否有人情作出归因，进而在很大程度上决定人们对交往伙伴持何种态度或行为。这种状况与现代化大生产对工作关系的要求是不相吻合的。[①]

韦格特和凯默勒（Weigelt & Camerer，1988）认为，声誉是基于主体以前的事情，对其某些属性的推断和评价。[②]拉希德（Rashid，1988）认为，声誉是能够保障质量的一种广泛应用的手段。[③]霍尔（Hall，1992）认为，声誉是通过个体特征化来形成竞争优势的主要因素，它表现了个体的知识与感情。[④]

“在现代博弈论中，对一名参与者的声誉的明确定义是其具有某种只有自己知道的类型，或将采取某种行动的概率”[⑤]，即“在博

---

① 张志学．人情在中国人社会互动中的表现：一项关键事件的研究［C］// 杨中芳．中国人的人际关系、情感与信任．台北：远流出版公司，2001：265.

② Weigelt Keith and Colin Camerer. *Reputation and Corporate Strategy*: *A Review of Recent Theory and Applications*［J］. *Strategic Management Journal*, 1988（9）: 443-454.

③ Rashid Salim. *Quality in Contestable Markets*: *A Historical Problem*?［J］. *The Quarterly Journal of Economics*, 1988（2）: 246-249.

④ Hall Richard. *The Strategic Analysis of Intangible Resources*［J］. *Strategic Management Journal*, 1992（2）: 135-144.

⑤ Colin F.Camerer. 行为博弈——对策略互动的实验研究［M］. 贺京同等，译．北京：中国人民大学出版社，2006：454.

弈的开始，每个参与人都想树立一个合作的形象”[①]。郑也夫（2006）指出：“声誉是一个人、一个组织、一个机构的浓缩的历史。好的名声是人们对某人昔日光荣的记忆，恶名则是人们让其过去的劣迹一直追逐他。声誉是‘过去－信任’的心理机制。”[②]

本研究所谓的声誉与上述定义存在一个重要的区别。上述定义强调的是声誉的个性化特征，认为声誉是个体历史（过去、以前）的印记。本文强调的则是声誉的文化特质，认为声誉是一种文化标识。因为在中国社会评价一个人的品质，不仅在于这个人自身怎样，还取决于相关人对他的认识和评价，即别人认为他是一个好人还是坏人。俗话说“知人知面不知心”，所谓“知心”就是别人从内心感受和社会信息对他行为的体认。声誉只有借着社会认同机制才能达致人际信任。然而，如果忽略了文化特质，没有了文化人格作为标识，个体的行为就失去了信任的内涵。例如社会上存在的“杀熟”现象，就是借着文化人格信任，来破坏声誉在人际信任中社会认同机制所起作用的恶劣行径。它的危害是最终使社会认同机制对声誉文化特质“失忆”，不再以文化人格作为标识，不再借助社会认同机制作出信任，于是就造成目前深重的“信任危机”。

声誉是行为人长期收益、行为和品德的直接表现。梅耶、戴维斯和斯库尔曼（Mayer, Davis & Schoorman, 1995）认为，增进信任的主要方式有信誉、善行和实力。[③]通过声誉机制来达成和增强交易双方的信任，是降低交易费用的一种基本手段。声誉机制运作的方式是行为主体通过一贯的守信行为形成良好的声誉，这种声誉作为一种市场信号传递给交易对象，使其相信行为主体是值得信赖的。声誉机制对声誉的维护是通过把对个人有价值的服务与

---

① 张维迎．博弈论与信息经济学［M］．上海：上海人民出版社，1996：372.

② 郑也夫．信任论［M］．北京：中国广播电视出版社，2006：108.

③ Mayer R.C., Davis J.H. and Schoorman F.D. *An Integrative Model of Organizational Trust*［J］. *Academy of Management Review*, 1995（20）, 709-734.

对他人、对社会有价值的服务捆绑在一起实现的。[1]鉴于此，声誉模型的核心在于，声誉是一种可以激励和约束人们行为的因素。

法马（Fama，1980）[2]、克雷普斯和维尔逊（Kreps & Wilson，1982）[3]、米尔格罗姆和罗伯茨（Milgrom & Roberts，1982）[4]、霍姆斯特罗姆（Holmstrom，1999）[5]等研究认为，在多次重复博弈中，行为主体基于长远预期收益，都非常在意收益，从而能够提供更加优质的劳动。

由克雷普斯、米尔格罗姆、罗伯茨、维尔逊创建的声誉理论的经典模型（KMRW 模型）证明了：

> 参与人对其他参与人支付函数或战略空间的不完全信息对均衡结果有重要影响，只要博弈重复的次数足够多，合作行为在有限次重复博弈中就会出现。在其模型中，囚徒博弈中的每个参与人并不知道对方的类型，即是"理性的"，还是"非理性的"，非理性的交易方只选择触发策略。每个参与人对自己类型的了解属于私有信息，只知道对方属于非理性的概率为 P。在此条件下，对于一个重复 T 阶段的博弈，只要 T 足够大，那么存在一个 $T_0 < T$，使得下列战略组合构成一个精炼贝叶斯均衡：所有理性囚徒在 $t \geqslant T_0$ 阶段选择合作，在 $t >$

---

① 刘光明．企业品牌与企业信用、声誉的关系［C］// 中国企业管理研究会，江西财经大学，中国社会科学院管理科学研究中心．中国企业管理研究会年度报告（2006—2007）——中国企业自主创新与品牌建设学术研讨会暨中国企业管理研究会 2006 年年会论文集．北京：中国财政经济出版社，2006：239.

② Fama，Eugene F. *Agency Problems and the Theory of the Firm*［J］. *Journal of Political Economy*，1980（21）：288-307.

③ Kreps D. M. and R. Wilson. *Reputation and Imperfect Information*［J］. *Journal of Economic Theory*，1982（27）：253-279.

④ Milgrom P. and J. Roberts. *Predation，Reputation，and Entry Deterrence*［J］. *Journal of Economic Theory*，1982（27）：280-312.

⑤ Holmstrom B. *Managerial Incentive Problems：A Dynamic Perspective*［J］. *Review of Economic Studies*. 1999（66）：169-182.

T_0阶段选择不合作，并且，非合作阶段的数量（$T-T_0$）只与P有关而与T无关。

该定理解释了当进行多阶段博弈时，声誉机制起到很大的作用，上一阶段的声誉往往影响下一阶段及以后阶段的效用。而现阶段良好的声誉往往意味着未来阶段有较高的效用。

声誉模型的核心在于，声誉是一种可以激励和约束人们行为的因素。一般来说，声誉是行为人长期收益、行为和品德的直接表现。刘光明（2006）指出，排斥行为在维护声誉机制所作出判决的可信度上扮演了重要角色。它体现了团体力量的存在和社会规范在约束行为主体行为时的作用方式。声誉机制对声誉的维护是通过把对个人有价值的服务与对社会有价值的服务捆绑在一起实现的。[①] 斯蒂格利茨（Stiglitz，2000）指出由于契约是不完善的，而且执行起来也需要成本，因而对于信息不对称下的激励问题只能提供一个不完全的解决办法，其中声誉在提供激励方面起着极其重要的作用。[②]

声誉模型中的KMRW模型与我们中国人推崇的"大智若愚"的行为方式极其契合。[③] 如果从积极的方面理解"大智若愚"，则与"己欲立而立人，己欲达而达人"的伦理价值取向是一致的，即同属中国价值系统影响下的互惠合作行为模式。所谓"大智若愚"，指表面或短期看是愚蠢的行为，实质或长远看则充满了智慧。日常生活中，认为该行为方式"愚"者，无疑更愿意从自我中心出发，选

① 刘光明．企业品牌与企业信用、声誉的关系［C］// 中国企业管理研究会，江西财经大学，中国社会科学院管理科学研究中心．中国企业管理研究会年度报告（2006—2007）——中国企业自主创新与品牌建设学术研讨会暨中国企业管理研究会2006年年会论文集．北京：中国财政经济出版社，2006：239.

② Stiglitz J. *Economics of the Public Sector*［M］. 3rd Edition, New York: Norton, 2000: 179.

③ 张维迎．博弈论与信息经济学［M］．上海：上海人民出版社，1996：373.

择机会主义的行为方式,结果“捡了芝麻丢了西瓜”;认为该行为方式“智”者,通常更愿意从互惠利他出发,选择更具发展前景的长远、可持续的行为方式。因此,我们选择 KMRW 模型来阐释文化传统与社会风俗如何塑造农业转移人口的文化人格,从而作用于农业转移人口在人际交往过程中的信任行为,进而影响农业转移人口融入城市社区。

解:

设有两个博弈方:城市方和农业转移人口。农业转移人口有两种类型:一类是努力并擅长所从事工作的,并取得了一定的成绩,我们称之为“擅长”。该类农业转移人口一直努力工作,并且擅长所从事的工作,具有丰富的经验,收获与努力相对等。另一类是欠缺努力或不擅长所从事工作的,没有取得期望的成绩,我们称之为“不擅长”。该类农业转移人口工作欠缺努力,或不擅长所从事的工作,收入比较差。

考虑一个两期的模型 $t=[1,2]$,农业转移人口的类型在不擅长 $s=0$ 和擅长 $s=1$ 中进行选择。擅长得到的收益为 G_1,不擅长得到的收益为 G_0,$G_1 > G_0 \geqslant 0$。城市方不变,如果雇佣农业转移人口,平均每期的效用为(θS_t-P_t),否则为 0。设擅长型农业转移人口的概率是 X_1,不擅长型的农业转移人口的概率是($1-X_1$)。

若农业转移人口在第一期为不擅长,可以得到比擅长多(G_1-G_0)的好处。由于不擅长,城市方不满意,这样,城市方就会推知其是不擅长型的农业转移人口,并预期其在第二期也不擅长,从而会辞掉该人。这样该农业转移人口在第二期获得收益为 0。

如果在第一期为擅长型,其在第二期最多可获得 $\delta(\theta-G_0)$,δ 为贴现率。因为在最好的情况下,城市方相信其是擅长的。并愿意支付最高价格,农业转移人口可在第二期获得声誉,获得($\theta-G_0$)。

那么，在$(G_1-G_0)<\delta(\theta-G_0)$时，由于不擅长而获得的收益小于声誉价值，农业转移人口会选择在第一期通过自己的种种努力让自己表现得擅长。于是城市方在第二期雇佣擅长型农业转移人口的概率仍为X_1，因此城市方愿意支付的工资为$W(\theta S_2)=\theta X_1$。即当在$(G_1-G_0)<\delta(\theta X_1-G_0)$时，农业转移人口都选择擅长，即使具有机会主义倾向的农业转移人口也会选择擅长，以建立声誉。在多期情况下，这种均衡会得到一般化。假定博弈重复T次，令Y_t为城市方认为农业转移人口为擅长型的概率，均衡时$Y_t=X_t$。根据贝叶斯法则，如果在t期农业转移人口为擅长型，那么城市方在t+1期认为农业转移人口为擅长型的后验概率为：

$$P_{t+1}\{S_{t+1}=1|S_t=1\}=\frac{P_t\times 1}{P_t\times 1+(1-P_t)Y_t}\geqslant P_t \tag{1}$$

如果农业转移人口在t期为不擅长型，那么t+1期农业转移人口为擅长型的后验概率为：

$$P_{t+1}\{S_{t+1}=1|S_t=0\}=\frac{P_t\times 0}{P_t\times 0+(1-P_t)Y_t}=0 \tag{2}$$

由(1)式、(2)式可知，若农业转移人口为擅长型，则城市方认为其为擅长型的概率会向上调整，而一旦观测到其工作令城市方不满意，城市方就会认定农业转移人口为不擅长型。根据逆向归纳法则，农业转移人口会在每一期都选择通过努力让自己表现为擅长型，一直维持擅长的声誉，直到最后一期，将前面的声誉尽数用掉，获得声誉。在混合策略情况下，结论也同样如此。只要T充分大，农业转移人口至少一直到t−1，肯定选择擅长。

因此，农业转移人口为了获得最大跨期利益，会一直选择努力使自己表现为擅长型，创立并维持擅长的声誉。

农业转移人口融入城市社区实质是农业转移人口方与城市方

之间的动态合作均衡。孙步忠、张乐天等（2010）在农业转移人口方与城市方之间充分信任的前提下，证明了二者合作的可行性问题。[①] 要进一步深入分析农业转移人口融入城市社区的问题，逻辑上还须解决农业转移人口方靠什么博得城市方信任，二者合作须经历一个怎样的过程，其结果将会有怎样的表现，等等。

从理论界的研究成就看，信任对社会结构的影响是确定的。

因此，农业转移人口融入城市社区靠“有用”且“好用”的技能才能获得城市方的信任。但“有用”且“好用”的技能不是农业转移人口和城市方其中哪一方的规定，而是双方相互间反复作用的动态合作均衡。它经历了一个从利益整合到目标整合再到权益整合的自组织过程。农业转移人口融入城市社区表现出了农业转移人口方与城市方良性互动产生的适应性特征。

农业转移人口融入城市社区，城市的接纳是一个方面，更关键的是一种自发力量，它促使农业转移人口自觉、主动地融入城市社区。这种自发力量主要依赖农业转移人口自身在为人处世以及服务工作过程中的易被城市方接纳的信任行为。在农业转移人口文化人格塑造过程中，传统与习俗对其信任行为的影响是不容忽视的。正如郑也夫（2006）所指出的，理性选择理论对信任的解释当然不是毫无道理，但它过于强调理性因素，忽视了传统与习俗在信任、团结与合作产生中的作用。[②]

（一）文化人格信任的运行机制

基于基础社会秩序建设，我们将中国社会的人际信任理路抽象概括为：听其言观其行→“正面”或“好”的印象→“了解”或“熟”→信任。四个环节中的每个阶段都存在“前例→预期→行动”这样一个反馈回路。传统与社会风俗中积极的、正面的文化内

---

① 孙步忠，张乐天，曾咏梅等．进城农民工文化人格重塑对城市化进程的影响［J］．西北人口，2010，31（02）：97-101．

② 郑也夫．信任论［M］．北京：中国广播电视出版社，2006：60．

涵主导着社会价值系统。积极、正面的价值理念经过传播或社会化，最终为一定范围的人群或族群所接受，并成为他们深刻的文化记忆。积极、正面的伦理道德因素就附着在个人性格和交往行为上，行为主体按照这种价值理念去行动的时候，就像出自他们的本能一样，最后展现出一种蕴含品格、趣味、风尚、思维方式、体验方式、行为方式、生存方式在内的文化人格。文化人格作为一种文化标识，传递着人际交往的信息，它是感情交流的催化剂，同时也是促生“正面”或“好”的印象和“熟”关系的社会认同基准，是达成文化心理认同的桥梁。在人际交往过程中，人们正是通过这样的社会认同机制判断行为主体的性格特点和交往行为，进而形成文化人格信任的。

（二）文化人格信任促进农业转移人口有效地融入城市社区

农业转移人口在融入城市社区的过程中，在传统和习俗框架下行为主体的文化人格对信任行为产生了极其明显同时也是极其重要的影响。孙步忠、张乐天等（2010）在假设农业转移人口方与城市方之间充分信任的前提下，证明了二者合作的可行性，进而论证了农业转移人口融入城市社区的可能。① 我们着重探讨了传统与社会风俗对农业转移人口文化人格的塑造，从而促生了农业转移人口在人际交往过程中的信任行为，进而影响农业转移人口融入城市社区这一问题。借助 KMRW 模型，分析认为农业转移人口为了获得最大跨期利益，会一直选择努力使自己表现为擅长型，创立并努力维持擅长的声誉；通过在城市社区的人际交往，构建起典型的文化人格信任，并能够有效地融入城市社区。典型访谈案例也支持这一论证。

---

① 孙步忠，张乐天，曾咏梅等．进城农民工文化人格重塑对城市化进程的影响[J]．西北人口，2010，31(02)：97-101.

第二节　农业转移人口市民化的学习机制

城市文化通过塑造经济主体的意愿偏好影响城市经济发展。观念秩序首先是意识构图——人对理想秩序原则的生产，人们制造一些社会关系的类别，并用概念框架将现实世界重新组织、整理和格式化，将生活的混乱碎片重新组装起来，赋予生活世界一定的塑型（样子）。这些社会关系框架通过意识的简化过程完成，它先在少数人中间产生，通过交流、分享理解，产生共有预期，逐渐扩大社会认同，形成社会知识。这个过程实际上不是在反映现实，而是通过创造或者学习价值、标准和正当化逻辑，来对现实进行重构，即用抽象的一般化概念，认识生活的现实世界。①

行为博弈理论通过重复博弈试验发现参与人存在学习行为。所谓学习行为，指重复博弈过程中，博弈者能了解对手的行为特征、决策习惯，从而能在以后的博弈过程中根据其博弈历史来预测博弈对手未来的可能策略，参与人同样也可以从博弈对手以前与其他参与人的博弈历史来学习其策略决策的行为习惯，形成对手可能会如何行动的信念，甚至从其周围环境中的类似的博弈历史（即社会文化）来学习其策略决策的经验，形成参与人自身如何行动会有可能达到最优化的信念，然后根据这些信念来调整自己的行动策略以最大化自己的收益。德勒巴克（2003）认为："学习不仅仅是个人在其一生中的经验产品，而且还包括那些沉淀于文化中的经验积累，积累起来的经验知识存量又会置于我们的学习中，并成为路径依赖，即过去对现在和未来的巨大影响的渊源，因此，

---

① 中国社会科学院城市与竞争力研究中心课题组，倪鹏飞．以高质量城市化推动中国式现代化——中国城市崛起的样本分析［J］．新型城镇化，2023（03）：29-32.

学习成了一种经过特定社会之文化过滤的累加过程，而文化决定着人们对损益的判断。”①

本章我们运用博弈学习理论来分析农业转移人口这一行为主体如何通过重塑其观念和行为模式渐进地融入城市社区。原因之一是我们的观察到，虽然户籍等制约农业转移人口融入城市社区的正式制度先行由政府制定，但绝不会由政府在短时间内来主动取消，其改进是自下而上的，将依靠农业转移人口逐渐融入城市社区的制度演进最终完成。我们运用博弈学习理论的更直接的原因，一是因为其反映出的行为主体选择的长期性特征。如朱·弗登伯格（2004）认为，学习理论的博弈均衡是并非完全理性的参与人随着时间的推移寻求最优化这一过程的长期结果。学习过程的长期随机特性会使得风险占优均衡在某些博弈中出现，自确认均衡可能在某些博弈中作为长期行为被观察到。二是因为行为主体对社会规范，特别是传统和习俗的适应性表现。绝大多数参与人似乎对预期未来有明确的看法，这或许是因为我们观察到的社会协议和社会规范反映了几千年来从前人的经验中学习的过程；学习理论长期预测通常更稳健。② 所以，“学习模型”被用来说明个体参与人使用的学习规则，并在博弈重复进行时检验它们之间的相互作用。

博弈学习模型根据其特征，可分为三类：强化学习（Reinforcement Learning）、信念学习（Belief Learning）、EWA学习（经验权重魅力值学习模型，Experience-Weighted Attraction Learning，EWA Learning）。

一、强化学习模型

诺思认为，“路径依赖”类似于物理学中的“惯性”，事物一旦

---

① 约翰·N. 德勒巴克，约翰·V.C. 奈，德勒巴克等. 新制度经济学前沿：从新制度经济学角度的透视［M］. 北京：经济科学出版社，2003：325.

② 朱·弗登博格，让·梯若尔. 博弈论［M］. 北京：中国人民大学出版社，2010.

进入某一路径，就可能对这种路径产生依赖。这是因为，经济生活与物理世界一样，存在着报酬递增和自我强化的机制，这种机制使人们一旦选择走上某一路径，就会在以后的发展中得到不断的自我强化。

心理学研究认为，凡是能提高反应效率的刺激和事件都叫强化。对强化的控制就是对行为的控制。塑造是个体学会一个全新行为的过程，是“对与期望行为越来越接近行为的强化过程，塑造是一系列的强化建立起来的复杂行为过程”[①]。其中，正强化是行为塑造的重要方法。

强化学习理论假定各个策略被选择的概率或倾向不同，当策略被观察到成功或失败时，成功的策略将被加强，即其被选择的概率将加大。强化模型的强化规则为：每个策略 t 时期的强化水平由上一期强化水平的一定权重和当期策略收益表示，如果该策略当期没有被采用，则不能被加强。强化学习模型根据最近关于成功或失败的经验调整其选择概率，不需要丰富的经验，参与者仅仅被假设要求按照下面的规则行动：“过去有用的东西将来也会有用。”参与者只关注自己的选择和收益，而不考虑其他人的选择和收益。[②]

强化学习模型是基于心理学实验证据的模型。该模型假设做得好的行动被“强化”，因此更可能在将来被再次使用；表现差的行动会受到“负强化”，在将来更不可能被使用。其关键是：当一种行动导致了奖赏，即正的产出，那么这个行动在未来发生的概率就会增加；而一种导致惩罚，即负的产出的行动在未来发生的概率会下降。

---

① 陈琦，刘儒德．当代教育心理学（第 3 版）［M］．北京：北京师范大学出版社，2019：90，93.

② Roth A.E. and Erev I. *Learning in Extensive-Form Games*: *Experimental Data and Simple Dynamic Models in the Intermediate Term*［J］. *Games and Economic Behavior, Special Issue*: *Nobel Symposium*. 1995（8）：164–212.

如果吸引力是累积的，根据：

$A^B(t)=\psi A^B(t-1)+(1-\varepsilon)(1-p)(t-1)$和

$A^T(t)=\psi A^T(t-1)+\varepsilon$

来更新。参数 ε 表示由B策略向相邻的策略T强化溢出或泛化。

农业转移人口之所以进城务工，一个很重要的渠道是通过对某个行动的强化学习。所谓“做得好的行动”与“表现差的行动”是农业转移人口自己对进城收益的判断。当然这样的行动有短期与长期、可持续与不可持续之分，或者在农业转移人口眼里就是一种静态的收益。

例如，从福建来到上海贩卖“打口碟”的小陈就是以其老乡“做得好的行动”被“强化”，因此被再次使用的一个案例。

从安徽到上海做保姆的潘阿姨也是“做得好的行动”被“强化”，因此被再次使用的例子。

> 最初介绍潘阿姨来上海的亲戚早已改行不做保姆了。那家人现在在北京做生意，据说做得还不错，已经能够自己买房子了。在保姆圈里有这样的习惯，已经小有名气的保姆会介绍自己的同乡或者亲戚加入保姆圈，并且把他们推荐给自己的老主顾。因为由资历深的保姆介绍，那些初来乍到者会得到更多的信任。这样就发展成以介绍人为中心的保姆圈。潘阿姨最初是保姆圈里的新人，现在她已经陆陆续续介绍了好多老乡来上海做保姆。有她的推荐，那些新人一般都能找好比较好的雇主，于是潘阿姨成了她所在保姆圈的领头羊。
>
> “我在安徽有一个表姐，平时在老家关系非常好。我来上海几年后，没少往家里寄钱。村里的人看到都很羡慕，有时候他们也会来找我借钱。表姐家里比我家的条件还要差一点，后来她让我帮忙把她也带到上海当保姆，我当然很高兴地就

答应了。由于当时找我来做保姆的人太多，我就把做不了的那些活介绍给周围的人。”

出租司机张师傅也是“做得好的行动”被“强化”，因此被再次使用的例子。

张师傅的老家在崇明，村子里土地少，年轻人大多要么在镇办企业做工，要么出来打工。经常是一个人在外面做什么做得比较好的话，村里其他人会跟风做同样的事。他们村子就是开出租、开货车的多。

场北小区农业转移人口张先生也是“做得好的行动”被“强化”，因此被再次使用的例子。

张先生说，自打做学徒起，他就接触了很多上海同事，也慢慢了解了大部分上海人并不是如他最初所见的那种“坏人”。他说，上海同事吃、穿都比较讲究，即使大家干一样的活拿一样的钱，他还是认为上海同事家境好，生活比较有档次，说话也不粗鲁。张先生说，那时流行保龄球，但他宁愿和老乡去“捣捣 2 块钱一局的台球”，也几乎从不和上海同事去打保龄球。“不完全是因为钱的原因，总觉得像自己这样的（外来打工者）到保龄球馆，不太相称的。”所以自从一个上海同事请他们去白玉兰宾馆打了一次保龄球后，他就再也没有去过，“觉得浑身不自在”。再比如他们平时穿的工作服，上海同事的工作服永远是干干净净的，偶尔有人穿脏衣服，车间主任还会批评。可打工者的衣服常常是脏的，因为本来就没有多余的换洗，再碰上上海常有的阴雨天，衣服干不了，就只好穿脏的来上班。“本来在老家也没那么多规矩。但是来上海一段时间之后,看到别人会常常跑理发店,还要勤换洗衣服,自己穿脏的也挺不好意思的。”好在车间主任对打工者很宽容,不会常常因为个人卫生问题去为难他们,只是在私下悄悄地提醒,张先生至今还念着这位车间主任对他们的好。

其实很多生活习惯都是从小心翼翼的模仿开始,后来就自然而然地养成习惯。他告诉我,现在吃饭边吃菜边喝汤的习惯就是跟上海同事学的。以前在老家吃饭吃菜,很少喝汤。他还常常会备一包纸巾在身边。记得来沪后第一次回老家,吃完饭习惯性地拿出纸巾擦嘴,竟被从小一起长大的哥们嘲笑了半天,说他“矫情”。“现在他们自己也习惯用纸巾啦!我就说这是跟我学的。”张先生笑得很开心。

在我们的被访者黄先生的案例中,强化学习也体现得较为充分:

黄先生是做天然气改装工作的。黄先生说他蛮喜欢这方面的工作,“拆拆装装的,比人家弄得好”,自己多次完成别人完成不了的技术活儿。学了一点维修技术之后,他就经表哥介绍进了一家燃气公司的进口燃气灶维修部门。这个部门很有挑战性,修的都是上海最好的进口燃气灶,黄先生说正因为这样,他在那里学到了很多东西,也让他在最近刚加入的国产燃气灶维修部门游刃有余。黄先生还告诉我他刚进燃气公司的时候,一直给以前的师傅拎包,可现在那个师傅却成了他的徒弟,说到这里,黄先生一直平静的脸上有了得意之色:“我喜欢这个,对这个有点研究,所以学得比他们快。”

如今黄先生跳槽到了另一家燃气公司,做起了基层管理工作,主要负责国产燃气灶的改装和销售。他手下管着部门里所有工人的技术维修工作。凭着天赋和勤劳,他已经从一个从事非技术工作的农业转移人口上升成一位“底层精英”。

他一个故事接一个地跟我们讲自己如何处理工作上的难题、怎么帮同事搞定他们搞不定的事的时候,我们能从他飞扬的神采中感受到他的自信,甚至是一点自负。他在工作的技术和技巧上是强者,所以他喜欢竞争,崇尚适者生存、优胜劣汰的法则。因为竞争能凸显他的价值,能让他在与别人的较量中获得向上攀升的机会,能让他获得对自己良好的感觉。

农业转移人口在融入城市社区的过程中,其观念及行为模式的有关特征,表现出了与强化学习较吻合的倾向。“做得好”行为的强化,不仅使农业转移人口找到了进城的渠道,而且通过“做得好”的内涵的强化,使农业转移人口能够较好地融入城市社区。

我们借助最具代表性的博弈模型来验证我们的看法。

假设局中人可选策略集合为 $A(a_1, a_2, \ldots, a_i, \ldots, a_k)$,则在重复博弈的第 t 期和第 t+1 期,两轮强化强度的更新为:

$$q^{t+1}(a_i)=\begin{cases} q^t(a_i)+\pi & \text{在 } t+1 \text{ 阶段选择行动 } a_i\text{, 得到支付 } \pi \\ q^t(a_i) & \text{在 } t+1 \text{ 阶段没有选择行动 } a_i \end{cases} \tag{1}$$

如果强化强度来源于过去行动的平均支付,那么:

$$q^{t+1}(a_i)=\phi q^t(a_i)+(1-\phi)I(a_i,y)\pi \tag{2}$$

假设每一时期的初始强化强度为外生的,则在(t+1)期选择策略 a_i 的概率为:

$$p^{t+1}(a_i)=\frac{q^{t+1}(a_i)}{\sum_{i=1}^{k} q^{t+1}(a_i)} \tag{3}$$

局中人根据这个概率的大小来选择具有最大概率的行动。

班杜拉(2001)通过心理学的研究也同样指出,强化以无声的方式告知人们去干什么。如果人们被告知哪种行为有效,如果他们不得不从自身行动结果中去发现相比,那他们的行为改变将快得多。由于传递新的行为方式及其如何得以最佳执行的明确观念，有指导意义的帮助极大地增强了相依经验的影响，强化激励、精炼了已通过观察而部分习得的行为。[①]

二、信念学习模型

信念学习理论认为，博弈参与者会根据其他参与者先前行动的历史事件形成对别人会如何行动的信念，根据这些信念计算各种策略的期望收益，并以较高频率选择能获得较高期望收益的策略。

鲍尔斯（Bowles，2004）认为信念是一个人对行为和结果之间的关系的理解。[②]他举了一个靠右行驶的例子来说明信念、制度、偏好之间的关系。靠右行驶在一些国家是一项制度，也是一项习俗。而且这项习俗是由法律来维持的。靠右行驶是最优反应，其他做法都是违法的。人们为避免撞车和被罚款而选择了靠右行驶，如果靠左行驶不违法，则人们将选择靠左行驶。因此，他认为其他人靠右行驶的信念维持了这项靠右行驶的制度。靠右行驶的制度也促进了靠右行驶的信念。这样就解释了人在某一情境中将会选择怎样的行为，和我们对文化人格的定义——行为主体或群体在适应特定聚落环境的过程中，接受特定文化熏陶，通过对特定文化的内化及人的社会化所形成的稳定的思维方式和行为模式——是较为一致的。我们用这样的解释框架，试图理解农业转移人口在其观念和行为模式上随城市的“习俗”和“制度”而嬗变和重塑的行为。

信念学习模型指参与者通过观测其他参与者在过去各期内采

---

① 班杜拉．思想和行动的社会基础：社会认知理论［M］．林颖等，译．上海：华东师范大学出版社，2001：186。

② Bowles S. *Microeconomics：Behavior，Institutions and Evolution*［M］. Princeton University Press，2004：73.

取各种行动的概率,来对此作出最佳响应,选择能够给自己带来最大预期支付的行动。由于农业转移人口融入城市社区时有相当深重的知识技术、学历文凭情结,所以,社区融入和教育问题与农业转移人口的观念意识关系密切。农业转移人口的生育及教育观念均来自对其他人的过去行动的观察和理解。信念是指个体的主观概率判断。信念是个体认为可确信的看法,是对对象信任的一种思想状态。信念之所以产生,内在动机是人对基本需要和愿望的思想情感(意识),外在表现是人在行为中表现出的特定评价和行为倾向。其中先验信念是主体接收新信息前的观念,后验信念是主体接收信息后影响决策的因素。故信念学习影响农业转移人口融入城市社区的观念和行为模式的选择。

先看一个我们的访谈案例:

花阿姨认为,来到城市后,观念先进了,“比如在农村,重男轻女很严重。像他大哥,今年43了,有三个孩子,前两个都是女孩,大女儿今年上大学,他40岁还生了个儿子。有的农村家长给女儿起名字叫唤子,就是想下一胎唤个儿子。我儿子叫李政,这名字是他爷爷取的,有寓意,政是挣的意思,让多挣几个孙子来”。说到这,李叔叔插话了:“你这可是误解。我爸取这个名字是因为当年我们家成分不好,是地主,不希望四个儿子将来跟政治有关,所以我们四兄弟的名字都不带政字,现在孙子可以和政治有关了,就叫政。”“哪有那个意思,就是重男轻女么。来了城市观念就变了,只生一个好。我们要是还在农村,现在早就有三个孩子了,农村我们这个年纪的夫妻基本至少两个孩子。在农村,孩子也好养,不怎么费钱,上到初中毕业就不念书了,出去打工,挣了钱寄回家,都这样。农村父母这种观念不好,把孩子当挣钱工具,就想着将来孩子怎么打工孝敬呢。我们来了上海,觉得上海父母的教育观念正确,要对孩子负责,生孩子不是为了让他赚钱。”花阿姨反驳道。

李叔叔接着说:“确实观念变了。也奇怪,我们那些来上海打工的老乡,都只生一个孩子。那些留在家里的,都是两三个孩子。你阿姨她妈还老催她再生一个呢,还说你们没时间带,我帮你们带。村里人还说我们傻。反正不管他们怎么说,我们都只要这一个孩子。上海生活节奏快,生活成本高,不允许你生。”

说完城乡之别,我不禁问李叔叔,对于自我身份是如何判断的?来上海这么多年,他觉得自己融入上海了吗?“我是比较独立的、孤立的,没有融入这个城市。虽然出生在农村,但是在农村时也没怎么种地,又在上海待了有十年,身上已经没什么农村的影子了,算是个边缘地带的人吧。”我问道:“您在上海买了房子,有了事业,日子过得挺好的呀。现在房价这么贵,好多上海人都买不起房子呢。您为什么说自己是边缘人呢?”李叔叔解释道:“城市里的生活压力大,对于未来没什么把握。虽然说我有了房子,现在的店经营也可以,但是这些都是只解决了衣食住行的基本问题,比如未来有可能生意不好什么的。我也就是生活稍微轻松一点而已。像我二哥那样的,在上海有正经工作、有户口,过得比较充裕,那算是融入上海了。”

说到孩子的教育问题,李叔叔很有感慨:“我和你说了这么多,你有没有发现重点?我告诉你呀,我们家的兄弟能有今天,多亏了教育。所以我也特别重视教育。我爸爸是上过小学的,这在那个年代、我们那个地方,是少见的。我爸爸也重视我们兄弟的教育,我们都是高中毕业,大哥毕了业挣钱让我受教育,二哥毕了业支持我弟弟受教育,二哥在上海念完研究生把我介绍到上海工作,就这么靠着教育,兄弟之间互相帮助,现在过得都还可以。虽然我学习不好,但是我重视教育。你阿姨学习不错,就是家里太穷供不起。我们俩现在最重要的事就是孩子的教育了。”

花阿姨也很希望李政在上海完成学业，最好能读大学。孩子的未来主要还是取决于他自己的努力。

同样的信念学习也从来自江苏的理发店店主小王的访谈中体现出来：

小王的女儿正在小区里的一家小学读书。刚开始只是在一家民工子弟学校念书，可后来随着政策的放宽，他的女儿转入了公办小学读书，这也是最令小王高兴的事情之一。对他而言，这意味着女儿有了接受和城里孩子同等教育的机会。事实上，让小孩过上城里的生活一直是小王的奋斗目标之一，而今这个目标竟然没费太大周折地实现了，他自然兴奋无比，对政府这一举措感激涕零。当他女儿只有四五岁的时候，他看到同龄孩子都去上幼儿园，而他的女儿却因为政策的限制和经济承受能力只能待在家中，由爷爷奶奶照顾，那时的他是很心酸和失落的，觉得自己挺没出息的，没法把女儿送进幼儿园。而今，这一切有了转机。"我们那边的学校，老师连个普通话都讲不标准，很多老师也不过初中文化，也是一直窝在山沟沟里，没见过世面。还是上海的老师好，嘿嘿。我女儿这下有希望了。"自古以来，小王就知道教育为本，只有教育才能改变他们的命运。"我女儿也挺争气，成绩也蛮好的，老师经常表扬她，给她个五角星什么的。她每次回来跟我说，我也很高兴的。"对小王而言，他的受教育程度低下已经是个无可挽回的事实了，但是他不希望他的悲剧重演。他唯一的希望在于他的女儿通过勤奋苦读能够向上流动，使整个家庭挤入上流社会，这也是他为之奋斗、坚持留在上海的原因。

信念学习中的虚拟行动方法，是参与人从各期的实际行为的轨迹而非从心理轨迹学习的。张贤旺和弗里德曼（Cheung Yin

Wong & Danel Friedman,1997)发现了虚拟行动的加权形式。[①] 这比一般的虚拟行动更关注另一个参与人的过去的选择。比古诺的最优反应动态增加了对下一期行为的考虑。因而,加权虚拟行动是比较折中的方法。

因此,加权虚拟行动的信念就被定义为:

$$E_i(s_{-i}^j)(t)=\frac{I(s_{-i}^j,s_{-i}(t))+\sum_{k=1}^{t-1}\phi_i^k\cdot I(s_{-i}^j,s_{-i}(t-k))}{I+\sum_{k=1}^{t-i}\phi_i^k}\qquad t=1,2,\cdots$$

在虚拟博弈中,局中人基于其他个体过去行为的加权平均值,形成信念,并在他们的给定信念下作出最佳反应。

农业转移人口在融入城市社区的过程中,其观念及行为模式的有关特征,表现出了与信念学习较吻合的倾向。农业转移人口对基本需要和愿望的追求——融入城市社区,无论是凭借受教育获得技能知识、文凭学历,还是通过学习某种标杆路径的努力,其内在动机是对融入城市社区的极大认同,其外在表现也体现出一种积极融入城市社区的行为倾向。

我们借助最具代表性的虚拟博弈模型(Fudenberg and Levine,1995;Cheung and Friedman,1997)[②] 来验证我们的看法。

在一般的虚拟博弈模型中,通常认为局中人能够记住其对手以前的所有行动,即对于每一期对手过去的行动赋予了相等的权重;如果不能记住,即对于越近期的博弈,赋予的权重越大,此时就是加权虚拟博弈。

---

① Cheung Yin Wong & Danel Friedman. *Individual Learning in Normal Form Games: Some Laboratory Results*[J]. *Game and Economic Behavior*, 1997(19): 46-76.

② D. Fudenberg, D. K. Levine. *Consistency and Cautious Fictitious Play*[J]. *Journal of Economic Dynamics and Control*, 1995(19), 1065-1089.Cheung Yin Wong & Danel Friedman. *Individual Learning in Normal Form Games: Some Laboratory Results*[J]. *Game and Economic Behavior*, 1997(19): 46-76.

假设对手的行动集合为C($c_1,c_2,\ldots,c_i,\ldots,c_k$),则两轮之间的对于其他局中人选择行动$c_i$所赋予的信念权重为:

$$b^{t+1}(c_i)=\begin{cases}b^t(c_i)+1 & \text{在 } t+1 \text{ 阶段对手选择行动 } c_i\text{,信念权重相应的增加 } 1\\ b^t(c_i) & \text{在 } t+1 \text{ 阶段对手没有选择行动 } c_i\text{,信念权重不变}\end{cases}$$

则在(t+1)阶段,局中人形成的对手选择行动c_i的概率与信念权重之间的关系为:

$$\mu^{t+1}(c_i)=\frac{b^{t+1}(c_i)}{\sum_{i=1}^{j} b^{t+1}(c_i)}$$

在给定其他局中人选择每种行动的概率之后,局中人估算出自己可供选择的每一个纯策略s(局中人的策略空间为S)的期望支付$\pi[s/\mu^{t+1}(c_i)]$,然后局中人在t+1期在给定其他局中人信念$\mu^{t+1}(c_i)$的条件下,选择纯策略s的概率为:

$$p_s^{t+1}=\frac{\exp(\pi(s/\mu^{t+1}(c_i)))}{\sum_{s\in S}\exp(\pi(s/\mu^{t+1}(c_i)))}$$

同样,局中人选择具有最大概率值的策略为自己的最优响应。

班杜拉(2001)通过心理学的研究也同样指出,榜样不仅告知信息而且还激发动机。人们最初不愿从事新的,需要付出代价、承担风险的事业,直到他们看到早期采纳者所得到的好处时才开始采纳。示范出的收益减轻了更谨慎的潜在采纳者的思想负担,从而加快了创新传播的速度。随着接受面的扩大,新的方式得到了进一步的社会支持。榜样还能展示选择偏好和评价反应,而这些可以改变观察者的价值观念。评价标准的变化会对所示范的创新的接受产生一定影响。榜样不仅对创新加以说明并使之合法化,而且还通过直接鼓励他人采纳而起到倡导者的作用。[①]

① 班杜拉.思想和行动的社会基础:社会认知理论[M].林颖等,译.上海:华东师范大学出版社,2001:200.

农业转移人口的信念学习是在融入城市社区的愿望的促动下，从既往的观念和行为模式中汲取的一些信念，这些信念驱使农业转移人口在融入城市社区的行为（期望支付）中选择具有最大概率值的策略为自己的最优响应。

三、经验加权吸引学习模型（EWA）

凯默勒和特克（C.Camerer & Ho Teck，1998）考察了既包括强化模型又包括信念模型的更一般的模型，即经验加权吸引学习模型（Experience-weighted Attraction Learning），通过极大自然法估计模型参数，这种混合模型比单纯的强化和信念模型能更好地描述行为。①

强化学习理论假设参与者没有考虑未选策略支付的信息，信念学习理论假设参与者没有考虑他们自己过去选择的信息，但往往参与者对两种信息都要考虑。经验加权吸引学习模型（EWA）是前两者的混合体。

农业转移人口在融入城市社区的过程中，有对"做得好"的行为的强化，如我们的被访者——回收废品的小于："这份工作直到现在小于一直做得很好，得到了包括物业和业主在内的肯定。"再如被访者家政服务人员小张："小朱的家政服务工作现在做起来很得心应手，充满自信。"又如做天然气改装工作的黄先生："拆拆装装的，比人家弄得好……喜欢这个，对这个有点研究，所以学得比他们快。"

农业转移人口在融入城市社区的过程中，也有从既往的观念和行为模式中汲取的一些信念，小于的内在动机是："老实本分"；外在表现是："恭谨对物业，诚心对业主"。小朱的内在动机是：

① C. Camerer & Ho Teck. *EWA Learning in Games: Probability Rules, Heterogeneity, and Time Variation*[J]. *Journal of Mathematical Psychology*, 1998(42): 305-326.

“做事好坏别人都知道的”；外在表现是：“我做居家养老从来没被别人炒过”“有一点很好，就是肯学”。做天然气改装工作的黄先生，他的内在动机是：“在工作的技术和技巧上是强者，所以他喜欢竞争，崇尚适者生存、优胜劣汰的法则。因为竞争能凸显他的价值，能让他在与别人的较量中获得向上攀升的机会，能让他获得对自己良好的感觉”；他的外在表现是：“友好待人、机敏处事，低调为人，乐观淡泊”。

EWA 学习模型既考虑成功策略的影响，也考虑策略信念的影响，对农业转移人口融入城市社区的文化人格重塑的影响解释得更加完备。

我们借助经验加权吸引学习模型来验证我们的看法。

经验加权吸引学习模型将强化学习和信念学习这两种学习过程描述为特定选择的模型参数的边缘情况。并且，这个模型是由根据新经历更新的过程而决定的两个方程来描述的：

$$N(t)=\rho\cdot N(t-1)+1 \quad (1)$$

$$A_i^j(t)=\frac{\phi\cdot N(t-1)\cdot A_i^j(t-1)+[\delta+(1-\delta)\cdot I(s_i^j,s_i(t))]\cdot}{N(t)}$$

$$\frac{\pi_i[s_i^j,s_{-i}(t)]}{N(t)} \quad (2)$$

式（1）为经历加权公式，式（2）为吸引公式，对于各个变量含义的解释为：

两个新的变量，N（t）：经历权重（Experience-Weighted），可以视作过去经历的“等价观测”，就是局中人 i 自己全部的策略的支付的权重。

N（t）中的经历观测，即经历权重中“经历”的具体含义可以理解为局中人 i 观测到自己行动的预期支付，在这里预期支付既包括了局中人自己选中的策略，又包括了局中人自己没有选中的策略。

式(1)表示相邻两轮经历权重之间的更新。具体为表示局中人 t 期的经历权重 = 局中人所记住的 t−1 期的经历权重 +1,这里的 1 表示对于 t 期所观测到的经历,赋予的权重为 1。

$A_i^j(t)$:阶段 t 之后,局中人 i 对于策略 j 的吸引。

初始权重 N(0)和初始吸引 $A_i^j(0)$,假设为是外生给定的,来自对类似博弈的反省和学习而产生的博弈前的思考。模型中,参数 ρ 表示经历权重的贴现率,即局中人所记住的上一期的自己的经历权重;ϕ 表示吸引的贴现率,即上一期吸引被记住的概率;δ 表示没有被选中的策略的支付的权重(如果 δ 大于 0,那么经验的收集将扩大至没有选中的行动中。这样就可以认为个体可以通过观察没有被选中的恰当行动的事件而进行学习);相应地,$1-\delta$ 表示选择策略 $s_i(t)$所获得的实际支付的权重。在 $\pi_i[s_i^j, s_{-i}(t)]$ 中,$s_i(t)$表示局中人 i 在阶段 t 实际选择的策略;$s_{-i}(t)$表示除 i 以外的局中人在阶段 t 实际选择的策略矢量矩阵。由此可知,$\pi_i[s_i^j, s_{-i}(t)]$就表示在阶段 t,其他局中人选择策略集合 $s_{-i}(t)$时,局中人 i 选择策略 j 的实际支付。

$I[s_i^j, s_i(t)]$为一个示性函数:

$$I[s_i^j, s_i(t)] = \begin{cases} 1 \text{ 当 } s_i^j = s_i(t) \\ 0 \text{ 当 } s_i^j \neq s_i(t) \end{cases}$$

意味着,当 $s_i^j = s_i(t)$,即局中人 i 在阶段 t 选择策略 j 时,$I[s_i^j, s_i(t)] = 1$;当 $s_i^j \neq s_i(t)$,即局中人 i 在阶段 t 没有选择策略 j 时,$I[s_i^j, s_i(t)] = 0$。

该模型整体上可以作为一个强化(学习)的框架来理解,即 t 期的策略 j 的吸引等于 t−1 期的对策略 j 的吸引,再加上第 t 期的期望支付,最后标准化就可以了。这里的期望支付,就包括了选中的策略和没有选中的策略。

$$\{\delta + (1-\delta) \cdot I[s_i^j, s_i(t)]\} \cdot \pi_i[s_i^j, s_{-i}(t)] =$$

$$\begin{cases}\delta\pi_i[s_i^j,s_{-i}(t)] & \text{参与人 i 在 t 期不选择策略 j}\\ \pi_i[s_i^j,s_{-i}(t)] & \text{参与人 i 在 t 期选择策略 j}\end{cases} \tag{10}$$

$\phi \cdot N(t-1) \cdot A_i^j(t-1)$ 中可以将 $N(t-1)$ 看作权重，而将 $A_i^j(t-1)$ 看作是权重值。等价的，在 $\{\delta+(1-\delta)\cdot I[s_i^j, s_i(t)]\}\cdot \pi_i[s_i^j,s_{-i}(t)]\}$ 中，$\{\delta+(1-\delta)\cdot I[s_i^j,s_i(t)]\}$ 为权重，而 $\pi_i[s_i^j,s_{-i}(t)]$ 为权重值。

与一般的强化学习模型相比，EWA 模型的整体框架并无大异，不同的是，强化学习模型仅考虑选中的策略，而 EWA 模型不仅考虑被选中的策略，还考虑没有选中的策略。和信念学习模型相比，信念学习和 EWA 中都预期了所有可能行动的支付；不同的是，信念学习模型中，通过观测其他局中人的行动，局中人 i 对此作出最优响应，而 EWA 模型中观测的是局中人自己的行动。

之所以称 EWA 模型更具有一般性，我们可以从模型中参数和变量[主要是 $N(0)$、ρ、δ、ϕ]的不同取值所展现的情况：

①当 $N(0)=1$, $\rho=\delta$、$=0$ 时，那么模型就简化为最初的 Roth-Erev 的积累强化学习的模型。具体就是：$N(t)=N(0)=1$，即对于每一期的精力都赋予了相等的、值为 1 的权重；

$$A_i^j(t)=\phi \cdot A_i^j(t-1)+I[s_i^j,s_i(t)]\cdot \pi_i[s_i^j,s_{-i}(t)] \tag{11}$$

即当期的自己对策略 j 的吸引 = 上一期所记住的自己对策略 j 的吸引 + 当期自己实际获得的支付。

②当 $\delta=1$, $\rho=\phi$ 时，模型等价于信念学习模型，可以简化为加权虚构博弈，其权重的更新方式为(7)式，在信念学习模型中，局中人在给定信念的情况下，选择具有最高预期支付的策略。第 t 期选择 j 策略的预期支付 = 第(t−1)期选择策略 j 的支付 + 第 t 期选择策略 j 所获得的支付。当预期支付的计算可以被描述为其滞后的函数时，结果就是：

$$E_i^j(t)=\frac{\rho \cdot N(t-1) \cdot E_i^j(t-1)+\pi_i(s_i^j,s_{-i}(t))}{\rho \cdot N(t-1)+1} \tag{12}$$

此时,信念这个词就不可思议地消失了,因为信念的更新是基于过去的观测,而过去观测对于预期支付的影响,可以直接通过对当期支付的模仿而得到,并且只有信念函数预期了可能的支付。这样信念就变成了一个没有用处的"经纪人"或者是"介绍人"了。而这正符合 $\delta=1, \rho=\phi$ 的 EWA 模型。即(7)式和:

$$A_i^j(t)=\frac{\rho \cdot N(t-1) \cdot A_i^j(t-1)+\pi_i[s_i^j, s_{-i}(t)]}{\rho \cdot N(t-1)+1} \tag{13}$$

①当 $\delta=1, \rho=\phi$ 并且 $\phi=0$ 时,模型等价于古诺最优响应动态;局中人只对于上一期发生的事情作出最优响应。这可以在 $A_i^j(t)$ 的表达式中明显看到,已经不存在过去的观测了。

$$N(t)=1 \tag{14}$$

$$A_i^j(t)=\pi_i[s_i^j, s_{-i}(t)] \tag{15}$$

②当 $\delta=1, \rho=\phi$ 并且 $\phi=1$ 时,模型等价于虚拟博弈模型。此时局中人对其对手所要采取的策略的信念为其过去采取的策略的算术平均,因为局中人记住了以前所有各期的支付,并且赋予了其相等的权重。

$$A_i^j(t)=\frac{N(t-1) \cdot A_i^j(t-1)+\pi_i[s_i^j, s_{-i}(t)]}{N(t-1)+1} \tag{16}$$

最后,每一个策略 j 采取的概率,是由吸引而决定的,采用指数函数的形式,则可以用于处理负的吸引:

$$P_i^j(t+1)=\frac{e^{\lambda \cdot A_i^j(t)}}{\sum_{k=1}^{m_i} e^{\lambda \cdot A_i^k(t)}} \tag{17}$$

其中,参数 λ 表示局中人对于不同吸引的敏感,当局中人对所有的吸引具有相同的敏感性时,$\lambda=0$;随着局中人对不同的吸引之间的敏感性差异增加时,λ 的值逐渐增加,表示局中人对于策略 j 越敏感。m_i 表示局中人 i 可能采取的策略的数量。

因此可见,EWA 学习模型既考虑成功策略——做得好的行为强化的影响,也考虑策略信念——可确信的行为的影响,对农业转移人口融入城市社区的文化人格重塑的影响解释更加完备。农业转移人口通过重塑其观念和行为模式渐进地融入城市社区,既考虑做得好的行为的强化,也考虑可确信的行为来作出最佳响应。这两者均内含了农业转移人口文化人格嬗变与重塑的观念和行为模式。

小　结

农业转移人口市民化是一个渐进的过程,其中一个不容忽视的问题是农业转移人口如何有效地融入城市社区,本质上是城市文化对农业转移人口的接纳,以及农业转移人口对城市文化的认同。农业转移人口从一种乡村传统与习俗向另一种城市现代化和现代契约文明过渡,需要优秀传统文化与社会风俗对农业转移人口文化人格的塑造,构建文化认同机制,借此有效地融入城市社区。

在基础社会秩序建设中,中国人的人际交往主要依托传统与社会风俗中积极的、正面的文化因素主导的社会价值系统,通过社会认同机制判断行为主体的性格特点和交往行为,进而形成文化人格信任,有助于行为主体的社区融入。典型访谈案例着重探讨了传统与社会风俗对农业转移人口文化人格的塑造,通过构建典型的文化人格信任,能够促使农业转移人口有效地融入城市社区。

农业转移人口在融入城市社区的过程中,其观念及行为模式的有关特征,表现出了与强化学习较吻合的倾向。“做得好”行为的强化,不仅使农业转移人口找到了进城的渠道,而且通过“做得好”的内涵的强化,使农业转移人口能够较好地融入城市社区。本章运用博弈学习理论的信念学习模型,分析农业转移人口在其观念和行为模式上随城市的“习俗”和“制度”而嬗变和重塑的现象。农业转移人口对融入城市社区的信念学习表现在通过特定的途径改变其身份认同。故信念学习影响农业转移人口融入城市社区的观念和行为模式的选择。在农业转移人口融入城市社区的过程中,既有对"做得好"的行为的强化,也有从既往的观念和行为模式中汲取的一些信念,EWA 学习模型既考虑成功策略的影响,也考虑策略信念的影响,对农业转移人口融入城市社区的文化人格重塑的影响解释更加完备。

参考文献

中文文献：

著作：

刘易斯·芒福德．城市发展史——起源、演变和前景[M]．宋俊岭，倪文彦，译．北京：中国建筑工业出版社，2004.

费尔南·布罗代尔．15至18世纪的物质文明、经济和资本主义[M]．北京：生活·读书·新知三联书店，2002.

何念如，吴煜．中国当代城市化理论研究[M]．上海：上海人民出版社，2007.

黄郁成．城市化与乡村振兴[M]．上海：上海人民出版社，2019.

谢文蕙．城市经济学[M]．北京：清华大学出版社，1996.

吴楚材．城市与乡村：中国城乡矛盾与协调发展研究[M]．北京：科学出版社，1996.

王春光，孙晖．中国城市化之路[M]．昆明：云南人民出版社，1997.

陈颐．中国城市化和城市现代化[M]．南京：南京出版社，1998.

胡欣．城市经济学[M]．北京：经济科学出版社，1999.

王振亮．城市空间融合论[M]．上海：复旦大学出版社，2000.

秦润新．农村城市化的理论与实践[M]．北京：中国经济出版社,2000.

汤伟 . 城市与世界秩序的演化[M]. 上海:上海社会科学院出版社,2019.

张立,赵民 . 改革开放后中国社会的城市化转型[M]. 上海:同济大学出版社,2020.

费孝通 . 论小城镇及其他[M]. 天津:天津人民出版社,1986.

费孝通 . 乡土重建[M]. 北京:中信出版社,2019.

蔡昉 . 中国流动人口问题[M]. 郑州:河南人民出版社,2000.

樊纲,郭万达 . 中国城市化和特大城市问题思考[M]. 北京:中国经济出版社,2017.

陆铭 . 向心城市:迈向未来的活力、宜居与和谐[M]. 上海:上海人民出版社,2022.

牛文元 .2012 中国新型城市化报告[M]. 北京:科学出版社,2012.

辜胜阻 . 非农化与城镇化研究[M]. 杭州:浙江人民出版社,1991.

任远等 . 人口迁移流动与城镇化发展[M]. 上海:上海人民出版社,2014.

网易财经中心 . 城镇化未来——中国城市发展的挑战与契机[M]. 北京:中国言实出版社,2016.

陆益龙 . 户籍制度:控制与社会差别[M]. 北京:商务印书馆,2003.

蔡昉,都阳,王美艳 . 劳动力流动的政治经济学[M]. 北京:中国社会科学出版社,2020.

世界银行 .2020 的中国:新世纪的发展挑战[M]. 北京:中国财政经济出版社,1998.

杜鹰 . 走出乡村[M]. 北京:经济科学出版社,1997.

陆学艺. 当代中国社会流动[M]. 北京:社会科学文献出版

社，2004.

刘子需 . 新时期中国社会市民化趋势［M］. 北京：中国现代出版社，2021.

马克思，恩格斯 . 马克思恩格斯全集（第 23 卷）［M］. 北京：人民出版社，1962.

马克思，恩格斯 . 马克思恩格斯选集（第 1 卷）［M］，北京：人民出版社，1977.

马克思，恩格斯 . 德意志意识形态［M］. 北京：人民出版社，2018.

列宁 . 列宁全集（第三卷）［M］. 北京：人民出版社，1984.

周成贤 . 市民社会理论［M］. 长春：吉林出版集团股份有限公司，2013.

熊月之 . 上海通史（第五卷）［M］. 上海：上海人民出版社，1999.

徐甡民 . 上海市民社会史论［M］. 上海：文汇出版社，2007.

邓正来 . 国家与市民社会——中国视角［M］. 上海：格致出版社，2011.

高帆 . 中国城乡二元经济结构转化：理论阐释与实证分析［M］. 上海：上海三联书店，2012.

刘祖云 . 从传统到现代——当代中国社会转型［M］. 武汉：湖北人民出版社，2000.

中国留美学者经济学会 . 现代经济学前沿专题（第一集）［M］. 北京：商务印书馆，1989.

郑杭生. 社会学概论新修［M］. 北京：中国人民大学出版社，1987.

刘一皋，王晓毅，姚洋 . 村庄内外［M］. 石家庄：河北人民出版社，2002.

柯兰君，李汉林 . 都市里的村民——中国大城市的流动人口

[C]. 北京：中央编译出版社，2001：16.

吴文藻 . 德国的系统社会学派（1934 年）[C]// 人类学社会学研究文集 . 北京：民族出版社，1990.

雷蒙·威廉斯 . 文化与社会：1780—1950[M]. 高晓玲，译 . 北京：商务印书馆，2018：19-20.

钱穆 . 文化学大义[M]. 北京：九州出版社，2012.

张静 . 身份认同研究[C]. 上海：上海人民出版社，2006.

张静 . 基层政权——乡村制度诸问题[M]. 杭州：浙江人民出版社，2000.

夸梅·安东尼·阿皮亚 . 认同伦理学[M]. 南京：译林出版社，2013：97，98.

朱威烈 . 国际文化战略研究[M]. 上海：上海外语教育出版社，2003.

丹尼尔·贝尔 . 资本主义文化矛盾[M]. 严蓓雯，译 . 北京：人民出版社，2010.

J. 坎托 . 文化心理学[M]. 昆明：云南人民出版社，1991.

福柯 . 规训与惩罚——关于全景敞视主义的讨论[M]. 北京：生活 . 读书 . 新知三联书店，2007.

塞利姆·阿布 . 文化认同性的变形[M]. 萧俊明，译 . 北京：商务印书馆，2008.

欧阳光明，司赛赛 . 城市文化认同与人文素养践行力发展：基于上海市民人文素养践行力调查的比较研究[M]. 上海：上海大学出版社，2018.

施坚雅 . 中华帝国晚期的城市[M]. 北京：中华书局，2000.

司汉武 . 传统与超越：中国农民与农村的现代化[M]. 咸阳：西北农林科技大学出版社，2006.

张雪筠 . 农民工与城市主体社会[M]. 天津：天津社会科学院出版社，2007.

郑也夫．信任论[M]．北京：中国广播电视出版社，2006.

V.奥斯特罗姆．制度分析与发展的反思——问题与抉择[M]．北京：商务印书馆，1992.

约翰·霍兰德．隐秩序：适应性造就复杂性[M]．周晓牧等，译．上海：上海科技教育出版社，2000.

杰弗里·M.霍奇逊．经济学是如何忘记历史的：社会科学中的历史特性问题[M]．高伟等，译．北京：中国人民大学出版社，2008.

杰弗里·M.霍奇逊．制度与演化经济学现代文选[C]．贾根良，译．北京：高等教育出版社，2005：26.

萨缪·鲍尔斯．微观经济学：行为制度和演化[M]．江艇等，译．北京：中国人民大学出版社，2006.

蔡禾．城市社会学：理论与视野[M]．广州：中山大学出版社，2003.

帕克．城市社会学：芝加哥学派城市研究文集[C]．吴俊岭等，译．北京：华夏出版社，1987.

康少邦等．城市社会学[M]．杭州：浙江人民出版社，1986.

杨中芳．中国人的人际关系、情感与信任[M]．台北：远流出版公司，2001.

谭长贵．动态平衡态势论研究——一种自组织系统有序演化新范式[M]．成都：电子科技大学出版社，2004.

B.R.赫根汉．现代人格心理学历史导引[M]．石家庄：河北人民出版社，1988.

肖川．主体性道德人格教育[M]．北京：北京师范大学出版社，2002.

弗洛伊德．精神分析引论[M]．高觉敷，译．北京：商务印书馆，1986.

荣格．人及其象征[M]．张举文，译．沈阳：辽宁教育出版社，

1988.

马斯洛．动机与人格［M］．许金声等，译．北京：华夏出版社，1987.

班杜拉．思想和行动的社会基础［M］．林颖，皮连生等，译．上海：华东师范大学出版社，2001.

L.A. 珀文．人格科学［M］．黄希庭，译．上海：华东师范大学出版社，1996.

L.A. 珀文．人格科学［M］．周榕等，译．上海：华东师范大学出版社，2001.

埃德温·P. 霍兰德．社会心理学原理和方法［M］．冯文侣等，译．广州：广东高等教育出版社，1988.

张春兴．现代心理学［M］．上海：上海人民出版社，1994.

黄希庭．人格心理学［M］．杭州：浙江教育出版社，2002.

刘英茂．普通心理学［M］．台北：大洋出版社，1987.

杨适等．改革、市场与主体性［M］．北京：北京师范大学出版社，1995.

陈国强．简明文化人类学词典［M］．杭州：浙江人民出版社，1990.

王登峰，崔红．解读中国人的人格［M］．北京：社会科学文献出版社，2005.

郭永玉．人格心理学：人性及其差异的研究［M］．北京：中国社会科学出版社，2005.

刘承华．文化与人格——对中西方文化差异的一次比较［M］．北京：中国科学技术大学出版社，2002.

马克斯·韦伯．新教伦理与资本主义精神［M］．于晓和，陈维刚，译．北京：生活·读书·新知三联书店，1987.

周晓红．中国社会与中国研究［C］．北京：社会科学文献出版社，2004.

宋希仁 . 伦理与人生[M]. 北京:教育科学出版社,2000.

约翰·N. 德勒巴克,约翰·V.C. 奈 . 新制度经济学前沿(第2辑)[C]. 张宇燕等,译 . 北京:经济科学出版社,2003.

埃米尔·涂尔干 . 自杀论[M]. 冯韵文,译 . 北京:商务印书馆,1996.

埃米尔·涂尔干 . 社会分工论[M]. 北京:生活·读书·新知三联书店,2000.

詹姆斯·C. 斯科特 . 农民的道义经济学:东南亚的反叛与生存[M]. 南京:译林出版社,1976.

彼得·布劳 . 社会生活中的交换与权力[M]. 孙非,张黎勤,译 . 北京:华夏出版社,1988.

罗伯特·金·顿 . 论理论社会学[M]. 何凡兴等,译 . 北京:华夏出版社,1990.

格伦斯基 . 社会分层[M]. 北京:华夏出版社,2001.

成中英 . 文化·伦理与管理——中国现代化的哲学省思[M]. 贵阳:贵州人民出版社,1991.

万俊人 . 道德之维:现代经济伦理导论[M]. 广州:广东人民出版社,2000.

恩泽 . 马斯洛:展现人格力量[M]. 北京:中国社会出版社,2013.

罗素 . 西方哲学史[M]. 何兆武,李约瑟,译 . 北京:商务印书馆,1963.

齐格蒙特·鲍曼 . 个体化与社会[M]. 范祥涛,译 . 上海:上海三联书店,2002.

尼古拉斯·卢曼 . 信任:一个社会复杂性的简化机制[M]. 瞿铁鹏,李强,译 . 上海:上海人民出版社,2005.

詹姆斯·S. 科尔曼 . 社会理论的基础(上、下册)[M]. 北京:社会科学文献出版社,1999.

朱国宏,林尚立,张军.中国社会变迁:反观与前瞻[G].上海:复旦大学出版社,2001.

费孝通.乡土中国[M].上海:上海人民出版社,2019.

金耀基.从传统到现代[M].北京:法律出版社,2017.

强昌文.契约伦理与权利——一种理想性的诠释[M].济南:山东人民出版社,2007.

张凤阳.现代性的谱系[M].南京:南京大学出版社,2003.

文崇一.中国人:观念与行为[M].南京:江苏教育出版社,1988.

林南.社会资本:关于社会结构与行动的理论[M].张磊,译.北京:社会科学文献出版社,2020.

梁漱溟.中国文化要义[C]//梁漱溟全集第三卷.济南:山东人民出版社,1990.

冯友兰.三松堂全集(第二卷)[M].郑州:河南人民出版社,2001.

中国社会科学院社会学研究所编.中国社会学年鉴(1995—1998)[C].北京:社会科学文献出版社,2000.

杰克·J.弗罗门.经济演化[M].北京:经济科学出版社,2003.

科林·凯莫勒.行为博弈——对策略互动的实验研究[M].贺京同等,译.北京:中国人民大学出版社,2006.

张维迎.博弈论与信息经济学[M].上海:上海人民出版社,1996.

刘光明.企业品牌与企业信用、声誉的关系[C]//中国企业管理研究会,江西财经大学,中国社会科学院管理科学研究中心.中国企业管理研究会年度报告(2006—2007)——中国企业自主创新与品牌建设学术研讨会暨中国企业管理研究会2006年年会论文集.北京:中国财政经济出版社,2006:239.

约翰·N. 德勒巴克，约翰·V.C. 奈等. 新制度经济学前沿：从新制度经济学角度的透视[M]. 北京：经济科学出版社，2003.

朱·弗登博格，让·梯若尔. 博弈论[M]. 北京：中国人民大学出版社，2010.

伊曼努尔·康德. 实用人类学[M]. 邓晓芒，译. 上海：上海世纪出版集团，2005.

郭景萍. 情感社会学：理论·历史·现实[M]. 上海：上海三联书店，2008.

陈琦，刘儒德. 当代教育心理学（第 3 版）[M]. 北京：北京师范大学出版社，2019.

论文：

王维锋. 国外城市化理论简介[J]. 城市问题，1989（01）：21-24.

费孝通. 关于“文化自觉”的一些自白[J]. 学术研究，2003（07）：5-9.

顾朝林，吴莉娅. 中国城市化问题研究综述（Ⅰ）[J]. 城市与区域规划研究，2008（02）：104-147.

刘建芳. 美国城市化进程中人口流动的特点及影响[J]. 新疆师范大学学报（哲学社会科学版），2004（03）：124-127.

龚唯平. 马克思城市化理论探微[J]. 经济前沿，2001（07）：32-35.

吴友仁. 关于我国社会主义城市化问题[J]. 城市规划，1979（05）：13-25.

宁越敏. 新城市化进程——90 年代中国城市化动力机制和特点探讨[J]. 地理学报，1998，23（05）：470-477.

仲小敏. 世纪之交中国城市化道路问题的讨论[J]. 科学·经济·社会，2000（01）：38-42.

王桂新，我国城市化发展的几点思考[J]. 人口研究，2012

(02):37-44.

王桂新.城市化基本理论与中国城市化的问题及对策[J].人口研究,2013(06):43-51.

关键.观点综述:中国城市化问题[J].城市开发,1997(11):6-9.

郑杭生.农民市民化:当代中国社会学的重要研究主题[J].甘肃社会科学,2005(04):4-8.

温铁军.历史本相与小城镇建设的真正目标[J].小城镇建设,2000(05):31-35.

张正河,谭向勇.小城镇难当城市化主角[J].中国软科学,1998(08):14-19.

史育龙.中国特色城镇化道路的内涵和发展模式[J].贵州社会科学,2008(10):67-73.

中国社会科学院城市与竞争力研究中心课题组,倪鹏飞.以高质量城市化推动中国式现代化——中国城市崛起的样本分析[J].新型城镇化,2023,80(03):29-32.

施建刚,王哲.中国城市化与经济发展水平关系研究[J].中国人口科学,2012(02):36-46+111.

孙红玲.推进新型城镇化需改按常住人口分配地方财力[J].财政研究,2013(03):56-58.

杨云彦.改革开放以来中国人口"非正式迁移"的状况——基于普查资料的分析[J].中国社会科学,1996(06):59-73.

陆铭.从分散到集聚:农村城镇化的理论、误区与改革[J].农业经济问题,2021(09):27-35.

孔祥智.改革开放以来国家与农民关系的变化:基于权益视角[J].中国人民大学学报,2018(03):21-30.

王桂新.中国经济体制改革以来省际人口迁移区域模式及其变化[J].人口与经济,2000(03):8-16+22.

王桂新,沈建法,刘建波．中国城市农民工市民化研究——以上海为例[J]. 人口与发展,2008,76(01):3-23.

王桂新,陈冠春,魏星．城市农民工市民化意愿影响因素考察——以上海市为例[J]. 人口与发展,2010,16(02):2-11.

王桂新,胡健．中国东部三大城市群人口城市化对产业结构转型影响的研究[J]. 社会发展研究,2019(01):33-48+242-243.

王桂新．中国省际人口迁移变化特征——基于第七次全国人口普查数据的分析[J]. 中国人口科学,2022(03):2-16+126.

蔡晳,王德文．中国经济增长可持续性与劳动贡献[J]. 经济研究,1999(10):62-68.

程名望,史清华,许洁．流动性转移与永久性迁移:影响因素及比较——基于上海市 1446 份农民工样本的实证分析[J]. 外国经济与管理,2014(07):63-71.

纪韶,朱志胜．中国城市群人口流动与区域经济发展平衡性研究——基于全国第六次人口普查长表数据的分析[J]. 经济理论与经济管理,2014(02):5-16.

伍晓鹰．人口城市化:历史、现实和选择[J]. 经济研究,1986(11):25-30.

于猛．城镇化率不是越高越好[N]. 人民日报,2011-04-11(017).

张敏．社科院专家:我国城镇化率虚高 10 个百分点[EB/OL].http://www.sina.com.cn,2010.07.30.

王春光．农村流动人口"半城市化"问题[J]. 社会学问题,2006(5):107-122.

吴华安,杨云彦．中国农民工"半城市化"的成因、特征与趋势:一个综述[J]. 西北人口,2011,32(04):105-110.

周皓,刘文博．流动人口的流入地选择机制[J]. 人口研究,

2022,46(01):37-53.

周皓,刘文博.中国省际流动人口流入地宏观选择机制的稳定性——兼论重力模型的理论扩展与实证检验[J].人口学刊,2023,45(02):80-98.

向华丽.大城市非正式迁移人口的空间流场特征及其人口结构差异[J].人口与社会,2015,31(01):3-14.

孙鹏程.农村劳动力迁移模式选择:理论、现实与经验证据[D].吉林大学,2018:27.

黄季焜. 加快农村经济转型,促进农民增收和实现共同富裕[J]. 农业经济问题,2022(07):4-15.

梅建明,袁玉洁.农民工市民化意愿及其影响因素的实证分析——基于全国31个省、直辖市和自治区的3375份农民工调研数据[J].江西财经大学学报,2016(01):68-77.

黄锟.城乡二元制度对农民工市民化影响的实证分析[J].中国人口·资源与环境,2011,(03):76-81.

刘传江,程建林.第二代农民工市民化:现状分析与进程测度[J]. 人口研究,2008(05):48-57.

刘传江,周玲.社会资本与农民工的城市融合[J].人口研究,2004(05):12-18.

刘传江.中国农民工市民化研究[J].理论月刊,2006(10):5-12.

李培林,李炜.农民工在中国转型中的经济地位和社会态度[J].社会学研究,2007(03):1-17+242.

吴越菲.谁能够成为市民? [D].华东师范大学,2017.

朱力.从流动人口的精神文化生活看城市适应[J].河海大学学报(哲学社会科学版),2005(03):30-35+92-93.

张桂敏.农村出口、城市入口、社会融合——一个分析农民工市民化瓶颈与出口的结构框架[J].中国劳动关系学院学报,

2017,31(03):85-91.

张云武.社会流动与流动者的关系网络[J].社会,2009,29(01):122-141+226-227.

赵立新.城市农民工市民化问题研究[J].人口学刊,2006(04):40-45.

张捷.城市化进程中农民工再社会化问题的思考[J].人口与经济,2008(S1):217-218.

陈丰.当前农民工市民化的制度缺失与归位[J].南京师范大学学报(社会科学版),2007(01):29-33.

陈丰.从“虚城市化”到市民化:农民工城市化的现实路径[J].社会科学,2007(02):110-120.

周定财,张志文.新时代推进农民工市民化的深层障碍及政府应对[J].农业经济,2021(02):83-85.

李强.中国城市化进程中的“半融入”与“不融入”[J].河北学刊,2011,31(05):106-114.

程姝.城镇化进程中农民工市民化问题研究[D].东北农业大学,2013:96.

李强.影响中国城乡流动人口的推力与拉力因素分析[J].中国社会科学,2003(01):125-136+207.

陈世伟,陈金圣.城乡融合中的农民市民化:困境与出路[J].北京工业大学学报(社会科学版),2008(04):10-14+65.

张雪筠.农民工居住形态的城市社会学解读[J].社会工作,2006(09):28-30.

张雪筠.“城市性”与中国城市化进程的文化转型[J].东方论坛,2005(04):114-118.

侯成琪,肖雅慧. 2022. 住房价格与经济增长:基于中间品需求渠道及其乘数效应的分析[J]. 经济研究(04):120-137.

史晓珂,任赞杰.保障性住房、身份认同与农民工市民化意愿

[J]. 当代金融研究,2022(12):33-43.

张汝伦. 经济全球化和文化认同[J]. 哲学研究,2001(02):17-21.

刘泽华. 政治文化化与文化政治化[J]. 天津社会科学,1991(03):5.

李飞,钟涨宝. 人力资本、阶层地位、身份认同与农民工永久迁移意愿[J]. 人口研究,2017(06):58-70.

褚荣伟,熊易寒,邹怡. 农民工社会认同的决定因素研究:基于上海的实证分析[J]. 社会,2014(04):25-48.

李猛. 论抽象社会[J]. 社会学研究,1999(01):3-30.

丁越兰. 组织支持氛围、组织文化认同、工作自主性对情绪工作的影响研究[D]. 北京科技大学,2018.

张全峰. 唯物史观视域中的文化认同研究[D]. 中共中央党校,2018.

黄益军. 文化认同对非遗产品购买意愿的影响机理研究[D]. 华侨大学,2018.

董青,洪艳. 媒介体育接触与中国文化认同研究[J]. 北京体育大学学报,2015(11):43-49+75.

戴为民,贺金梅. 人口城市化质量综合评价及其政策指向研究——以安徽省为例[J]. 城市发展研究,2020,27(05):32-36.

杨若愚,董永庆. 社会资本、公民意识与流动人口市民化意愿——以归属感为中介变量的实证研究[J]. 人口与社会,2022(04):41-52.

文军. 农民市民化:从农民到市民的角色转型[J]. 华东师范大学学报(哲学社会科学版),2004(03):55-61+123.

石智雷. 迁移劳动力的能力发展与融入城市的多维分析[J]. 中国人口·资源与环境,2013(01):89-96.

廖全明．发展困惑、文化认同与心理重构——论农民工的城市融入问题[J]．重庆大学学报(社会科学版)，2014(01)：141-145.

程郁．分层次推进农民工市民化——破解“愿落不能落、能落不愿落”的两难困境[J]．管理世界，2022(04)：57-64.

郑悦，冯继康．农民工市民化进程中的障碍及出路[J]．山东省农业管理干部学院学报，2005(05)：18-19.

钱正武．社会排斥：农民工市民化进程缓慢的根本原因[J]．调研世界，2011(02)：41-45.

刘望辉，刘习平．新型城镇化背景下农民工市民化：现状、困境与对策[J]．理论园地，2014(29)：235-236.

赵继颖，李洪亮．农业转移人口市民化的困境与对策研究[J]．东北农业大学学报，2014(05)：56-60.

任远，陶力．本地化的社会资本与促进流动人口的社会融合[J]．人口研究，2012(05)：47-57.

任远，乔楠．城市流动人口社会融合的过程、测量及影响因素[J]．人口研究，2010(02)：11-20.

王恬，吴善辉．从流入到留下：跨越型社会资本对农民工城市居留决策的影响[J]．农村经济，2023(02)：126-135.

周利敏．镶嵌与自主性：农民工融入城市社区的非正式途径[J]．安徽农业科学，2007(33)：10861-10863.

董前程．协商民主与农村基层民主自治制度创新——一种完善农村民主政治建设的有效路径[J]．南京师范大学学报(社会科学版)，2008(06)：33-37.

张炜．城市化、市民化和城市文化[J]．经济与社会发展，2004(11)：143-145.

李树茁，任义科，靳小怡等．中国农民工的社会融合及其影响因素研究——基于社会支持网络的分析[J]．人口与经济，2008

(02): 1-8+70.

邹文篪,田青,刘佳."投桃报李"——互惠理论的组织行为学研究述评[J].心理科学进展,2012,20(11): 1879-1888.

王登峰,崔红.中国人的人格特点(Ⅱ):善良[J].心理学探新,2005(03): 52-58.

王登峰,崔红.人格结构的行为归类假设与中国人人格的文化意义[J].浙江大学学报(人文社会科学版),2006(01): 26-34.

王登峰,崔红.人格维度与行为抑制的相关研究[J].心理科学,2006(01): 7-8+6.

王登峰,崔红.人格的定义及中西方差异[J].心理研究,2008,1(01): 3-7+27.

崔红,王登峰.中国人的事物指向、他人指向和自我指向特点[J].北京大学学报(哲学社会科学版),2002(04): 79-85.

杨菊华.从隔离、选择融入到融合:流动人口社会融入问题的理论思考[J].人口研究,2009(01): 17-29.

马庆国,徐青,廖振鹏等.基于复杂适应系统的个体知识转移影响因素分析[J].科研管理,2006(03): 50-54+35.

刘易斯·芒福德.城市的形式与功能[J].宋俊岭,译.城市杂志,2015: 9-10,11.

叶中强.齐美尔、沃思的都市社会学及其在当代中国的影响[J].江苏行政学院学报,2002(03): 73-79.

张宝义.城市人的社会特性——源自城市社会学的理解和认识[J].广西社会科学,2008(09): 161-165.

谭长贵.关于系统有序演化机制问题的再认识[J].学术研究,2004(05): 40-45.

孙步忠,张乐天,曾咏梅等.进城农民工文化人格重塑对城市化进程的影响[J].西北人口,2010(02): 97-101.

张文宏，雷开春．城市新移民社会认同的结构模型［J］．社会学研究，2009（04）：61–87，243–244．

杨秀莲．文化与人格关系研究的若干问题［J］．教育研究，2006（12）：79–83+96．

韩庆祥．新时期人的问题研究的清理与总结［J］．社会科学战线，1996（03）：23–35．

鲁献慧．人的主体性和现代人格建构［J］．郑州大学学报（哲学社会科学版），2001（03）：49–53．

李健英．论分工制度演进与城市经济聚集［D］．华南师范大学，2002．

王小章．从“生存”到“承认”：公民权视野下的农民工问题［J］．社会学研究，2009（1）：121–138+244–245．

周海波．农民工非正规化就业问题研究［J］．农业经济，2005（07）：41．

樊小钢．流动人口与社会保障机制的构建［J］．经济学家，2004（03）：117–118．

樊小钢．论城市农民工的社会保障问题［J］．农业经济问题，2003（11）：14–18+79．

薛天山．城市农民工社会保障中的社会排斥问题研究［J］．理论界，2007（11）：9–11．

安月兴，胡宏伟．进城农民社会保障权利诉求及相关因素分析［J］．中国地质大学学报（社会科学版），2009，9（02）：83–87．

郑功成．农民工的权益与社会保障［J］．中国党政干部论坛，2002（08）：22–24．

刘新荣，杨建国，姜文忠等．职业伤害与社会经济影响因素的关系［J］．中华劳动卫生职业病杂志，2004（02）：10–13．

董金妹，罗有忠，吴福龙．职业伤害社会影响因素的回归分析［J］．中国卫生统计，2007（02）：224．

董才生.社会信任的基础：一种制度的解释[D].吉林大学，2004：47.

高学德.社会流动与人际信任关系研究[D].南京大学，2014.

郑伯壎.企业组织中上下属的信任关系.社会学研究，1999(02)：22-35.

张维迎，柯荣住.信任及其解释：来自中国的跨省调查分析[J].经济研究，2002(10)：59-70+96.

张维迎.企业家与职业经理人：如何建立信任[J].北京大学学报(哲学社会科学版)，2003(05)：29-39.

曾琰.社会主义核心价值观认同的制约因素及其破解[J].思想理论教育，2015(10)：23-27.

外文文献：

著作：

Tong G., Lan J. *An Empirical Study on Effecting Factor of Migration of Rural Labor in China*[C].International Conference on Information & Management Engineering, 2011.

Jean-Loup Amselle. *Mestizo Logics: Anthropology of Identity in Africa and Elsewhere, trans.Claudia Royal*[M].Stanford: Stanford University Press, 1998: 33.

Gordon Milton M. *Assimilation in American Life*[M]. New York: Oxford University press, 1964.

Omidvar R.& Richmond T. *Immigrant Settlement and Social Inclusion in Canada*[A]. *Perspectives on Social Inclusion Working Paper Series*[C].Laidlaw Foundation, 2003.

Gouldner A.W. *The Norm of Reciprocity: A Preliminary Statement. American Sociological Review*, 1960(25): 161-178.

Blau P.M. *Exchange and Power in Social Life*[M]. New York: John Wiley.1964.

Durkheim Emile. *The Division of Labor in Society*[M]. New York: Free Press, 1933.

Allport G.W. *Pattern and Growth in Personality*[M].New York: Holt, Rinehart & Winston, 1961.

Kelly G.A. *The Psychology of Personal Constructs*[M].New York: Norton, 1955.

C.H.Cooley, R.C.Angell. *Sociological Theory and Social Research: Being Selected Papers of Charles Horton Cooley*[M].New York: Henry Holt, 1930.

D. J. Bogue. *The Population of the United States:Historical Trends and Future Projection*[M]. New York: Free Press, 1985.

Arrow K.J. *The Limits of Organization*[M]. New York: W.W.Norton, 1974.

H.S.Sallivan. *Personal Psychopathology*[M].New York: W.W.Norton & Company, Inc., 1972.

Erich Fromm. *Man for Himself*[M]. New York: Rinehart, 1947.

Cloninger S.C. *Personality: Description, Dynamics, and Development*[M].New York: W.H.Freeman & Company, 1996.

Barber B. *The Logic and Limits of Trust*[M].New Brunswick, NJ: Rutgers University Press, 1983.

Cummings L.L.& P.Bromiley. *The Organizational Trust Inventory* (OTI). *Trust in Organizations: Frontiers of Theory and Research*[M]. California Sage Publications, 1996.

Luhmann N. *Trust and Power*[M].Chichester: John Wiley, 1979.

T.Parsons and E.Shils. *Toward a General Theory of Action* [M].Cambridge: Harvard University Press, 1951.

Barbara A.Misztal. *Trust in Modern Societies: The Search for the Bases of Social Order* [M].Cambridge : Polity Press, 1996.

Giddens Anthony. *Modernity and Self-Identity* [M]. Stanford: Stanford University Press, 1991.

Stiglitz J. *Economics of the Public Sector* [M].3rd Edition, New York: Norton, 2000: 179.

Bowles S. *Microeconomics: Behavior, Institutions and Evolution* [M].Princeton University Press, 2004: 73.

论文：

Lewis A.W.*Economic Development with Unlimited Supplies of Labour* [J]. *Manchester School of Economics and Social Studies*, 1954, 22: 139–191.

Ranis G., John C.H.F. *A Theory of Economic Development* [J]. *The American Economic Review*, 1961 (04): 533–565.

Jorgenson D.W. *Surplus Agricultural Labour and the Development of a Dual Economy* [J].*Oxford Economic papers*, New Series, 1967, 19: 288–312.

Todaro M.P. *A Model of Labor Migration and Urban Unemployment in Less Developed Countries* [J]. *The American Economic Review*, 1969, 59 (1): 138–148.

Stark O. *Rural to Urban Migration in LDCs: a Relative Deprivation Approach* [J]. *Economic Development and Cultural Change*, 1984, 32 (3): 475–486.

Goldlust J.& Richmond A.H.*A Multivariate Model of Immigrant Adaptation* [J]. *International Migration Review*, 1974, 8 (2): 193–225.

Merton R.K.*Social Structure and Anomie*[J]. *American Sociological Review*, 1938(1): 672–682.

Winfried Ellingsen. *Social Intergration of Ethnic Groups in Europe*[J]. Geografi I Bergen, University of Bergen.Department of Geography, 2003.

Josine J.T.*Ethnic Minorities, Social Integration and Crime*[J]. *European Journal on Criminal Policy and Research*, 2001, 9: 5–29.

Han E.& Biezeveld R. *Benchmarking in Immigrant Integration*[J]. *Erasmus University Rotterdam*, 2003.

Narotzky. *Where Have All the Peasants Gone?*[J]. *Annual Review of Anthropology*, 2016(1): 301–318.

Kent P.Schwirian & John W. Prehn.*An Axiomatic Theory of Urbanization*[J]. *American Sociological Review*, 1962, 27(6): 812–825.

Molm L.D. *The Structure of Reciprocity*[J]. *Social Psychology Quarterly*, 2010, 73, 119–131.

Pyle W. *Overbanked and Credit Starved: A Paradox of the Transition*[J]. *Journal of Comparative Economics*, 2002(1): 25–50.

Kennes J., Schiff A. *The Value of a Reputation System*[D]. St. Louis: Washington University, 2002.

Mischel W., & Shoda Y. *A Cognitive-affective System Theory of Personality: Reconceptualizing Situations, Dispositions, Dynamics, and Invariance in Personality Structure*[J]. *Psychological Review*, 1995(102), 246–268.

Hosmer L.T.*Trust: The Connecting Link between Organizational Theory and Philosophical Ethics*[J]. *The Academy of Management Review*, 1995(2): 379–403.

Rotter J.B. *A New Scale for The Measurement of Interpersonal Trust* [J]. *Journal of Personality*, 1967, 35 (4), 651–665.

Rousseau D.M., Sitkin S.B., Burt R.S., and Camerer C. *Not So Different after All*: *A Cross-Discipline View of Trust* [J]. *Academy of Management Review*, 1998, 23 (3): 393–404.

Fein S., Hilton J.L. *Judging Others in the Shadow of Suspicion* [J]. *Motivation and Emotion*, 1994, 18: 167–198.

Das and Teng. *The Risk-Based View of Trust*: *A Conceptual Frame-work* [J]. *Journal of Business and Psychology*, 2004, 19 (11), 85–115.

Zucker L.G. *Production of Trust*: *Institutional Sources of Economic Structure*, 1840–1920 [J]. *Research in Organizational Behavior*, 1986 (8): 53–111.

Brian Uzzi. *Social Structure and Competition in Inter Firm Networks*: *The Paradox of Embedness* [J]. *American Science Quarterly*, 1997 (42): 36–67.

Hardin Russell. *The Street-level Epistemology of Trust* [J]. *Anology of Krit*, 1992, 14: 152–176.

Weigelt Keith and Colin Camerer. *Reputation and Corporate Strategy*: *A Review of Recent Theory and Applications* [J]. *Strategic Management Journal*, 1988 (9): 443–454.

Rashid Salim. *Quality in Contestable Markets*: *A Historical Problem*? [J]. *The Quarterly Journal of Economics*, 1988 (2): 246–249.

Hall Richard. *The Strategic Analysis of Intangible Resources* [J].*Strategic Management Journal*, 1992, 13 (2): 135–144.

Mayer R.C., Davis J.H.and Schoorman F.D. *An Integrative Model of Organizational Trust* [J]. *Academy of Management*

Review, 1995, 20(3), 709–734.

Fama, Eugene F. *Agency Problems and the Theory of the Firm* [J]. *Journal of Political Economy*, 1980(21): 288–307.

Kreps D.M., and R.Wilson.*Reputation and Imperfect Information*[J]. *Journal of Economic Theory*, 1982(27): 253–279.

Milgrom P., and J.Roberts. *Predation, Reputation, and Entry Deterrence*[J]. *Journal of Economic Theory*, 1982(27): 280–312.

Holmstrom B. *Managerial Incentive Problems: A Dynamic Perspective*[J]. *Review of Economic Studies*, 1999(66): 169–182.

Roth A.E.and Erev I. *Learning in Extensive-Form Games: Experimental Data and Simple Dynamic Models in the Intermediate Term*[J]*Games and Economic Behavior, Special Issue: Nobel Symposium*.1995(8): 164–212.

Cheung Yin Wong & Danel Friedman. *Individual Learning in Normal From Games: Some Laboratory Results*[J].*Game and Economic Behavior* (19): 46–76.

D. Fudenberg, D.K.Levine, *Consistency and Cautious Fictitious Play*[J]. *Journal of Economic Dynamics and Control*, 1995(19), 1065–1089.

C.Camerer & Ho Teck. *EWA Learning in Games: Probability Rules, Heterogeneity, and Time Variation*[J]. *Journal of Mathematical Psychology*, 1998(42): 305–326.

C.Camerer & Ho Teck. *EWA Learning in Games: Preliminary Estimates from Weak-Link Game*[J]. in *Game and Human Behavior: Essays in Honor of Amnon Rapoport*, ed.By D.Budescu, I.Erev, and R.Zwick.New Jersey: Lawrence Erlbaum Assoc., Inc., 1999: 31-52.

Rubin D.C., Deffler S.A., Umanath S. *Scenes Enable a Sense of Reliving: Implications for Autobiographical Memory*[J]. *Cognition*, 2019, 183: 44-56.

后　　记

本书是在我的博士后研究报告基础上进一步完善修改而成的。曾咏梅博士参与了本书的修改和完善。

老实说，在从事博士后研究工作之前，我对社会学这条河里的水有多深并不清楚。1999 年到复旦大学玩，住在桂勇的宿舍里，看到他堆积如山的资料，虽觉其辛苦但并不奇怪，因为我也需要翻阅大量的古籍资料。那时还不知道做社会学研究需要进行工作量更大的田野调查。

从随张乐天先生做博士后工作起，才体会到了一点做田野调查的不易，才知道社会学研究不能只待在书斋里或图书馆阅读资料，还需要亲自深入社会调查研究。读了《人民公社制度研究》，了解了先生的写作过程，才知道什么叫“研究”；同时也为先生不为“利”诱、不为“名”惑、踏实严谨、安心学问的高尚人格所感动。

本研究的选题、调查材料、观点和思路都来自张先生的耳提面命。如果存在错误或纰漏那是我对先生意思的错误领会，该由我负责。由于我在职的缘故，每次聆听先生教诲时间不多，但仍能感受到先生思维活跃、学问渊博、循循善诱的大师风范，往往能从先生的谈话中汲取许多灵感，找到分析问题的思路。我的一系列文章的较快入题就是受到了先生思想的启迪。

可惜，由于我难以克服的乖戾性情，加上难缠的一些杂事，没有利用好这次学习机会。歉意和悔恨将深深刻在我心里。

感谢复旦大学社会发展与公共政策学院及社会学系关心和帮助我们的领导和老师；感谢复旦博后办及其他服务部门的老师们；感谢博士后期间结识，进行过激烈学术争论的同学们；感谢选修张先生课程的所有参加调研的同学，感谢同学们提供的材料。

感谢答辩委员会审阅本论文的尊敬的先生们！

感谢南昌大学旅游学院的黄细嘉院长教授、旷天伟院长、朱旺力书记、何琳书记、陈洪伟院长教授、杨征院长、王佳院长、胡兵主任、陈志军院长、纪小美主任、许庆勇主任、李宽柏主任及诸位同事给予我的帮助。感谢南昌大学旅游学院对本书出版的资助。

孙步忠、曾咏梅

2011 年 6 月 20 日于上海复旦大学博士后宿舍

2023 年 6 月于南昌大学